书山有路勤为径，优质资源伴你行
注册世纪波学院会员，享精品图书增值服务

荣振环——著

BRAND BUILDING

STEP 1 TO 10

3RD EDITION

品牌建设
10步通达

（第3版）

电子工业出版社·
Publishing House of Electronics Industry
北京·BEIJING

图书在版编目（CIP）数据

品牌建设 10 步通达 / 荣振环著. —3 版. —北京：电子工业出版社，2019.10
ISBN 978-7-121-37015-1

Ⅰ. ①品… Ⅱ. ①荣… Ⅲ. ①品牌－企业管理 Ⅳ. ①F273.2

中国版本图书馆 CIP 数据核字(2019)第 131734 号

责任编辑：王　斌
印　　刷：北京虎彩文化传播有限公司
装　　订：北京虎彩文化传播有限公司
出版发行：电子工业出版社
　　　　　北京市海淀区万寿路 173 信箱　邮编 100036
开　　本：720×1000　1/16　印张：17.25　字数：286 千字
版　　次：2013 年 5 月第 1 版
　　　　　2019 年 10 月第 3 版
印　　次：2025 年 2 月第 16 次印刷
定　　价：65.00 元

凡所购买电子工业出版社图书有缺损问题，请向购买书店调换。若书店售缺，请与本社发行部联系，联系及邮购电话：（010）88254888，88258888。

质量投诉请发邮件至 zlts@phei.com.cn，盗版侵权举报请发邮件至 dbqq@phei.com.cn。

本书咨询联系方式：（010）88254199，sjb@phei.com.cn。

前言

    爱因斯坦年青的时候曾监考一场研究生物理考试。有人举手说，他写的这份考卷和去年的一模一样。爱因斯坦如是回答："这没什么，今年的答案会不一样。"

    营销这一行也是如此。每一年，我们都存在同样的营销问题，但今年的答案会不一样。这里最大的不同是消费者的不同。以前消费者接触信息的主要渠道是电视、报纸和杂志，而现在是互联网、手机和 iPad。

    我们几乎到了随时随地接触信息的地步，信息过载胜过任何一个时代，而且这种现象已越来越严重。我们每天都遭到海量信息的"狂轰滥炸"。我们每天接触大量的信息，移动互联网和智能终端的普及，让信息更便捷地到达我们的面前。而面对扑面而来的信息和信息过载，我们的大脑只能进行选择性记忆。我们只能记住那些有特色、有创意、有差异的信息。这就要求企业在信息爆炸的时代，格外重视品牌建设工作。

    品牌是什么？它是消费者对产品综合印象的总和。你的品牌能否入眼、入脑和入心，决定了你能否成为顾客的首选，能否获得更高的品牌溢价，能否做到基业长青。

    然而，结合多年给企业提供品牌咨询的经验，我发现很多企业并不懂品牌，更不懂品牌建设。这是造成中国企业集体品牌力偏弱的主要原因之一。

    在 2014 年 Interbrand 全球最佳品牌 100 强中，中国只有华为一个品牌上榜。这也是该榜单连续发布 15 年以来中国品牌首次上榜，这显然和中国作为全球第二大经济体的身份是不相匹配的。反观其他强国，美国品牌占 54%，德国、日本和法国品牌分别占 10%、7% 和 6%，排名第 2~4 位。其中，前 6 名的位置悉数被美国品牌占据，它们分别是苹果、谷歌、可口可乐、IBM、微软和通用电气，都是我们耳熟能详的品牌。这些品牌也为美国带来了巨大的经济价值。

相比较而言，我们常挂在嘴边的言论，如"中国需要卖掉 8 亿件衬衫才能换来一架波音飞机""中国整个茶产业卖不过一个立顿"，每一句话都刺痛了国人的品牌神经，但中国的品牌总是让人哀其不幸，怒其不争。

从根本上而言，中国企业的品牌意识与国际企业还存在差距，中国企业的品牌战略还没有达到一定的高度。尽管我国拥有 5 000 年的历史文化，却没有足够强势的品牌文化。"中国制造"的口号在近几年虽然有了改观，但与扬眉吐气的境地尚存在相当远的距离。这个责任实际上在中国企业自己身上。如果没有让人刮目相看的品牌引领中国产品实现升级，中国的企业竞争力和国家竞争力就难以真正得到提升。

品牌其实是一个从"一无所有"到"无中生有"再到"无所不有"的过程。2007 年以前，在百度搜索"苹果"二字时，得到的都是水果的信息。如今，再在百度搜索这两个字，全是关于"苹果"品牌的信息。"苹果"二字在你的头脑中已经被赋予了更多的含义。作为世界上成长速度最快的品牌之一，2011 年 8 月10 日，苹果首次超越埃克森美孚成为全球市值最高的公司，35 岁的苹果公司跑赢了将近 130 岁的美孚，苹果的品牌达到巅峰。

同样，2010 年之前，当我们搜索"小米"时，它还是一种杂粮的名字。现在小米手机已经是年收入超过 700 亿元、估值超过 500 亿美元的大公司，相信它一定能成长为一个千亿元级的企业。可见，世界级的企业不一定要看年龄，而要看有没有创新的价值驱动力和持续的品牌力。百年老店或百年品牌可以是企业永久的追求，但持续的品牌力和创新力更能够让企业取得领航的优势。

成功打造品牌并不像我们想象的那样难，但前提是，要先懂得打造品牌的方法！

也许，你可以从本书开始启航。

目录

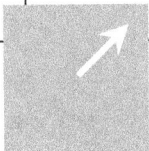

第 1 部分
品牌 10 堂必修课

企业如何实现最大潜力的增长?

管理学大师彼得·德鲁克说过一句话:"任何成功的企业,其成就和其所具备的潜力相比较而言,都是微不足道的。"在他看来,全球的企业不管有多么伟大,都很少能实现巨大的潜力的突破。这给我们留下了反思的空间:企业如何最大限度地释放自己的潜力?其中,最关键的一环就是品牌。

但若不懂品牌,何以释放潜力?这就要求我们首先了解品牌。

第1章
什么是品牌

"使企业成功的不是产品，而是品牌。"

——美国品牌专家　史蒂芬·金

中央电视台财经频道（CCTV2）曾经播放过一个广告，主题是"相信品牌的力量"。画面中，所有的产品都没有标志，而且都是白色的，人们顿时一片茫然，生活的世界显得索然无味。

可以说，没有品牌的世界在当今这个时代是不可想象的。

一方面，从消费者的角度来看，世界由无数个品牌构成，我们已经进入了品牌化生存的时代，我们身边所能够接触到的任何产品几乎都有品牌。品牌的存在，不仅简化了消费者的购买决策过程，减小了购买风险，更在一定程度上满足了消费者的预期。

另一方面，从竞争角度来看，如今的市场营销已经进入一场品牌之战。这场战争中，各种各样的品牌在市场中搏杀，你方唱罢我登场，互争长短，一决高下。商界与投资者也逐渐认识到，品牌才是公司最宝贵的资产，未来市场上真正的竞争一定是品牌与品牌之间的较量、公司与公司之间声誉的比拼。

当然，公司的声誉和品牌形象并不是一成不变的。在信息传播速度日益加快的今天，品牌管理已经变成一种动态的过程，它需要在不断发展、强化、防卫与管理等多项工作中持续推进。**品牌已经演变成企业一种持续成长变化的生命体。**它的核心目的，就是通过品牌为顾客持续提供独特的价值，以此践行企业的使命——创造并留住顾客。

品牌如此重要，我们了解品牌吗？

我的一个同行在一个咨询项目中就被客户问到："什么是品牌？"

　　该同行从事品牌咨询工作有一段时间了，但他从来没有仔细考虑过这个问题。以前跟客户沟通时，只谈具体品牌工作的做法和策略，从来不会纠结在定义上。这回真要解释什么是品牌，他一时真不知从何说起。

　　其实，"品牌"一词时常被我们挂在嘴边，但当我们去解释品牌时，尤其以对方能够理解的语言去解释时，障碍就会出现。

　　可是，连品牌的定义都没弄清楚，品牌建设从何谈起呢？

　　品牌是什么？什么是品牌？这是最基本的问题。

　　常见的品牌定义有以下几种。

　　（1）美国市场营销协会（AMA）：品牌是一个名称、名词、符号、象征、设计或其组合，用以识别一个或一群出售者之产品或劳务，使之与其他竞争者相区别。引申来说，品牌就是目标消费群提及一个产品或企业时，其大脑所能联想到的一切信息及由这些信息所带来的所有心理体验的总和。

　　（2）《牛津大辞典》：品牌是指"用来证明所有权，作为质量的标志或其他用途"，即用以区别和证明品质。

　　无论上述何种定义，当你这样解释品牌时，客户能明白吗？客户能有印象吗？如果这么解释品牌，不仅客户会晕，连你自己也会有点晕，因此，需要将品牌的概念简单化、通俗化。这就需要重新探究品牌的定义。进行这项工作之前，我们先看看 8 位品牌大师是如何定义品牌的。

工具　8 位品牌大师对品牌的定义

　　（1）海尔集团董事局主席张瑞敏：品牌就是世界通行语言，不是品牌就什么都不是。

　　张瑞敏说："我们是充分竞争的行业，利润像刀片一样薄，要想获得利润，只能依靠一点——品牌。是品牌就可以赚大钱，不是品牌就什么都不是。所以，在海尔这么多年来，我一直在潜心打造一个让中国人骄傲、为中国人争光的世界品牌……在扁平化的世界里，世界品牌就是消费者可以听得懂的语言——你不是世界品牌，别人就不会听懂。"

　　张瑞敏的关键词是"语言"。"品牌语言论"形象地道出了品牌的价值。**如果**

你的品牌能够成为世界知名品牌，它就相当于一种世界通行语言。就像可口可乐一样，它的产品遍布世界各个角落，即使世界上最贫穷的地方也可以看到可口可乐。它俨然具有相当于世界语言的威力和渗透力。

张瑞敏还说："好的品质不等于好的品牌。好的品牌不仅要有好的品质，还需要得到社会的广泛认可！"这种社会的广泛认可就是一种无声语言。

（2）品牌资产理论的鼻祖大卫·艾克：品牌是一项区别性的名称/标记符号（如某一标识、商标或包装设计），旨在辨识某一个体卖者或群体卖者的商品或服务，并使其区别于竞争者。

简言之，品牌就是标记符号，用于辨识和区别。生活中到处都是这样的例子。假如你去外地超市买水，当地可能有很多地方品牌，但当你看到农夫山泉、娃哈哈或乐百氏时，你可能会优先购买它们，这只是因为你已经熟悉这些品牌标识，至少它们在你的心里已经有别于其他品牌。从产品本质上讲，这些产品可能并无区别，但这些品牌符号使它们在你的心中产生了不同，最终影响了你的决策。

（3）美国营销大师菲利普·科特勒：品牌是一种名称、名词、标记或设计，或它们的组合运用，其目的是借以辨认某个销售者或某群销售者的产品，并使之同竞争对手的产品区别开来。

和大卫·艾克一样，菲利普·科特勒的关键词也是"区别"。品牌是各种产品的集中体现，也是产品差别的核心。产品的许多差别（如质量差别）往往是内在的，消费者不易做出判断。能让消费者直接并轻而易举地判断及识别产品差别的，只有品牌。

有人曾经做过这样一个调查：你来到一个陌生的地方，这里有两家饭店，一家是麦当劳，另一家是不知名的当地小店（食物还有本地风味），你会到哪一家店去吃饭？80%以上的消费者会回答"去麦当劳"，原因就在于麦当劳代表一种质量保证。消费者知道，全世界的麦当劳都保证了食物具有同样的营养与质量，看到麦当劳的品牌就可以知道其产品的质量水平。这正是品牌的作用。品牌不仅仅是一个名字，也是产品综合素质或特色的集中体现。所以，品牌成了消费者认知产品差别最方便的标志，也是公司承诺向它的客户连续提供的一组特定的产品特征、利益与服务的集合。

（4）美国品牌专家史蒂芬·金：产品是工厂生产的东西；品牌是消费者所购买的东西。产品可以被竞争者模仿，品牌则是独一无二的。产品极易迅速过时、落伍，但成功的品牌能持久不坠。

史蒂芬·金的关键词是"独一无二"。恰如世界上"没有两片一模一样的树叶"，品牌亦然。这个世界上可以有一模一样的产品，但是不会有一模一样的品牌。

一个简单的例子是，阿司匹林药片已被应用百年，成为医药史上3大经典药物之一。这种药最早是由德国拜耳公司生产的，尽管在专利保护到期之后，许多药厂都可以仿制并生产质量和其他方面与拜耳公司完全无差别的阿司匹林，但消费者仍然钟情于拜耳公司生产的阿司匹林，愿意购买价格略高一些的拜耳阿司匹林。其原因就在于，消费者认为拜耳公司的阿司匹林不一样，并且已经形成对这种品牌的忠诚度。

（5）著名战略大师迈克尔·波特：**企业所做的一切努力都是为了与众不同。**重要的不是做得更好和争取第一，而是创造差异与唯一。消费者记住品牌的差异与区隔就是企业最伟大的胜利。

迈克尔·波特的关键词是"唯一"。这告诉我们，个性是品牌的第一品质——**差异比完美更重要，唯一比好更重要。**

比如，消费者到商场买东西，即使可供选择的品牌很多，但对他来说只要一个合适的品牌就够了，其他的都是多余的。如果一个品牌不能创造差异、不能做到与众不同而成为消费者的唯一选择，它就会面临陷入价格战和广告战的危险。

（6）美国品牌专家杰里米·布尔默：消费者在脑海中形成品牌形象的方式，就像鸟儿筑巢一样，可以用任何随手可得的材料。

杰里米·布尔默的关键词是"材料"。消费者会利用自己可以感知的材料构建脑海中的品牌。这种材料可以分为具体面和抽象面两种。具体面包括色彩、销售文件、媒体环境、质地、直效营销、员工制服、重量、促销、运送车外貌、通路、广告、电话礼貌、价格、抱怨处理、竞争者、音乐、招牌、品牌口号、旁白等；抽象面则是指使用者如何接近品牌，他们使用该品牌产品时的日常经验、感受及所有与它们相关的经验与历史、想法与态度、需求与欲望，以及所有决定忠诚度与购买决策的情感材料。消费者一定是从商家提供的材料中理解品牌的，这就需要商家有意识地提供这些品牌材料，从多种角度让消费者加深对品牌的印象。

（7）美国营销学者劳瑞·莱特：未来的营销是品牌的竞争。拥有市场比拥有工厂重要得多，而拥有市场的唯一途径是拥有具有市场优势的品牌。

劳瑞·莱特的关键词是"市场"。在他看来，品牌在某种程度上就等于市场。比如，提及碳酸饮料，你首先会想到哪个品牌？估计答案是可口可乐或百事可乐。据市场调研公司欧睿发布的数据，2011 年可口可乐旗下碳酸饮料产品的在华市场份额是 63.8%，百事可乐旗下碳酸饮料产品的在华市场份额是 27%，两者总共占据了市场的 90.8%，接近整个市场。所以说"品牌就是市场"一点也不为过。虽不能说有品牌就一定有市场，但成就市场霸业则必须有足够强的品牌，没有品牌就不可能拥有市场。

（8）广告学教父大卫·奥格威：品牌是一种错综复杂的象征，它是品牌属性、名称、包装、价格、历史、声誉、广告方式的无形总和。品牌同时因消费者对其品牌及产品的印象及自身的经验而有所界定。

简单来看，品牌是商标、符号、包装、价格、声誉、广告风格乃至历史、文化、民族等方面留给受众印象的总和。

所以，奥格威的关键词就是"印象"。品牌和产品存在本质的差别。产品是具体的，可以触摸、感觉、看见；它是基于物理属性的（如款式、特性、价格等），借物理属性满足消费者对其功能与价值的期望。而品牌是消费者对产品感受的总和，如个性、信任、可靠、信心、地位等在消费者心中的印象。

上面介绍的品牌专家、学者对品牌的定义和看法，对我们理解品牌都有一定的帮助，但它们给我们更多的是感觉层面上的。毛泽东在《实践论》中提到："**感觉到了的东西，我们不能立刻理解它，只有理解了的东西才能更深刻地感觉它。**"我们还需要进一步探究，以便能够深刻理解品牌的含义。

第2章
如何理解品牌

品牌是一种价值承诺，是企业、品牌主承诺给目标客户的一种价值。
这个价值最终会转化成消费者对品牌的认知。

——菲利普·科特勒

如何理解品牌？海尔董事局主席张瑞敏曾经提到，可以用《周易》的"三易"原则去理解。"三易"指的是"变易、不易、简易"。

世间万事万物，**现象多为"变易"，规律最为"不易"，真理更为"简易"**。

品牌之"变易"，说明品牌不是一成不变的，因为用户的需求是随时变化的。这就要求企业以变制变、以变取胜。这个"变"要求企业走到用户需求的前面。我们知道，苹果成功的要素之一是**"忘记过去"**。从满足需求到创造需求，苹果抛弃过去、走到用户需求前面的做法能够让自己做出更好的产品，也能够让苹果总站在科技的最前沿。

迈克尔·波特在《竞争优势》中提到："**企业一旦占领了优势最大股，就需要集体不断地创新**。"这样看来，优势只是一个浪头，就像冲浪一样，一直在一个浪头上是站不住的，需要不断地寻找更高的浪头。对企业来讲，**创造顾客的需求永远是动态的，而不是静态的**。

品牌之"不易"，是指品牌有其不变之处，即品牌的本质。就像管理大师彼得·德鲁克所说："**企业的唯一正确而有效的定义就是创造顾客**。"从这个意义上讲，只要有了客户资源，就能成就一个品牌。如果拥有中国的客户资源，就是一个中国的品牌；拥有全球的客户资源，就是一个全球的品牌；拥有高端的客户资源，就是一个高端的品牌，会让别人仿效或模仿。

品牌之"简易"，是指企业发掘到用户的需求后，如何用最简单的、最快的方法去满足用户需求。我们一定不能把简单问题复杂化，而应该把复杂问题简单化。这就要求企业的流程能够最短、以最快的速度满足用户需求。

对于品牌的"三易"之说，一些市场老手、在品牌一线实践的工作人员也许有切身体会，但不可能使人人都能深刻理解品牌。这种解释品牌的方式还是有点深奥，还是毛泽东说得好："感觉到的东西，我们并不能充分理解它，只有理解了的东西才能更深刻地感觉它。"

对于品牌的概念和理解，我个人还是坚信简单最美。所谓大道至简，就是把一个看似复杂、不易说清楚的事说明白。关于品牌，要考虑的是，如何让一个文化知识水平不高的民企老板明白什么是品牌，甚至如何让街边的老大妈明白什么是品牌。

曾有人要求爱因斯坦用"最简单的话"解释"相对论"。假设爱因斯坦说："相对论是关于时空和引力的基本理论，分为狭义相对论（特殊相对论）和广义相对论（一般相对论）。基本假设是相对性原理，即物理定律与参照系的选择无关……"估计作为门外汉的普通人一定会听得云里雾里。

那么，爱因斯坦是如何解释的呢？爱因斯坦说："你和你最爱的人坐在火炉边，1 小时过去了，你觉得好像只过了 5 分钟；反过来，你一个人孤孤单单地坐在热气逼人的火炉边，只过了 5 分钟，但你像坐了 1 小时。这就是相对论！"

针对不同的对象，爱因斯坦善于用对方易于理解的语言做出解释。我们解释品牌时，针对不同的对象可能有很多种解释方法，但如果要找到一个共性的标准答案，就必须追溯品牌的由来。

品牌的历史

"品牌（brand）"一词源于古挪威文字 brandr，意思是"烙印"和"烧灼"。它的原始含义是指在牲畜身上烙上标记，以起到识别和证明的作用，用以区分不同生产者的产品和服务。

识别和证明品牌的领域实际存在于一个神秘空间，即大脑里。**产品，是关于我们想要卖什么；品牌，是关于消费者想要买什么。**就像你现在想买手机，不管选哪个品牌的手机，苹果都可能在候选之列，此时苹果一定是品牌；我的一位朋友根本喝不出百事可乐和可口可乐的区别，但他就是喜欢百事可乐，毫无理由地喜欢并且忠诚，这就是品牌的典型特征；想要聊天时，你会想到 QQ 或微信。这些都是当你有某种需求时首先想到的，它们就是品牌。

所以，我经常提及产品和品牌的区别：**被看到和被拿到的都是产品，被想到的才是品牌**。产品是工厂生产出来的，品牌是消费者购买的。这是一个基本的区别。

因此，我们得到一个词："烙印"。品牌就是产品在顾客心中的烙印，就是在顾客脑海中建立的一个"形象标签"。

从这个角度来说，品牌就是在消费者心中完成注册后所形成的烙印。

这种烙印是在企业与消费者持续的沟通中逐渐形成的。品牌可以理解成消费者关于产品的一切经历的总和。从这个角度看，企业必须预期消费者与品牌的每次接触机会，并针对每次机会传达合适的信息。通过持续的传播，让消费者对品牌的认识不断丰富，对品牌从陌生到接受，最后形成忠诚度。

借助品牌的历史由来，我们可以将品牌的概念简化。品牌是消费者关于产品一切经历的总和，即产品的烙印。

这种烙印是消费者对公司产品或服务的主要理解，它代表公司产品或服务所做出的承诺、表现的价值和提供的好处，以及消费者对这些承诺、价值和好处的主观评估。

表 2-1 中罗列了与品牌相关的 6 个概念，有助于我们更好地理解品牌。

表 2-1　与品牌相关的 6 个概念

序　号	名　　词	含　　义
1	牌子	牌子是品牌的俗称，也被称为商品或服务的脸谱。牌子是人们对品牌、商标、名牌等的通俗称谓，其基本含义与品牌相通
2	商标	商标，英文为 "trade mark"，顾名思义，就是商品的标记。这种标记不是显示商品的名称、型号、性能、产地，而是一种归属标记，是生产或销售它的那个企业的标记。我们常说的"格力空调"，"格力"就是商标，"空调"则是商品的名称，人们可能由"格力"商标联想到其生产厂家、产品性能等

续表

序 号	名 词	含 义
3	注册商标	商标在国家工商管理部门注册并被批准使用后就成为"注册商标"。商标注册成功后，企业便拥有所注册商标的专用权、专刊权、著作权，其商标受到法律保护。注册商标具有排他性，不同企业的商标不能相同
4	驰名商标	驰名商标是众多商标中的"领先者""优等生"
5	名牌	名牌是指知名度高、美誉度高、信任度高、追随度高的品牌。除此之外，名牌还是在辨识度、美丽度、传播度、忠诚度等方面有上佳表现的品牌
6	强势品牌	强势品牌是指拥有强大市场号召力和影响力的品牌

总之，品牌是企业的核心竞争力，是联系企业的主观努力与消费者客观认知的桥梁，是企业形象的主要表现，是软实力的重要标志。值得一提的是，**每个品牌都一定有产品或服务，但不是所有产品或服务都可成为品牌。**

工具 **品牌的二诺三度模型**

了解了品牌等同于烙印，即消费者对产品印象的总和后，我们就要思考这种印象的形成和固化的过程。这个过程中，品牌沉淀为顾客头脑中的烙印，需要具备"二诺三度"。

"二诺"是指"做对承诺"和"履行承诺"，即站在企业的角度讲，**品牌是企业向客户提供的独特的价值承诺，并能够履行承诺。**这种承诺随即进入消费者的心中，并在消费者一次次的购物体验中得到印证，最终转化为对品牌的长期印象。可以说，**从未成功的企业很大程度上从未做对承诺，成功后又失败的企业很大程度在于没能坚守承诺。**企业通过承诺并把承诺转化为行为展现在公众面前，使之最终沉淀为消费者心中的烙印，从而成就品牌。

通常，品牌承诺要解答3个基本问题：我们的品牌定位于何种业务？我们的产品和服务与竞争对手的不同之处是什么？我们向顾客提供的哪些价值是超过一般标准的？对这3个问题的正确解答就是好的品牌承诺。

"三度"是指企业可以从三个维度出发做出承诺并履行承诺。

1. 客户维度

客户维度要求抓住客户核心利益，特别是尚未被满足的需求。比如，2005年的中国牙膏市场上，佳洁士、高露洁以防蛀固齿为阵地，同时进行全方位防守反击，功能细分几乎涉及每个领域；本土牙膏依靠草本中药的优势，苦苦坚守祛火、防酸等功能市场。云南白药发现了一个空白的市场尚未被满足，那就是牙龈出血这个功效市场。于是，云南白药牙膏锁定"药物功效牙膏"的品牌属性，针对"牙龈出血、口腔溃疡、牙龈肿痛"3大症状，诉其功效，结果产品上市18个月后销售额就从0元做到了3亿元。云南白药牙膏的成功就在于它抓住了尚未被满足的需求，从客户角度抓住了核心利益。

客户尚未满足的核心利益即痛点，从客户维度出发，企业就是要找到一级痛点，用户最痛的需求点，然后迅速形成解决方案，最终就能够"一针捅破天"快速打造品牌。

2. 竞争维度

竞争维度要求与竞争对手形成强烈差异，特别是难以模仿和超越的差异。品牌的核心价值需要优异性，而非优同性。

比如，与星巴克竞争时，85度C的策略就是选取与对手相异的核心价值。这种选择是有一定策略的，即向行业老大挑战或者在面对行业老大的挑战时，切忌在对方的优势上一争长短，否则只会自取其辱；同时不要在对方常规弱势上发起进攻，这样只会提醒对方并且帮助其加以改进。作为弱小者，唯一能做的就是在**对手的长处之中找弱点、优势之中找不足**。既然是对方长处之中的弱点，当你发起进攻时，对方便难以自救，否则只会牺牲其赖以竞争的长处。

星巴克的长处是什么？咖啡和体验的感觉。咖啡好喝，这是优点；其弱点是贵。良好的环境和很棒的体验，这些是优点。当然，这就要求产生体验的空间足够大。星巴克俗称"第三空间"，大空间必然导致高成本，而且成本最终会转移到产品上，导致咖啡和面包价格不菲。总结一下，优点之中的弱点：贵且要有空间。

于是，85度C站在对手的反面，强调"平价奢华"的核心价值。85度C以优质原料制作咖啡和糕点，价格却比星巴克实惠，刚推向市场时，其最便宜的咖啡每杯只要 8 元，卡布奇诺咖啡只要 12 元，即使最贵的法芙纳咖啡也只要 14元，售价仅为星巴克的 1/3。其面包价格 3 元起，蛋糕 5 元起，比星巴克便宜三成以上，而且能够保证每个月至少有十几个新品种。此外，85 度 C 的店面都很小，不具备空间感的体验，它就把自己定义成外卖的最佳提供站，为顾客提供价格最合适的产品。

85 度 C 正是凭借平价奢华的承诺，与星巴克展开竞争，以低价优质咖啡对阵星巴克高价咖啡，以外卖对阵星巴克的空间体验，以不逊色的咖啡配合高品质的糕点形成对消费者的承诺，并塑造成相对优势，最终快速扩张，即使开在星巴克的对面，依然能够活得滋润。

3. 企业维度

企业维度要求能够最大限度地发挥企业的优势资源能力。京东集团的品牌承诺是"正品低价、品质保障、配送及时、轻松购物"，总结成四个字就是"多快好省"。这种承诺是建立在企业优势业务基础之上的。京东集团秉持正品、低价、好服务的宗旨，针对"多"的价值，它强调"商品种类、款式丰富齐全，总是有最新或当季产品"；针对"快"的价值，它强调"送货速度快，211 限时达，极速达和夜间配送方便灵活"；针对"好"的价值，它强调"正品好和服务好。正品好指正品行货、品牌直供和恒温仓储。服务好指退换货方便，订单查询系统，售后服务有保证，提供正规发票"；针对"省"的价值，它强调"天天低价、促销真实"。这些构成对京东品牌承诺的支撑，通过这些优势支撑，彰显了品牌竞争力。

有了品牌二诺——做对承诺和履行承诺——加上从三个维度展现企业的诉求，便于公众对品牌形成根深蒂固的印象。以联邦快递为例，其在二诺三度模型中的表现如表 2-2 所示。

表 2-2　联邦快递的二诺三度

	做对承诺	履行承诺
客户维度	使命必达	一名员工的汽车在半路抛锚了。他从一位顾客那里借来自行车，用绳子把包裹绑在背上，冒着超过 30℃ 的高温在崎岖的山路上骑行了十几公里，完成了送货的使命

	做对承诺	履行承诺
竞争维度	快速、准时	1998 年，《消费者报告》公布数据，联邦快递在面临严峻考验的高峰季节，邮件次日送达率高达 97%。相比美国邮政服务系统 65%的次日送达率，联邦快递的超高可靠性对于当时主流的市场认知是个巨大的冲击——原来快递还可以做到对可靠性如此热切的追求
企业维度	心存 B 计划	在联邦快递，所有员工都有一个 B 计划概念。尤其是开着卡车在全国各地跑的送货员，每位员工都了解 B 计划的真谛——为了按时完成顾客所托，如何适应、临时调整以克服困难

联邦快递从三个维度都做出了承诺，并且通过实际行动履行了承诺。这从企业内部来看是对可靠性的一种坚持，几乎成为企业的道德规范，也是从企业维度做出的承诺。将这种承诺继续，它就变成了面向顾客的承诺。这种顾客承诺还要考虑竞争环境。相较于 UPS 的"可靠"和 DHL 的"个性化"，联邦快递更加强调"准时"，然后通过外在表现证明和强化自己的品牌诉求，最终使品牌变成顾客心中难以磨灭的烙印。

第 3 章
品牌的本质

"一个问题的解决总是依赖于与问题相邻的更高的一级，即问题绝不可能在它所出现的那一层面得到解决。"

——战略学家　魏斯曼

世界是复杂的，但复杂的东西是可以进行简化处理的。抓住事物的主要矛盾，抓住关键，就能抓到本质性的东西。

任何事物都只有一个本质，品牌也不例外。只有抓住品牌的本质，才能更好地建设品牌、传播品牌，不断地为品牌注入活力，让品牌展现企业的实力、文化和魅力。

1. 品牌的本质是什么

我认为，**品牌的本质就是"产品的顾客化"。简言之，品牌的本质就是"如何在消费者心中拥有一个名称"。**对于顾客而言，产品是什么、是否属于某个领域的认知范畴，即你的产品能否转化为他们头脑中一种独特的印象，这就是产品的顾客化过程。

举例来说，市面上有数十种牙膏，你买牙膏时会首先想到什么？你所想到的名字就是品牌，因为它已经完成了顾客化、专属化。在终端进行选择时，顾客看到云南白药牙膏时，他会认为这个牙膏比较贵，且具有止血功效。既然顾客对云南白药牙膏进行了认知范畴归类，并产生了独特印象——"止血"，云南白药牙膏就完成了顾客化进程，在顾客心中留下了烙印，所以成为品牌。相反，对于新上市的一款 A 牙膏，消费者没有接触过任何传播信息，也没有使用经验，仅通过外观得知是种牙膏。此时，A 牙膏仅仅是产品，并没有转化成品牌，即使冠名 A 品牌，对于顾客而言也毫无意义。

这再次说明，**产品是工厂生产的东西，品牌是消费者购买的东西**。品牌的拥有者不是企业，也不是企业的员工，而是顾客。毕竟，产品是基于事实的，品牌更多的是基于感受的。**品牌就是消费者对于某商品或服务的感受的总和。**

马克思有一句名言："从资本到金钱是惊险的一跃。"品牌从概念到认同再到顾客化同样是惊险的一跃。要给品牌制造 100 个概念不难，难的是让品牌有一个消费者认同的概念，在他们心中占有一席之地。正如前面提到的，每个品牌中都一定有产品，但不是所有产品都可成为品牌，差别的关键在于产品在顾客的心中有没有打下烙印，以使产品完成顾客化过程。

我们知道，在产品的顾客化过程中，品牌最终的作用力在于人，所以品牌的本质离不开人。品牌与消费者是密不可分的。消费者的行为有其规律性与目的性，所以品牌必须顺应行为规律、满足消费者的消费目的、创造功利价值，这是品牌产生的基础。

在功利价值的基础上，我们再来思考精神层面。产品的顾客化过程是产品上升为品牌的过程，即顾客使用产品的主观实践和客观感受的过程；品牌策划的作用则是在把握客观环境（消费环境、营销环境、社会环境）的基础上，有力地推动产品的顾客化进程，巩固和加深顾客的感受。

最终，从品牌的角度出发，产品与消费者之间的关系可以归纳为感知、融合、统一。

在感知过程中，消费者对该种商品形成了自己的判断和认知，并不断地进行选择、淘汰。

在融合过程中，消费者把品牌融进了自己的日常生活中，使品牌在其头脑中形成了某种记忆和标准。比如，人们会从迪士尼联想到欢乐，想到迪士尼就会想到好玩，这就是迪士尼给顾客留下的印象。

在统一过程中，即产品的顾客化过程中，消费者与品牌形成了某种默契，品牌也就由此形成。产品的顾客化过程并不是经营者的一厢情愿，而是消费者从感知、融合到最终统一的结果。

顾客化之后的品牌形成了一个独特标签，即"我的品牌"或者"我喜爱的品牌"。 至于这个品牌的产地、归属，则显得不那么重要了。

比如，西装品牌 BOSS 究竟是哪个国家的，大多数顾客都不甚了解。BOSS 这个品牌起源于意大利，随后在法国上市，后来又被日本人收购，几年之后日本人赚了钱，又将其卖给意大利公司，品牌的所有者变来变去，但并没有影响品牌的价值，原因是品牌已经完成了顾客化过程。

这种顾客化最终的落脚点是顾客的心中。我一直认为，世界上最伟大的商业资产是品牌，品牌在消费者心中的地位是最难以被复制的。

换言之，品牌率先占位的个性化联想是最难以被复制的。一旦一个品牌在消费者心中率先占据了某个认知与联想之位，竞争品牌想要撼动已经被占位的认知与联想几乎是不可能的。率先在消费者心中建立对某一品牌的认知与联想，这无形中会产生马太效应，最终独霸这一能深深触动消费者内心世界的认知与联想，品牌就会对消费者产生无穷的吸引力。这种优势是竞争品牌短期内难以模仿和跟进的，对企业可持续盈利的支撑作用远远胜过产品改良、提升终端、加大广告投入等一般的营销传播活动。

2. 竞争之地的洞察

品牌的顾客化过程也改变了我们对于竞争地点的理解。我们以前认为竞争之地在于市场、在于终端，实际上品牌的竞争是心智的比拼和较量。企业必须懂得品牌的顾客化，否则只是自己了解品牌并闷头做品牌建设是没有意义的。

一个小故事似乎更能说明这一点。

一位马戏团驯兽师因为犯罪要被关 3 年。他在狱中太闲，于是干脆教蟑螂练习特技。经过无数次的失败，终于在出狱前，他训练出一只会表演倒立的蟑螂。出狱后，他就迫不及待地冲到离监狱最近的酒吧，点了一杯酒，趁大家不注意，偷偷地把藏好的蟑螂放在吧台上。当蟑螂倒立在吧台上时，驯兽师很兴奋地大喊："老板！你看！这蟑螂……"话说到一半，只听"砰"的一声，老板一掌打扁蟑螂，还大骂说："死蟑螂！早上才打死几只，现在又跑出来！"驯兽师还没讲完"会倒立"的话，立刻晕倒在地。

这个故事告诉我们，你所认同的事，不代表别人会认同。要想让别人认同你的品牌，你就要先用心了解别人是如何认知品牌的。换言之，价值必须是顾客认同的价值，品牌必须完成顾客化才有意义。

同样，管理大师彼得·圣吉讲过一个寓言故事。

一个夜晚，一位路人看到一位中年人醉醺醺地在路灯下找东西。路人就去问他找什么。中年人说，他的钥匙掉了。路人说："你想想看，你的钥匙掉到什么地方了？"中年人说："我的钥匙掉在家门口了。"路人很奇怪，说："钥匙掉到家门口了，你怎么跑到马路的路灯下找钥匙？"中年人说："我的家门口没有灯。"这是西方版的"刻舟求剑"。很多品牌其实都在犯类似的错误，即把竞争焦点搞错了。

企业如果把竞争焦点理解错了，自然也就找不到经营企业的那把钥匙。《孙子兵法》一书中用了很多笔墨讲述如何探明竞争地点、如何理解地形地貌，其中提到"**知战之地，知战之日，则可全力而会战**"。如果我们不知道品牌顾客化的概念，不知道品牌是顾客心中的印象，一味地分析市场而不分析顾客，我们最终也很可能丧失品牌。举例来说，诺基亚这个品牌不能说不好，但是当手机从功能手机向智能手机转变的时候，消费者对手机的理解和认知发生了变化，诺基亚却没有及时转身，最后失去了消费者，品牌也从此衰败。

总之，既然品牌是顾客心中的概念，那么只有依靠产品的顾客化，我们才能最终使产品完成向品牌转变的一跃，企业从此也就可以收获品牌的红利：产生品牌溢价、提升无形资产、促进业务增长、培养顾客忠诚、高筑竞争壁垒，最终获得持续发展。

工具　品牌的等号哲学

我一直认为关于品牌最简单的理解就是"等号"，即你的品牌和什么画等号。这个等号直接决定品牌的顾客化进程。品牌的归属，最终取决于顾客是否会选择你的品牌。

如果不懂品牌等号的原理，你就会犯一些低级错误，导致品牌力逐渐下降。

1. 日本不懂等号的衰落

一个企业最重要的成果就是打造成功的品牌。打造品牌最重要的方式到底是要专业化还是多元化，业内存在不同的看法。但是，商业社会有这样一种现象——没有建立等号的品牌出现了颓势。

比如，在全球第一大经济体的美国，很多企业对品牌的理解是要专业化。但是，在曾经的全球第二大经济体而如今的第三大经济体的日本（现在中国是第二大经济体），很多企业理解是相反的——它们觉得品牌可以多元化。

美国企业的很多品牌的产品都比较单一，如微软是做软件的、谷歌是做搜索引擎的、可口可乐是做饮料的。而对于日本的品牌（如东芝、索尼、日立、松下等品牌），我们要理解就比较困难，因为每个品牌的背后都有 2 万多种产品。

开始时，我们很难分清哪种模式更好。尤其是在 20 世纪 80 年代，美国在各主要工业领域都被日本击败，当时有两个引人注目的事件。

一是 1989 年美国的财富象征，也是资本主义和商业的象征——洛克菲勒中心，被日本三菱公司收购。当时，美国企业家觉得很难受，媒体报道说这是一次不流血的珍珠港事件，但大家心里是在流血的。二是哥伦比亚文化传播公司被日本索尼公司收购。哥伦比亚文化传播公司产出的大片，一直以一种润物细无声的方式影响着美国。这样的文化价值观的传播机器被日本人收购，使得美国媒体出现了一系列的报道——为什么日本人行，美国人不行？有人说日本企业偷走了美国之魂。

所以，日本前首相中曾根曾说：**"在国际交往中，索尼是我的左脸，松下是我的右脸。"** 日本的品牌曾经多么让日本人骄傲。

但在这两个事件之后的 30 年中，这两个国家的经济发展却经历了完全不同的轨迹。一个是美国经济不断高涨、向上发展，尽管有一次金融危机，但总体曲线是向上的。但日本的经济完全相反，开始不断地往下走，这么善于学习、人才济济、资源如此雄厚的民族竟然一直走下坡路，让人很难理解。

其实，从品牌的角度看，这很好解释：日本的诸多品牌已经很难在我们头脑中和某一类产品画上等号了。

美国的企业品牌是完全遵照"等号哲学"的，每个品牌都是专业化操作的。例如美国的宝洁公司，其每个品牌都有准确的定位——海飞丝是"去头屑"的，飘柔是"柔顺头发"的，潘婷是"营养头发"的。但日本企业就不一样——索尼是什么，没有人说得清，所以索尼品牌看似响亮，实则很虚，根本原因就是它在顾客的头脑中没有建立一个等号方程式。

2．如何建立等号哲学

既然品牌的本质是品牌的顾客化，是消费者拥有品牌而不是企业拥有品牌，**那么品牌就要建立一种连接顾客心智的通道**。两点之间直线最短，品牌顾客化的过程中，如何找到直线路径就变得异常重要。

最简单的做法是聚焦并简化路径，即让品牌与顾客心智直接画等号，在顾客心智中打造心锚。从顾客认知的角度出发，这种做法能够有效降低营销成本、减少传播障碍。

比如，金庸等于武侠，琼瑶等于言情，李小龙等于功夫，格兰仕等于微波炉，刘翔等于110米跨栏，万科等于房地产，等等。这些都是通过长期聚焦于某个领域所形成的根深蒂固的品牌等号。

当然，很多品牌的等号并不是单一的。品牌具有丰富饱满的核心价值，能够与很多关键性的字眼建立等号关系：

百事可乐＝新一代＝年轻＝性感＝流行＝受欢迎＝好玩＝……

可口可乐＝友爱＝欢乐＝体验＝美国文化＝全球化＝畅爽＝……

进一步简化：

百事可乐＝新一代可乐；

可口可乐＝正宗可乐。

这种等号关系不一定严谨，因为是在顾客头脑中画等号，于是演变成了认知事实。为了促进顾客产生正确的认知，企业有必要用同一主题把不同的产品串起来，形成能够渗透传播的品牌核心价值，强化顾客体验，最终沉淀成品牌个性。

在沉淀品牌个性和建立品牌等号的过程中，企业可以开展自审工作。企业通常可以问两个问题：

（1）你的品牌对消费者来说归属于哪个品类？

（2）你的品牌具有什么独特的品牌价值？

基于这两个问题，构建你的品牌的等号。同时，切忌贪大求全。**品牌建立太多等号，什么都是，就意味着什么都不是。**

记住，受众不可能、也不会对企业有深刻而全面的认知，他们往往会将几个具有代表性的事物与对企业的认知画上等号！品牌传播诉求太多，就会因为传播内容的"多、散、乱"而降低传播效果。此时，企业就要基于品牌主张，挖掘价值认同点，打造公司品牌的独特名片。

我曾经在给客户进行培训时做过一个简单的现场调研。我问了大家一个问题："如果不考虑价钱，你会给自己买一块什么品牌的表？"

结果得到最多的答案是"劳力士"。

但是，劳力士是最贵的手表吗？不是。很多表都比劳力士贵，如百达翡丽某款手表曾在美国被卖到每块 3 000 万美元。那么，人们为什么会想到劳力士呢？因为劳力士是第一个推出高价手表的品牌。它通过推出高于行情几十倍甚至上百倍的价格率先建立心锚：劳力士是最贵的表。结果，很多人为了证明自己有钱，就买劳力士，所以劳力士等于"有钱"，抢先与"最贵"建立等号，成为身份的象征。正所谓"一流人士戴表是为了给人们看身份，二流人士戴表是为了给自己看时间"。

劳力士通过率先建立等号，最终完成"贵表""好表"的顾客化进程，成为顾客买贵表的首选品牌。

那么，如何建立并巩固等号哲学呢？

首先，要确定一个精彩的传播主题或传播个性，并坚持长期宣传。品牌必须有一种可持续发展的品牌个性。

小米手机诞生那年，正是苹果风头正劲、三星奋起直追、诺基亚节节败退、其他品牌摩拳擦掌的时候，当时的手机市场是不折不扣的红海，仅一线品牌就有数十个，小米手机凭什么能够脱颖而出？小米手机强调了"互联网手机"这个概念，并借助一切力量发展互联网手机的品牌个性。比如，小米的 Logo 是一个"MI"，是 Mobile Internet 的缩写，代表小米是一家移动互联网公司。

其次，借鉴苹果的成功，小米同样聚焦单一产品，只做一款手机，而且是不计成本地做最好的产品，如采用苹果的供应商。再如，它是第一个采用高通 4 核 1.5G 芯片的手机。只做单一手机，用雷军的话讲，"互联网就是一种观念""少就是多，大道至简"。其实，从品牌定位的角度讲，**越聚焦、越简单，你的品牌就越容易进入顾客的心智，成为某一品类的代名词。**

最后，小米把营销和渠道都放在互联网上，开创了互联网手机惜售模式，通过模式的创新改变传统手机的成本结构，实现了最佳的性价比。同时，小米成为互联网手机的代名词，小米科技也成为典型的移动互联网公司。

现在再看我们之前提到的两个问题：品类和独特价值。从劳力士这个案例中可以看到，从品类上讲，它独占了"贵表"这个品类，几乎成为"贵表"的代名词；从独特价值上看，它是一种身份的象征和尊贵的体现。从小米手机这个案例中可以看出，从品类上讲，它代表了互联网手机这个新品类，借助移动互联的玩法一路在手机红海中开辟了一片新蓝海，成为新时代众多小米发烧友喜欢的手机。

总之，立足于品类和独特价值，品牌的等号才最有价值和意义。因为品类是品牌背后的力量，消费者在选择商品和服务时，首先想到的是品类。比如，你买车时首先会想到的是普通轿车还是越野车，是三厢还是两厢，这就是品类；然后才会想到是丰田还是本田，是奔驰还是宝马，这才到品牌。消费者选择品牌时是基于品类中的阶梯进行决策的，即不同品牌在消费者大脑中的排序，一旦做到品牌成为品类的代名词，那么选择将会毫无悬念地发生。当然，品牌要做到成为某个品类的代名词，一定是因为它具备独特价值，打动了消费者，品牌与独特价值形成了紧密捆绑关系，最终提升了品牌在消费者心智中品类阶梯中的位次。所以，品类和独特价值是"等号哲学"中必须考虑的关键要素。

忽略了这两个要素，就会犯一些让人啼笑皆非的愚蠢错误。比如，原本在消费者的心目中，荣昌等于肛泰，因为荣昌肛泰广告做了很多年，已经将品牌与品类紧密捆绑，它的独特价值就是它所传递的"贴肚脐，治痔疮"，强调"方便、见效快"；但是，这个品牌后来延伸到了荣昌甜梦口服液这个产品上，这注定会失败，因为治痔疮药这个品类显然无法与口服液这个品类共享同一品牌。

另一个例子是金利来。金利来有一句响亮的口号——"金利来，男人的世界"，将金利来品牌定位表达得简洁明了。然而，金利来不甘只做"男人"，"变性"又做了"女人"，一下子模糊了品类，其原有的为男人带去的独特价值自然也无法取悦女性，结局是不仅未得到女士的欢心，还削弱了原有的男子汉的阳刚之气，最终失去了昔日男装品类的领导者地位。这些都与品牌简单的等号哲学相悖。

为深入探讨品牌的等号哲学，我们下面来看迪士尼是如何建立其独特的等号哲学的。

案例：迪士尼=良好的体验

如果给迪士尼一个等号，等号后面会是什么？我相信很多人的答案会是主题公园、动画片、快乐和良好的体验。前两个词属于品类，后两个词属于独特价值。

我们以其中一个品类——主题公园为例，看看迪士尼做了哪些工作，从而彰显了其独特价值，使其成为这个品类的杰出代表，最终建立了迪士尼等于"主题公园"和"良好的体验"这种强势认知。

其实，迪士尼的秘诀很简单，那就是它时刻遵守一个原则——"迪士尼乐园所做的一切是让每个人都能体会到挥之不去的快乐，即一切从快乐出发"。因此，迪士尼有一连串让游客快乐的举措，不断强化游客体验，营造快乐的氛围。

1. 免费给游客送货

游客来游乐园玩耍，如果手里拿太多东西，还能尽兴地玩吗？迪士尼深刻洞察到这一点，所以制定了一项举措：游客在乐园内任何一家纪念品商店买完东西，只要填写一张送货单，所购买的商品便会在 3 小时后送至乐园门口的提货处。在这期间，游客大可轻装上阵地继续玩其他的游艺设备，当然也可能顺带又买了不少新的纪念品。可见，给游客方便就是给店家自己方便。

2. 员工拥有特殊技能

迪士尼的员工拥有几个特殊的技能。一是要"精通"各类照相机的操作。一位香港迪士尼员工说，乐园里的员工都必须会使用世界上最先进的照相机。为此，公司的"迪士尼大学"专门设有学照相的课程，对各种各样的相机操作进行教授。二是要将地图熟记于心。任何职位的香港迪士尼员工，心中都必须有一份地图。有人要喝可乐，有人要买纪念品，游客还会问各种各样的问题，所以每名员工都要把整个迪士尼的地图熟记在脑子里，对迪士尼的每个方向和位置都要明确。三是要扮好演员角色。迪士尼有严格的培训体系，其要求每个员工都是演员，每样东西，哪怕是扫帚，也是一个道具。所以，员工每天上班的时候就是在演戏，是这个舞台的一部分。四是要会抱小孩和换尿布。孩子的妈妈可能会叫任何员工帮忙抱小孩或换尿布，如果员工不会这些"分外事"，就会增添游客的麻烦。

3. 开通"快速通道"

各地的迪士尼乐园都很火爆，随之产生非常严重的排队现象，而排队现象屡次遭到游客的抱怨和投诉。为应对这些危及用户体验的问题，迪士尼乐园为游客设置了"快速通道"服务，相当于绿色通道服务。这是个类似于期权的东西，游客可以凭门票，每隔若干小时获得一张某个项目的"快速通道"服务券。利用这张"快速通道"券，游客无须排队即可快速入场。这样可以省下不少入场时间，唯一的缺点就是入场时间由"快速通道"券规定，只能在规定时间内使用、过期无效。要充分利用"快速通道"服务，就要充分计算好时间，做个周密计划，按时往来于需要排队和可以快速入场的游艺项目之间。"快速通道"服务可以分流游客，也变相提升了用户的体验，至少大大减少了游客的抱怨。

4. 解决儿童丢失问题的好办法

迪士尼是儿童的乐园，儿童是迪士尼乐园最主要的客人之一。在数万人中丢失儿童是一件极可能的事情。但迪士尼乐园从不用广播寻找丢失的儿童。内地很多游乐园都采用这种快捷的方式找寻丢失的儿童，殊不知它带来了多大的负面作用。这样的广播会给其他的家长造成很大的心理压力，这样谁还敢带孩子来玩呢？

所以，迪士尼有规定，乐园里的任何员工遇见走丢的儿童，都会将其领到特定的屋子，里面有童话般的环境，孩子们能自由地玩乐。员工们再利用一切方法辨认孩子的身份，在最短的时间里找到孩子的父母。通常情况下，妈妈们焦急地赶来时，都会看见自己的孩子正在悠闲地吃着东西、快乐地玩着游戏。这样，迪士尼就"偷偷地"解决了儿童丢失的问题。

5. 服务细节标准化

迪士尼格外重视员工的培训。比如，跟小孩说话要蹲下，这也是全球迪士尼的一个规范。因为员工蹲下后的眼睛跟小孩的眼睛可以保持同一个高度，不会让小孩抬着头跟员工讲话，也没有距离感。

迪士尼通过上述举措，用行为强化"快乐"的等号，这才有了迪士尼强势的品牌联想和难以磨灭的品牌烙印。

第4章

品牌的进阶

"随便哪个傻瓜都能达成一笔交易，但创造一个品牌需要天才、信仰和毅力。"

——广告教父　大卫·奥格威

多年来，国产品牌总是有如下几个问题萦绕在国人的心头。

为什么到处都是昙花一现的名牌？为什么价格比洋名牌低很多仍无人喝彩？为什么总是广告一停，销量就马上下滑？为什么媒体一篇文章或一个小小的质量事故就可以葬送一个品牌？

这些现象的原因可以归结为一点：品牌竞争力弱。

品牌竞争力有强有弱。张瑞敏有一句话比较中肯："**如果你的产品比其他牌子的同类产品卖得贵、卖得快、卖得多、卖得久，说明你的品牌竞争力强；反之，说明你的品牌竞争力弱。**"

前文提到品牌是顾客综合印象的总和。品牌是多方面的，可从多个维度给顾客创造体验，最终强化顾客认知。通常来讲，品牌具有6层含义。

（1）属性——品牌应表达产品特定的属性。

（2）利益——品牌应给购买者带来功能、情感上的利益（例如，耐用可以转化为功能利益、昂贵可以转化为情感利益）。

（3）个性——品牌应传达差异化个性。

（4）价值——品牌应体现制造商的某些价值感。

（5）文化——品牌所附加及象征的文化。

（6）使用者——品牌应体现购买或使用这种产品的消费者的价值需求。

通过多层含义，品牌传递了一种让人具有饱满感受的印象。以麦当劳为例，它的属性是快餐，让人联想到巨无霸汉堡、超值套餐、麦辣鸡腿汉堡等；功能利益是快捷、卫生、美味，情感利益是"我就喜欢""欢乐"；差异化个性是大写的黄 M 标志（金色拱门）、麦当劳叔叔、热情的红与温暖的黄、统一的店面装修和员工制服；价值是干净的用餐环境、始终如一的理念、标准化的操作；文化则彰显着美国文化和快餐文化；消费者更多地让人联想到儿童、青少年及因为儿童放大效应而引来的家长等。

1. 品牌的四个阶段

品牌不是与生俱来的，而是在后天商业化运作过程中逐渐形成的。一般来讲，品牌有 4 个成长阶段：首先是一个商品，其次是名字，再次成为品牌，最后衍化成强势品牌。

在商品阶段，产品仅仅是产品类别中的一个，并无其他所长；消费者往往分不清几种互相竞争的产品之间的差异。

在名字阶段，消费者知道产品的名字，认为与其他竞争产品不同，且消费者想要这种差别。

在品牌阶段，消费者指名要你的产品，同时你能将产品卖出一个较高的价格。品牌与商品的不同可以用"附加值"来概括。附加值既有品牌传递的理性价值，也有消费者很难用言语表达的情感价值。这一阶段一定可以带来一群忠诚的顾客。

在强势品牌阶段，你的产品一定比别人卖得多、卖得快、卖得贵、卖得久。强势品牌是企业在长期经营过程中积累起来的，在品牌知名度、美誉度、忠诚度上建立了较大优势，与消费者关系牢固、有良好盈利能力的一类品牌。

其实，品牌没有好坏之分，只有弱势和强势之分。比如，可口可乐就是强势品牌。可口可乐的一位副总裁曾经说过，假如可口可乐全世界的工厂都着火了，所有物资都被烧掉了，但是第二天供应商照样会给它供货，银行照样会给它贷款，客户照样会来订货，工厂不久之后就会正常运转起来；而有的企业一旦被烧掉，就什么都没有了。**你的资产当中有哪些是烧不掉的？烧不掉的那一部分就叫品牌。**再如汽车领域，奔驰是强势的品牌。奔驰从来都不允许员工说自己是在汽车制造厂工作，也不允许经销商说自己是卖汽车的，而是要强调"我们卖的是奔驰"。

2．强势品牌的条件

无论是可口可乐还是奔驰，它们都是强势品牌。那么，到底什么是强势品牌？强势品牌应该具备哪些条件？

我认为，评判一个品牌是不是强势品牌，可以参照以下 10 个条件。

（1）品牌联想具有鲜明的差异性与区隔。品牌联想能够深深地触动消费者的内心世界，并能长期占据消费者的心智。

（2）能够卓越地传达品牌的核心价值和核心利益点。

（3）能够与时俱进。品牌的一切与时代的进步息息相关。

（4）价格策略优异，能够得到消费者的充分认同，有一定的溢价能力。

（5）广告的诉求和品牌的形象能够持续保持一致。

（6）能随消费者的成长、消费心态的变化不断添加新的因素。

（7）品牌组群组合具有系统性，以及丰富的品牌联想与积极的心理体验（美誉度高、内涵丰富）。

（8）能够不断整合营销资源，提升品牌资产，并具备强大的抗风险能力。

（9）具有长期有力的传播、管理和制度支持。

（10）在某一个品类具有难以撼动的地位，具有很高的威望、尊崇感和整体价值感。

除了上述 10 个条件，一个强势品牌一定要包含 3 个要素，简称"PIC"要素。P 是指产品（Product），即产品的功能要足够支持品牌；I 是指形象（Image），即品牌形象要足够强，并且能引起消费者的共鸣；C 是指顾客（Customer），即品牌要有一群忠诚的顾客。

3．强势品牌的好处

强势品牌是一个企业拥有的最强大的资产。它有如下好处。

（1）售价较高，获利较丰。

（2）市场占有率比较稳定。

（3）对抗竞争者的活动更加灵活、更有弹性，如功能的改善、战术促销、渠道联盟等。

（4）高获利能力有助于产品研发。

（5）消费者比较宽容。

（6）通路具有杠杆效应，对市场分销具有拉动力。

（7）更能影响新消费者及留住老消费者。

（8）有更强的忠诚度，能够给予消费者购买的理由，使消费者使用后更易达到满意程度。

（9）能支持相对较高的价格，具有较高的品牌资产。

（10）产品线延伸可共享品牌资产。

4．中国欠缺强势品牌

强势品牌是企业追求的终极目标。每家企业都希望做出强势品牌，但不是谁都能够成为强势品牌。我经常被国内企业主问到一个问题：中国有无强势品牌？

面对这种问题，我通常会反问：参照强势品牌的 10 个条件，你心目中有哪些国内品牌属于强势品牌？

得到的答案不尽相同，几乎每个人给出的答案都不相同。

但如果更改一下题目，问你心目中哪些国外品牌属于强势品牌，共性答案似乎就会多一些，如可口可乐、苹果、麦当劳等。

为什么提到中国的强势品牌，大家总是缺少共识性的答案呢？造成中国缺少真正的强势品牌的原因到底是什么呢？

其实，中国的大部分企业对于品牌管理依然十分陌生，甚至对品牌管理究竟需要具体做哪些工作都不太了解或了解不深、不全面。缺乏品牌战略管理是本土品牌的软肋。

我们在给企业做咨询时曾发现，一个具有上百亿元规模的企业营销高层居然无法清晰地回答创建一个强势品牌的关键要素是什么，更有急功近利者认为把产品卖出去就是做好了一个品牌。

事实上，名牌不等于强势品牌。同样是运动服饰品牌，很少有人能够说出李宁、安踏、特步、匹克之间的区别。

相反，人们很容易讲出耐克和其他运动服饰品牌的区别。耐克是崇尚运动精神的品牌，无论是它的"对钩"标识还是它的"Just do it"（想做就做）品牌口号都已经深入人心。此外，它花了很多钱让全世界最优秀的运动员给耐克做代言人、做广告，传递出一种信任——耐克是全世界最优秀的运动员的共同选择，仅这一点就足以为耐克品牌注入强劲的品牌价值。

再如，人们可以很容易地讲出可口可乐和百事可乐的区别——一个是正宗的美国可乐，一个是新一代的可乐。所以，两个"可乐"都是强势品牌，两者在中国碳酸饮料市场占据了超过 90% 的市场份额。

相较国际知名强势品牌，中国具有明确定位、在消费者心智当中留有深刻烙印甚至成为品类代名词的品牌少之又少，这可能和过去我国被定位为世界工厂有关。

随着未来越来越多的中国品牌走出国门并跻身于国际舞台，中国企业的品牌竞争力是需要第一个加强的软实力。

总之，品牌的发展一般都要经历这个过程：首先是一个商品，再是一个名字，然后经由顾客化的进程成为品牌，最后随着顾客的多次体验不断履行承诺、体现价值而变成强势品牌。

工具 **品牌成长五度测评**

从消费者认知的角度讲，品牌成长有五度：知名度、可信度、美誉度、忠诚度和依赖度。品牌成长五度如图 4-1 所示。

知名度是指品牌被公众知晓、了解的程度。西方商界有句名言："名牌对愚者来说，已大功告成，是终点；对智者来说，才刚刚开始，只是暂时领先。"

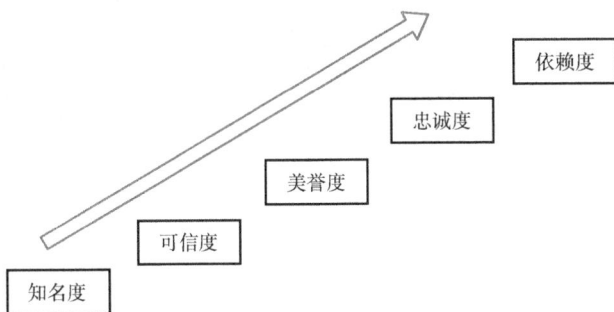

图 4-1 品牌成长五度

可信度是指可以信赖的程度。只有知名度而缺乏可信度如同踢球欠缺临门一脚，整场球踢得再精彩都没有用，关键是顾客愿意选择你的品牌并产生交易行为。

美誉度是指品牌获得公众信任、支持和赞许的程度。美誉度主要源自顾客，顾客是美誉度的源泉，而且美誉度是一个逐渐累积的过程，没有顾客体验之前，所有的美誉度都有些虚假。有了美誉度，才会吸引更多顾客产生成群结队的购买行为。

忠诚度是指让顾客产生持续购买、持续消费的能力。它是顾客在购买决策中多次表现出对某个品牌有偏向性的（而非随意的）行为反应。它既是一种行为过程，也是一种心理（决策和评估）过程。

依赖度是指品牌已经成为顾客消费中不可缺少的一部分，即顾客已经到了离不开品牌的程度。

企业可以根据以上五个维度进行自我测评。首先锁定一定数量的目标消费者，初步形成样本，然后进行评估。不同维度的顾客占比会有所不同，常规表现一般是倒金字塔式，呈逐渐递减趋势。表 4-1 罗列的占比是强势品牌的及格线。如果达不到这个标准，品牌就不能称为强势品牌。

表 4-1　品牌五度测评表

品牌五度	顾客感受	描　　述	强势品牌样本人数占比
知名度	我听说过这个品牌	多少人听说过你的品牌	大于90%
可信度	我信任这个品牌	多少人曾经首次购买你的品牌	大于70%
美誉度	我喜欢这个品牌	多少人曾经夸赞你的品牌	大于50%
忠诚度	我会继续使用这个品牌	多少人曾经多次购买你的品牌	大于30%
依赖度	我无法离开这个品牌	多少人已经到了"非你不可"的阶段	大于10%

第 5 章
品牌的作用

> "品牌不是打上苹果的标志就是苹果的品质，打上苹果的标志也需要信心和对客户的承诺。"
>
> ——史蒂夫·乔布斯

品牌化进程，用一句简单的话解释，就是把你的水变成"依云"，使你变成"比尔·盖茨"。这就是品牌化进程最通俗的解释。

品牌化是一种更高效的销售商品的方法，相当于向顾客预售了产品或服务。大卫·奥格威有一句名言："We sell or else."（我们销售，否则我们什么都不是。）在当今这个品牌时代，这句名言应该被一句新口号所替代：**除非打造品牌，否则一事无成**。因为在多媒体时代、自媒体时代和信息爆炸时代，除非你是品牌，否则你将坐失"被选择"的机会。全世界的商业都在发生一个革命性的转变——从销售到购买的转变。我们早就从"消费者请注意"的时代进入了"请注意消费者"的时代，这就意味着消费者的选择决定企业的生死。

为品牌着迷的人更拥有近乎拜物的消费心态，这也使得品牌魔力无穷。于是，我们看到很多人把玩苹果手机时的激动表情，有些人为了得到新款手机可以远赴大洋彼岸采购、为了新款 iPad 可以彻夜排队，有些消费者甚至不惜用自己的肾脏器官来换。这就是品牌的极致张力。

可见，当你的产品成为品牌之后，它所产生的最直接的作用也是异常明显的。这种作用可以从两个层面来理解。

1. 品牌对消费者的作用

（1）便于识别产品的来源。品牌具有权威的"原产地"概念，如飘柔是宝洁生产的、力士是联合利华生产的、茅台产自茅台镇。这个"原产地"超越字面的含义，赋予了品牌一种强大的背书作用。"原产地"最终占据的是消费者的心智，产生的是一种信任感。宝洁、联合利华推出的产品自然会让消费者产生信赖感，它们根据其以往推出的不同产品，直接促进消费者做出选择决策。

（2）是质量的保证。产品或服务之所以成为品牌，一定是因为其品质过硬。反过来，一旦成为品牌，消费者就有理由相信，其产品质量是过硬的。这就如同我们摘了树上的一颗果实，如果这个果实是甜的，我们就有理由相信其他果实也是甜的。品牌所起到的就是这种将产品归类的作用。

（3）便于追究产品制造者的责任。对于消费者而言，选择品牌产品和非品牌产品的一个重要原因就是，品牌产品的售后服务有保障。如果品牌产品出现问题，消费者可以要求退换货物，或者通过法律手段捍卫自己的权益。但如果是杂牌产品，其商标不受法律保护，品牌没有信誉背书，厂家的责任也就无从追溯。

（4）可以减少购买风险。品牌本身具备一定的质量保障，又可以追查到相关的责任人，这些都在无形中降低了顾客的购买风险。

（5）可以降低搜索成本。我们常用的一个词叫"商品的海洋"，形容消费者要在众多商品中进行选择，搜寻符合自己需求的商品。这个过程是很耗费时间和精力的。假如消费者不了解某类商品，势必要搜索信息，进行多方询问、多家对比。但是，如果某个品牌的诉求既符合消费者的需求，它又具备一定的市场口碑，那么很多潜在消费者可能在未购买之前就相信了该品牌，并最终产生指向性购买行为。

（6）便于与产品制造者建立契约。消费者通过选择表示对某种品牌的认可，企业通过产品功能、质量满足消费者需求表达对消费者认可的回报，消费者进而通过重复购买和使用体现对品牌的忠诚，企业再通过服务、优惠等手段报答消费者的忠诚。由此，消费者和企业之间通过品牌建立了某种互利互惠的契约。

（7）有利于展示自己。品牌都具有一种象征意义。消费者希望通过所购买的产品或服务展现自己的个性、人格、地位、身份或个人所在的群体等。品牌寻找代言人也是在传达一个群体概念，凸显自己品牌的定位、档次，展现给适合的消费群体。所以，每个消费者选择品牌时都会考虑自身的适用性。

有影响力的品牌必定有一个核心理念，这个理念足以吸引消费者希望成为这个概念的一部分。这是一个大的概念，而且是独一无二的、简洁的和真实的概念。

企业通过传播行为将这个概念引入公众的生活，进而影响消费者的选择。

比如，苹果公司用 iPod 塑造了一个偶像，一个满足需求欲望的客体，一个新的音乐世界，加上本身纯美学的产品设计，它就衍化成了一种信仰。人们甚至可以用是否拥有 iPod 来区分一个人是时尚的还是落伍的。在潮流的驱使下，消费者自然产生了一种品牌崇拜思想。

同样，耐克的口号——Just do it（想做就做），告诉公众，你可以成为你所希望成为的那个人——只需大胆去做，自由地追求自我。

（8）可以优化选择。品牌的作用在于标识差异化的产品和服务，它能够帮助顾客识别产品和服务的来源，并通过信任的建立影响顾客的购买决策，从而让顾客的选择变得简单，相当于给选择提供了一个直接购买的理由，优化了顾客选择。

我时常会提及一个假设。假如在你面前摆上 50 碗方便面，让你享用，方便面上只有编号（1~50），你会怎么选呢？你不知道怎么选时，是不是非常痛苦？但如果在上面写上两个字，就会大大方便你进行选择——一碗写上"康师傅"，一碗写上"统一"。所以，品牌是商品海洋中的灯塔，给消费者在选择产品时指明了方向，解决了消费者购买产品便利性的问题。品牌简化了消费者选择的过程。记住，**品牌的力量在于它影响顾客购买行为的能力。**

2．品牌对企业的作用

（1）便于区隔竞争对手。品牌用来创造独一无二。世界上没有两片完全相同的树叶，同样没有一模一样的品牌。就像两款运动 T 恤衫，颜色、材质都一样，一款是耐克，一款是阿迪达斯，虽然产品的质量、功能是一样的，但品牌将两个产品形成了区隔。最终，崇尚耐克精神的人选择了耐克，而信仰阿迪达斯运动理念的人选择了阿迪达斯。

（2）便于简化追踪识别。品牌能够强化顾客的认知，简化追踪识别。所以，**在品牌建设过程中，一定要善于为品牌建立一个感性符号（视觉、听觉或意念），使之与品牌产生一一对应的记忆联想，让消费者容易记忆和识别企业的产品。**

（3）是企业的法律保护手段。品牌可以作为保护企业权益的利器。品牌保护是通过法律对品牌的所有人、合法使用人实行资格保护措施，以防范来自各方面的侵害和侵权行为。

（4）是企业的竞争优势来源。品牌建设不是一蹴而就的，它需要一个较长时间跨度的积累，也需要企业用心营造。品牌一旦建立，并传递出品牌的核心价值及企业的承诺，它就会在顾客头脑中抢占一块空间。这样，消费者理解该品牌时就会与其他品牌形成认知差异，该品牌也就赢得了消费者的最终选择，从而产生竞争优势。

（5）便于导入新品。品牌具有波及效应。在已有的品牌体系下，正确导入新产品，能够转嫁信任于新品，共享品牌声誉，降低企业的传播成本。

（6）可以增加产品附加值。**品牌所具有的附加值，都会在每件商品上以价格体现出来**。同样一款产品，生产成本可能是一样的，但品牌的差异造就了产品价格的差距。这就好比两个画家的作品，尽管耗费的劳动成本可能是相同的，但一个是张大千的作品，一个是张三的作品，结果张大千的作品可能值上百万元，而张三的作品只值百元。这就是品牌的溢价，是品牌赋予产品的附加值。

（7）可以赋予产品特殊意义。如果产品本身只有物理属性和功能属性，就会缺乏情感价值和精神含义。但通过品牌的营造，产品就具备了真正的灵魂。比如，作为产品，舒肤佳只不过是洗手的香皂，但经过品牌的规划和打造，它不仅具有了杀菌的卖点，还具有关爱家人的情感价值。耐克的执行总裁曾说："消费者花35 美元购买的并不是一双透气、减震、具有美观花纹的跑步鞋，消费者实际购买的是一种代表永不妥协的运动精神和成为超级巨星的梦想。这正是耐克和其他品牌的差异所在。"

（8）有利于获得高额利润。**经营产品只能赚小钱，经营品牌才能赚大钱**。例如，温州打火机生产厂家生产的打火机卖给经销商的价格是 9 元，贴上日本、韩国厂家的品牌后国际市场上的售价可以达到人民币 280 元。由此可见，品牌能产生高额利润。

总而言之，品牌所产生的作用是巨大的。它是产品或企业核心价值的体现，是识别商品的分辨器，是质量和荣誉的保证，更是企业的"摇钱树"。它能产生多重效应。

（1）聚合效应。企业和产品一旦成为品牌，就会获得社会的认可，有利于企业聚合社会资源，使企业进一步扩大并形成规模。

（2）光环效应。企业成为品牌，会给其产品带来一道光环，在其照耀下，企业及产品会受到一种正面的经济效应的影响。

（3）宣传效应。品牌形成后，企业可以利用品牌的知名度、美誉度传播企业名声，宣传地区形象，甚至宣传国家形象。

（4）带动效应。品牌企业对城市经济、地区经济甚至国家经济都有带动作用。

（5）"核裂变"效应。品牌发展到一定阶段后，它会积累、聚合各类社会资源、营销力量及管理经验，产生"核裂变"效应，不断衍生新的产品和新的服务，形成新的品牌。

（6）耦合效应。企业的成功离不开辛勤的员工和优秀的管理者，品牌企业的形象产生一种内生动力，会使员工的精神状态得到提升。

（7）磁场效应。企业或产品在拥有较高的知名度，特别是较高的美誉度和追随度后，便会在消费者心目中树立极高的威望，使消费者表现出对品牌的极度忠诚。

（8）稳定效应。当一个地区经济波动的时候，品牌的稳定发展一方面可以拉动外部地区经济，另一方面可以起到稳定民心的作用，使人、财、物不至于轻易流失。

工具 抢先建立差异化品牌

"信息时代有一个激动人心的时刻，那就是起始时刻。"

——比尔·盖茨

做品牌好比在大牧场做策略设计，就是要使你的奶牛从一定范围脱颖而出，即使所有的奶牛看起来都极其相似。成功的品牌都是以独特的概念为基础的，目的就是要在消费者心智中创造出一个独一无二的认知。但在这个过程中，你必须抢先，因为能够被长久记忆的品牌一定是简单的，而简单的独一无二是需要抢占心智地盘的。

比如，美国有一个"AAA 汽车配件公司"，你可能觉得这个名字很奇怪，但如果你知道它的老板名字叫 Alfred A. Archos（艾尔弗雷德·A.阿考斯），你也许就不觉得奇怪了——公司的名字不就是老板名字的首字母嘛！

但是，你错了。公司之所以命名为"AAA 汽车配件公司"，实际上有一个特别的用意，即当人们在电话簿上查找的时候，这个名字会被列在第一的位置。

这个策略已经被很多企业家洞察并效仿，世界著名电子商务网站亚马逊的老板杰夫·贝索斯给亚马逊起名的时候就采用了同样的思路。

通过名字就能做到让品牌从出生之日起就成为第一、成为最大，至少可以在名字上来一个起点领先，这样的策略确实高明。

从这一点看，阿里巴巴做得同样出色。

企业要有抢先的思维，因为机会属于有准备且具备洞察力的人。

强调洞察力是因为商业史上有无数个例子证明其重要性：尽管很多人可能都有过将电梯打造成广告媒体的想法，但为何只成就了江南春一人？因为他抢先行动了；尽管很多人都做英语培训，但为何新东方能够一直领跑，而且上市？因为俞敏洪抢先行动了。

记住，这个世界有一个法则：只承认第一，不承认第二。

第二名可能就是最后一名。

第二名与第一名相差可能很少，在体育竞技场上可能仅0.01秒，但是第一名在收入、名气等各个方面都比第二名有着非线性的、不成比例的优势。换句话说，第二名的收益与第一名相比，会有一个巨大的差距。所以，企业一定要善于抢先、创先。

尽管历史上有后来者居上的案例，但是后来者往往要付出巨大的努力，而且要创造出独特的优势，这样才能够成功。其实，绝大多数后来者都是东施效颦、邯郸学步，收益无法与第一名相比。

我在培训课堂上时常会讲这样一个寓言故事。

古时候，一个年轻人去遥远的阿拉伯旅行。因为他爱吃蒜，所以挑了两筐大蒜，其他的什么都没带。到了阿拉伯之后，因为当地没有大蒜，大家被大蒜的美味所吸引，纷纷拿最贵的黄金、珠宝与他交换。

很快，年轻人的两筐大蒜变成了两袋黄金。年轻人非常高兴，带着黄金回家了。此事被他的邻居听到了。邻居一想，两筐大蒜就能换这么多黄金，太不可思议了。恰好自己有两筐大葱，因为阿拉伯当时也没有大葱，于是他带着大葱来到了遥远的阿拉伯。

到了之后，果然不出所料，阿拉伯人认为大葱比大蒜还美味，结果纷纷拿出自己认为最贵重的东西与之交换。

那么，阿拉伯人现在认为自己最贵重的东西是什么呢？当然是大蒜。于是，这位邻居用两筐大葱换了两筐大蒜。

这个寓言说明了什么呢？**你抢先一步，占尽先机，得到的就是金子。你步人后尘，邯郸学步，得到的就是大蒜。**

营销不能同路。《孙子兵法》有云：**战胜不复**（每次作战取胜所采用的战术都不是简单的重复）。机械的模仿很难超越，况且"后人发，先人至"不是每个企业都能达成的境界。所以，每个企业都要具备抢先的意识。

想要深入利用抢先的思维，我们先要了解几个理念。

1. 先者生存，而非优胜劣汰，最先就等于最优

第一个发现新大陆的人是谁？哥伦布。在哥伦布后面下船的那个人是谁？谁是第二个发现新大陆的？没有人知道。人们只会记住第一，而忘记了第二。

曾经有一个记者采访我，问肯德基为什么在我国领先于麦当劳。我的回答着重强调了"抢先"。

抢先者比起后来者有着无可比拟的优势。肯德基比麦当劳早 3 年进入中国，结果在开店数量上远远领先麦当劳。在全球市场，肯德基根本不是麦当劳的对手，而在我国，肯德基却领先于麦当劳。抢先效应是其中的一个关键原因。比如，肯德基先进入一个区域市场，因为是知名快餐，开业当天，无须广告就会引来无数人排队等候品尝。此外，当地政府一直有招商引资的需求，对于先进入者，政府能够给予优惠的条件。所以，先者生存是非常有道理的。

还有一个例子：在纳爱斯之前，肥皂是什么样的？大块的、粗糙的、蜡黄的，味道也让人不敢恭维，没有人认为肥皂还需要什么品牌。

纳爱斯给洗衣皂来了一个彻底颠覆：品质——玲珑剔透，去污超强；颜色——蓝色；造型——中四；品类——超能皂；形象及品牌名称——雕牌，强调去污迅捷。在广告的推动下，雕牌洗衣皂很快成为肥皂的代名词。

后来，雕牌透明皂问世：形状变小，香味变成淡淡清香，品质感进一步提升；因为价格适中，一上市便迅速被消费者接受。原来肥皂可以如此美丽。从超能皂到透明皂，纳爱斯彻底颠覆了行业，当仁不让地成为行业第一品牌。

2. 先占领后完善，速度是生存法则

杰克·韦尔奇曾说，当公司外部的变化速度超过公司内部的变化速度时，公司就离关门不远了。

很多情况下，企业发展必须保证一定的速度。

据说，张瑞敏曾在一次会议上出了一道智力题——怎么能让石头漂在水面上？

台下七嘴八舌，有人说石头是假的，有人说用木板托着，还有人说用绳子拉着，等等。张瑞敏说石头是真的，也没有任何辅助设备。最后，终于有位参会者站起来说"用速度"！张瑞敏露出了满意的笑容。速度可以让石头在水面上"行走"。

速度可以冲破规模。速度可以弥补很多缺陷和先天的不足。

在信息爆炸的社会，企业要想发展壮大，关键在于速度。错过了第一时间，就可能步入另一个世界。拿破仑常胜的原因：**总比对手早到 5 分钟。**

企业决胜的关键：不是先入为主，就是后来居上。抢先的核心武器就是速度。

总之，你要思想快、决策快、跟进快、行动快。杰克·韦尔奇曾说："The first important thing is to be the first。"（最重要的事情就是成为第一。）抢先从某种意义上讲就是企业的生存法则。

3. 先抢份额，成为标准，率先进入顾客频道

市场给先进入者带来了更多机会。因为在多数情况下，市场容量是一定的，企业必须抢先进入，才能制胜。

这里举一个例子。

某个地区，两个报童在卖同一份报纸，二人是竞争对手。

第一个报童很勤奋，每天沿街叫卖，嗓门也响亮，可每天卖出的报纸并不很多，而且有减少的趋势。

第二个报童肯用脑子，除了沿街叫卖外，他还每天坚持去一些固定场合，给大家分发报纸，过一会儿再去收钱。地方越跑越熟，卖出去的报纸也就越来越多，当然也有些损耗，但比起收益都可以忽略。

渐渐地，第二个报童的报纸卖得更多了；第一个报童卖出去的更少了，所以不得不另谋生路。

从这个小故事中，我们可以看出，同一个市场的客户是有限的，这时渠道非常重要，需要抢先占领。因为客户一旦买了你的，就不会买他的。先将报纸发出去的报童，尽管当时没有收到钱，但是已经成功阻止了竞争对手的产品进入市场，因为这些拿到报纸的人肯定不会再去买别人的报纸。这样，自己发得越多，占领的市场就越大，对手的市场就越小。这对竞争对手的利润和信心都构成了打击。

而且，报纸这种商品不像别的消费品那样需要复杂的决策过程，而是随机性购买多，一般不会因质量问题而退货，钱又不多，所以大家不会不给钱，偶尔遇到一些看了报但不给钱的也没有关系，因为一方面总会积压些报纸，另一方面他已经看了报，肯定不会再买同一份报纸，他仍然是自己的潜在客户。所以我们常说，市场份额是基石。

用老子的一句话讲，就是**"高必以下为基，贵必以贱为本"**。没有市场份额，企业也就丧失了竞争力。

4. 超前半步，先机制胜

有句话讲得好：**超前三步者死，超前半步者赢**。很多小企业比较浮躁，想快速长大，但是过度超前就会变成先烈，本来想做先驱，最后却变成蹚地雷的了。

所以，我们在给企业做咨询的时候常常会提到一个关键词：适度抢先。意思是说，不要超越对手太多，抢先半步，比对手持续好一点点即可。因为无论是产品研发还是市场策划，太超前则不会被市场所接受，终究将死得很惨；太滞后则会坐失良机，等你来了早已人去楼空，没有效益；与市场同步，利润平摊且易被模仿，众人抢食，生存压力大，效益也短暂。

如何适度超前地引导市场、创造市场是大有学问的。因为适度超前能够产生先发效应，可保持一段时间的无竞争状态，最大限度收获消费者注意力和市场资源，从而获取超额利润。

总之，当市场处于区域品牌割据、没有一个品牌处于遥遥领先的地位、缺乏一个全国性的领导品牌时，便是利用抢先战术的最佳时机。

　　这时，致力于领先的品牌可以借助传播优势，通过一系列营销和传播手段，抢先一步，快速成为领导品牌，并且通过适度创新保持"好一点"的竞争优势，实现最佳的抢先营销战术。

第6章
品牌价值提升

"仅靠价格生存和竞争，必然也因价格而灭亡。"

（Live in price，die in price.）

——美国商业谚语

马克思说，从产品到商品是一次惊险的跳跃，因为它实现了产品的价值。同样，从商品到品牌也是一次惊险的跳跃，因为它实现了产品的附加值。

品牌的附加值是所有企业家梦寐以求的东西。所谓品牌，不过是比其他产品卖得好、卖得久，同时比其他产品卖得贵的产品。同样质地的产品会有不同的价格。**物有所贵，这就是品牌的附加值。**

当然，实现附加值是一个积累的过程。一棵小银杏树，在其生长的过程中，你每天看它，或许感觉不到它的生长；离开20年后，再来看它，你会发现它非常高大，并且已经开花结果；50年后再来看它，它更加高大，已经成为参天大树；100年后，它会更高大，直上云天。

做企业就要像银杏树一样，持续生长，见证风雨。一蹴而就的生命是脆弱的，见证百年风雨的生命才是可敬可畏的。打造品牌如同种植银杏树，它是一个持久的投资工程，前期可能需要花费一番工夫，但长远的价值是无法估量的。

从某种意义上讲，打造品牌是一种增值行为。我认为，做企业可以简单地分为两种：一种是经营产品；一种是经营品牌。经营产品是最初级、最原始的阶段，也是最没有利润的阶段。

经营产品的企业，最后往往都会走入价格战的境地，结果在价格战中被打败、打死。只有经营品牌，企业的营利能力才能增强，利润才会增加。如果一个企业一直停留在经营产品的层面，那是很难赚大钱的。

比如，一说到喝咖啡，很多人会立刻想到星巴克。生产咖啡豆的人都很穷，但卖咖啡的公司都比较富有，如星巴克、雀巢都是世界 500 强企业。同样是经营咖啡，结果是不一样的：南非、南美洲的咖啡农经营咖啡豆原料，不管他们付出多少努力，他们都未必能成为很富有的人，而星巴克、雀巢公司把产品转换成品牌去经营，把企业做到了世界 500 强。

吉列（Gillette）是国际知名的剃须护理品牌，由"吉列之父"金·吉列（King C. Gillette）创办于 1901 年。到 1917 年，吉列品牌剃须产品在美国国内的市场占有率已达 80%，奠定了其在剃须领域的领导地位。后来，随着品牌的发展，吉列逐渐成长为世界剃须刀及刀片领域的领先品牌，在全球市场的占有率高达 65%，处于绝对领先的地位。

长久以来，提起吉列，人们自然会联想到剃须刀和刀片，联想到剃须护理，可见吉列已经具备了强势品牌的两个关键：你等于什么，什么等于你。你等于什么，毫无疑问，吉列等于剃须刀；什么等于你，提起剃须刀，人们自然会想到吉列。

此时的品牌价值，我们可以通过一组数据洞悉一二。2005 年，宝洁公司为了收购吉列剃须刀，花了 570 亿美元，而宝洁公司 2004 年的全球销售额也不过 517 亿美元，吉列同年的销售额为 103 亿美元。宝洁拿出超过其年销售收入、超过吉列年销售收入 5 倍以上的资金来收购吉列，这就是品牌带给吉列的价值——一种能为企业带来更多盈利特别是可持续营利的价值。

总体来说，品牌为企业创造的价值具体体现在以下几个方面。

（1）同等技术、功能与品质的产品可以比竞争品牌卖出更高的价格。

（2）降低了对促销的依赖性。

（3）可以吸引新顾客并通过提高感知价值与顾客满意度而使老顾客重复消费从而提高消费频率与数量。

（4）满意度很高的老顾客会向身边的人群推荐，形成口碑传播。

（5）可以排除通路阻力，降低通路运作成本。对顾客来讲，他们更愿意购买一个熟悉、可信赖和令人亲近的品牌。这样，一个强势品牌就能获得分销商与零售终端在付款方式、陈列位置、进场费、促销活动、终端生动化等方面的配合。

（6）可以形成铜墙铁壁般的竞争壁垒，获得反制竞争对手的宽裕的时间与空间。例如，海飞丝率先以凌厉的传播攻势抢占了"去头屑"的市场，其他品牌再来说自己"去头屑"则事倍功半，很难成功。

（7）通过理性品牌延伸，最大限度地利用既有的品牌资产带动更多产品的销售，不仅能获得新的利润增长点，同时能够促进品牌资产的进一步提升。

根据全球著名管理咨询公司麦肯锡公司的分析报告，《财富》杂志排名前250位的大公司有近50%的市场价值来自无形资产，而对于某些世界最著名的公司而言，这个比例甚至更高。

如今，公司品牌已经成为越来越有价值的资产。强大的公司品牌能够获得超过两倍于其账面价值的市场价值。比如，苹果公司的市值在2014年和2015年两个年度曾两次突破7 000亿美元，而其2014财年的营业收入为2 202亿美元，即品牌价值为销售收入的3倍多。7 000亿美元相当于全球第20大经济体的收入。

总之，对企业而言，品牌运营就是一个发现价值、创造价值、传递价值、提升价值的过程。

（1）发现价值就是确定能够最大限度地吸引客户的独特的品牌核心价值与定位。

（2）创造价值就是将品牌核心价值与定位充分赋予产品、服务和经营行为。

（3）传递价值就是通过全方位的品牌传播，让客户最真切、最深刻地感知、体验品牌核心价值主张。

（4）提升价值就是持续不断地围绕品牌核心价值进行优化，加强产品、服务、形象等带来的综合体验，以获得更强的品牌忠诚度与更具优势的溢价能力。

工具　**品牌增值术**

品牌资产（Brand Equity）也称品牌权益，是指只有品牌才能产生的市场效益，更直白地说，就是产品在有品牌时与无品牌时的市场效益之差。同样一件T恤衫，没有品牌的卖20元，多了一个对钩（换为耐克标志）就卖200元，这180元的差价因品牌而产生，这就是品牌资产。它是品牌的名字与象征相联系的资产（或负债）的集合，它能够使通过产品或服务所提供给顾客(用户)的价值增大（或减少）。

品牌资产是一个品牌的基因。品牌基因源自消费者对品牌战略和战略活动的长期了解和积累，是消费者能够将你的品牌与竞争者的品牌从根本上区分开来的原因。企业不应该轻易、频繁地改变品牌，而应该将必须进行的改变和品牌的历史紧密结合起来。

品牌资产具有 3 个主要作用。

1. 创造差异

创造差异就是使一个品牌的产品区别于一般意义的产品及其他品牌的产品，虽然它们之间的物理性能未必不同。

2. 传递信息

受到营销活动和以往使用体验的影响，消费者能够立即将品牌名称转化为一系列与该品牌相关的产品、企业、品质、技术等信息，这就是品牌资产传递信息的功能。

3. 将心注入

将品牌的灵魂和精神植入消费者心中，使消费者在使用中获得企业所期望的满足感，使消费者通过购买和使用某品牌而改变对自己的看法、获得更好的自我感觉。

品牌资产是一个逐渐累积或递减的过程，企业每次的产品表现、传播举措或服务行为都是在增强或减弱其品牌资产。

那么，如何能够让品牌持续增值呢？关键是要实施以满足消费者深层次需求为核心的品牌战略，毕竟以价格为主要竞争手段的企业必将面临短期和长期的双重危机。多年来，中国大多数企业长期陷入价格战的旋涡而不能自拔。"价格大战"不仅会给企业的短期生存带来严重的威胁，而且将给勉强存活下来的企业最重要的品牌资产带来致命的"残疾"。如果价格成为消费者选择该品牌的最重要因素，必将导致以下后果。

（1）品牌贬值。

（2）难以建立消费者对品牌的忠诚度。

（3）容易受到更有实力的竞争对手的攻击。

（4）难以形成差异化的品牌形象。

那么，如何开展以满足消费者深层次需求为核心的品牌战略呢？关键要实施

3 项举措。

1. 对消费者进行深层次洞察

　　首先要理解，品牌是消费者印象中的价值。这种价值包括感性价值和理性价值。其中，理性价值以产品和服务为主，感性价值以形象和联想为主。值得一提的是，在提供同等理性价值的条件下，品牌所提供的感性价值将对品牌的整体价值起到决定性作用。这就需要对消费者进行洞察。

　　为什么说是洞察而非观察？因为洞察是对本质的一种深刻理解。通俗地讲，观察用眼，洞察用心。观察消费者是对消费者行为的一种记录；洞察消费者是透过消费者的行为，分析其行为背后的心理需求。普通的观察，只能发现事物的表象；真正的洞察，才能发现事物的规律。

　　一个小故事似乎能够表明洞察和观察的区别。1917 年，第一次世界大战时期，德军福克基尔参谋在望远镜里发现了一只名贵的波斯猫，很多士兵也看到了。但福克基尔参谋不是在观察，而是在洞察。他认为这只猫不应该出现在炮火连天的战场，因为即使附近农民的猫，也很难跑到这个野地里来，况且这只猫又名贵、又漂亮，农民不可能养这样的猫，唯一的可能就是地下某个地方藏匿着很重要的人。于是，德军调集密集炮火猛轰波斯猫的后方，导致法军一个肩负重要使命的师级地下指挥部被摧毁，官兵无一生还。

　　由此可见，洞察和观察最重要的区别在于，观察只是记录人们所做的事情，洞察则能回答背后的原因。只有真正做到了洞察，才能从根本上了解消费者的动机，这就是最简单的消费者购买程序。

　　消费者的内心好像冰山一样，你能轻易观察到的仅是露出水面的冰山一角；而消费者的真实动机深藏在水面下，需要深入洞察才能撼动整座冰山。根据冰山理论，人类潜在的绝大部分意识会对表层的意识和行为产生影响，消费者的潜在需求才是真正的购买动机。

　　就像人们经常说的：我不是要买电钻，而是要买那个"洞眼"；我不是要买汽车，而是要买速度、地位、野心、权力、欲望等；我不是要买化妆品，而是要买"美"，买自信，买回头率，甚至买"爱情"。

　　因此，好的洞察会给我们一个清晰的结果——消费者需要的是什么，他们为什么需要，以及我们怎么满足他们的需要。比如，著名的便利连锁店 7-11 就将"洞察"的本事充分发展到"看天吃饭"：系统每天收集气象报告，用以预测便当等鲜食占销售的比重，并随时根据室外的温度调节店内的温度，甚至调节店内的背景音乐和问候语。这样周到的服务，能不让消费者感到贴心、感动吗？

很多企业做消费者调研时只能获得从客户那里听来的最基本的信息及定义，却不能够做到真正的洞察。企业应不断地问自己："什么是消费者利益？这个利益的背后是什么？"这才是真正的洞察。

2. 对品牌进行深层次理解

消费者头脑中对品牌的"接收"是品牌所"发射"的价值陈述的集合。这些价值包括产品、价格、渠道、促销、企业、公众等；这一价值集合构成了"瞬间的真实"；这种瞬间的真实又左右着消费者的选择。

同时，在信息爆炸的时代，每个消费者每天平均接收成千上万条信息，他们只能进行选择性记忆。所以，品牌所传播的形象必须同接收者头脑中的印象相一致，否则将被消费者简单地过滤掉。

基于这个原理，我们要记住一个推演逻辑：一个品牌就是要为满足消费者需求做出承诺，然后根据承诺归纳出品牌的价值，最终沉淀出品牌的定位。

3. 实施以满足消费者深层次需求为核心的品牌战略的步骤

从未来的发展趋势看，企业必须建立以品牌为核心的营销理念，以重新设计营销组合。

之前以产品为核心的营销运作体系是按照如下逻辑进行的：以产品确定品牌，然后推广给消费者，进而把产品销售给消费者，消费者同时对产品产生影响。

未来以品牌为核心的营销体系将按照消费者决定品牌—品牌决定产品—产品吸引消费者的模式发展。这种模式能够帮助企业与消费者建立长期而稳固的关系。

表 6-1 列出了这种品牌战略的步骤和模式。

表6-1 以满足消费者深层次需求为核心的品牌战略

阶　段	步　骤	目　的
消费者决定品牌	研究消费者的心理需求，以决定品牌的个性和情感诉求	品牌与消费者建立长期关系
品牌决定产品	根据品牌应具备的个性和情感诉求开发相应的产品功能和特征，并制定相应的营销组合	产品和营销组合是帮助塑造和强化品牌形象的手段
产品吸引消费者	通过具体的产品和营销吸引目标消费者	与产品较短的生命周期相比，品牌具有较高的稳定性。通过品牌与消费者之间所形成的长期纽带，产品可以被更经济地销售出去

例如，耐克一直以推崇体育精神著称，该品牌已经与体育精神和文化密不可分。而事实上，每个人都需要这种精神。这就是消费者深层次的需求。

耐克的创始人奈特认为，体育没有终点，只有将永不停息的个人奋斗精神、不断创新的精神贯穿于企业经营过程，才能将"体育、表演、洒脱、自由"的运动员精神作为耐克追求个性的品牌文化核心。

为了体现耐克品牌所倡导的精神，耐克公司聘请乔丹、杰克逊及伍兹等运动员或明星做广告。这些优秀运动员在所拍摄的广告片中处处展现着坚定不移的信念和成就感。与此同时，耐克在广告中也将镜头对准普通人，刻画默默无闻的奋斗者的形象，体现他们全力以赴地为胜利拼搏的精神。

此时，耐克公司销售的不再是简单的产品，而是耐克的品牌和精神，并将这种精神以品牌为载体传递给品牌的拥有者——消费者。比如，当初乔丹风靡全球的时候，耐克希望自己的代言人乔丹能够帮助耐克把这种运动精神传递给更多普通人，于是它推出了 Air（气垫）产品——这种产品技术是对消费者心理诉求的满足，因为每个球迷都希望能够像乔丹一样成为飞人，正如一首歌的歌词"I believe I can fly，I believe I can touch the sky"（我相信自己可以飞，我相信自己可以触摸到天空）。每个人都有飞的梦想，耐克成功地把气垫技术同消费者希望在运动中跳得更高、感受飞翔的愿望通过乔丹紧密地结合在一起，使消费者从"乔丹"意识到"热爱运动的我"，从"穿着耐克鞋的乔丹"联想到"穿着耐克鞋的我"，成功传递了这种新的体育精神——成就更加自信的自我。

耐克这种品牌精神营销取得了巨大的成功，如今在很多青少年的心中，耐克已经成为一种对个性和自信执着追求的象征。

由此可见，成功品牌的实践就是将同一价值理念以不同的、富有创造性的诠释方式，一次又一次地表达出来并推向极致。

第7章

品牌组合力

单个品牌的力量是有限的，而品牌家族的力量是可以不断整合和放大的。但前提是，品牌家族应该高效协同，充分发挥不同品牌的威力，同时不透支原有的品牌。这是一个重要的命题。

从小的方面来说，品牌组合就是不同产品品牌的组合，是根据不同的细分市场针对不同的目标人群来划分的。比如，英特尔和 AMD 是处理器行业的领导者，属于 B2B 行业。两者虽在同一市场竞争，但品牌策略有所不同。英特尔将电脑处理器分为商用和个人用，并针对商用市场推出了高端技术品牌"博锐"；AMD 则仅对产品的高低端进行了区分，推出"炫龙""速龙""散龙"，分别针对高端处理器、中高端处理器和低端处理器。

从大的方面来讲，品牌组合就是品牌架构的问题。目前，主流的品牌架构可以分为多品牌架构、伞状品牌架构和单一品牌架构 3 类。不同的架构类型有不同的特点，如表 7-1 所示。

表 7-1　不同品牌架构区分

	多品牌架构	伞状品牌架构	单一品牌架构
描述	一个母公司品牌，多个子公司品牌	以公司品牌为核心、多业务品牌为支持	以公司品牌为核心，产品或业务一般不做品牌细分
目标	利用不同子公司品牌扩张不同的市场	差异化品牌针对不同的目标市场；强大的公司品牌则起到较强的支持效果	树立一个强势而统一的公司品牌形象

续表

	多品牌架构	伞状品牌架构	单一品牌架构
优点	方便进行目标市场定位；具有清楚而明确的业务品牌和定位；业务品牌具有独立性，即当某一业务品牌出现问题时，其他业务品牌无风险，这使企业品牌风险较小	品牌管理简单；能够低成本地获得消费者对品牌的认知；易于用户对主品牌获得认同；可利用强有力的母品牌推出新的副品牌；品牌协同效应好	绝对强势的企业品牌；最简单的品牌管理
缺点	建立不同品牌的成本非常高；品牌间缺乏协同效应；品牌管理复杂	主品牌延伸不当将会导致业务多元化的失败；对用户的忠诚度要求高	无法形成对各细分市场的区别性定位；一损俱损，某个产品或业务的失败将导致企业品牌的失败，风险最大
典型企业	宝洁	通用电气	西门子

工具　金字塔营销术

品牌发展到一定阶段时，如果单一品牌不足以与市场上其他竞争对手进行较好的竞争，就有必要设计一个金字塔结构。一般来讲，不同产品会发挥不同的市场功效，即有用来走量的，有用来打击竞争对手的，有用来盈利的，还有用来提升形象的。

这时，企业需要通过不同产品满足不同客户对产品风格、颜色等方面的偏好，以及购买能力等差异化因素。为了使自己的客户数量最大化，企业不得不推出高、中、低各个档次的产品，从而形成产品金字塔结构：塔的底部是低价位、大批量的产品；塔的顶部是高价位、小批量的产品。比如，奶粉有精装、听装和袋装之分。精装是做形象的，听装是做利润的，袋装是抢占市场份额的、走量的。

一个典型的例子就是酒鬼酒。

大约在 1997 年，市面上出现了一种酒叫"酒鬼"，那种包装真有点儿像"鬼"。这个产品的市场策略是典型的快速撇脂法，价格高，销售投入大，一瓶卖几百元，高档酒店卖到近千元，成为当时中国最贵的酒。

酒店服务员每销售一瓶就获赠一瓶，相当于拿到一半的佣金提成。利益的诱惑，足以使服务员向客人首推"酒鬼"。于是，我们在市场上经常听到这样的对话：

"有什么好酒？"客人问。

"新出的酒鬼。"服务生不用思考就回答。

"多少钱？"客人没听说过这种酒，所以首先关心的是价钱。"590 元！"服务生的话音刚落，客人马上会产生两种反应：第一，今天请贵客，不敢在乎贵，贵客用贵酒，所以客人可能会告诉服务生"就要这个酒，我要请贵客"。服务生一路小跑，把酒拿来，迅速启开瓶盖，很怕客人变卦，这样高价酒就销售出去了。第二，那些出不起高价的客人会说"太贵了"。服务生马上会说："酒鬼生产厂家还生产了一种酒，叫湘泉，很便宜，只要 17 元。"用价格昂贵的"酒鬼"说他们的酒好，用便宜的"湘泉"说他们的酒便宜。什么叫"价廉物美"？系列产品的价格会说话。

实际上，"湘泉"是锁定低端市场份额的，"酒鬼"是占据高端而获得利润的。有效的产品组合非常关键。

这种情况下，切忌用同一个品牌名开发系列产品。如果既有 590 元的"酒鬼"，又有 17 元的"酒鬼"，就会使消费者的心智错乱，最终会损害"酒鬼"的价值。

通过金字塔营销模型可以看出，大多数利润集中在金字塔的顶部；但底部的产品也具有重要的"防火墙"作用，可以有效地阻碍竞争者的进入，保护顶部产品获得丰厚利润。该模式最适宜应用在钟表、汽车、信用卡、IT 等行业。

利用金字塔营销模型最成功的案例要数瑞士制表商。

瑞士制表商有很多高端品牌，如浪琴、欧米加、雷达、天梭。这些是用来盈利和提升形象的。但是，面对日本精工的进攻（人家是物美价廉），瑞士制表商怎么办呢？

有效的产品组合非常关键。为了保护浪琴、欧米加、雷达这些属于金字塔顶端的产品，瑞士制表商开发了一款价格超低、有利可图的手表品牌斯沃琪，位于金字塔模型的底端，为这些高档品牌建立保护地带。从这种角度来看，斯沃琪就是瑞士钟表在金字塔底端建立的防火墙产品，目的是阻止竞争对手抢占自己的市场份额。

所以，为了提升竞争能力，企业要形成独特的产品组合。

当然，有的企业不需要太多的产品组合，它们只有有限的产品，此时可以把这个问题进行简化。

如果只有有限的几款产品，那么一定要有开拓型产品和利润型产品。

开拓型产品可以由加盟伙伴进行推广，由此获得先期利润。

利润型产品可以针对已经购买开拓型产品的顾客进行二次销售，进一步获得更高利润。

有一个案例可以清楚地描述两种类型产品的组合。

巴西有一个乐队组合，叫邦达乐队。它将自己的 CD 光盘交给即将巡演之地的小摊贩销售，同时允许小摊贩自行拷贝这些光盘并出售它们，而且独得所有的收入。

对此，你是不是感到很奇怪？

在唱片界，大家都在打击盗版，这个乐队却鼓励盗版。让小摊贩大批量出售盗版光盘，岂不会损害自己的利益？

但账不是这么算的。

因为唱片并非邦达乐队的主要收入来源。他们最终的利润来源是商业演出。

如何能够让自己的商业演出卖出更多的门票？关键是要出名，得到大家的认同。有知名度才有关注度。

利用巡演地小摊贩的分销网络就是获取群众认可的最有效的方式。所以，他们每到一个地方商业演出之前，都会将自己的 CD 光盘交付当地摊贩，让他们拷贝销售，制造一种知名效应，然后再销售他们更有利可图的商演门票。

可见，CD 是开拓型产品，由小摊贩推销获利；商业演出才是利润型产品，由乐队获益。

这正应了我们常说的一句话："**会送钱的人才会赚钱。**"

下面对金字塔营销模型该如何运作给出 4 点建议。

1．制定有效的产品组合

最简单的产品组合类型为开拓型产品和利润型产品的组合。同时，建立以客户为中心的产品设计体系，注意客户的偏好和购买能力，适时调整营销策略。每种档次的产品定位一定要明确，并把它们分别投放到各自适合的市场中，切忌含混不清。

2．开拓型产品要让顾客受益，最大限度抢占市场份额

高档产品力求获利，低档产品力求走量。老子有句名言，**"高必以下为基，贵必以贱为本"**。这句话具体到营销策略上就是说，寻找顾客经常购买的竞争比较激烈的敏感型产品，以超低的价格出售该产品，让顾客形成一次消费，使之成为公司的新顾客。

著名的餐饮企业俏江南在经济危机时就开始降低菜品价格。很多菜品价格都降低了，表面上看是给了消费者更多的实惠，顾客自然增多。但是，它同时针对注意绿色健康饮食的族群推出一个有机菜单。假如你请朋友吃饭，服务员会告诉你还有一个有机菜单，你能说不看吗？人们会拒绝贵，但不会拒绝健康。

3．利润型产品要在开拓型产品之后获得收益

这一举措能够形成系列获利产品。即持续促销后续产品，靠老顾客来获得更多利润。无论如何，企业要有后续的产品和服务，才能获得利润。企业需要扩展自身的产品线来满足顾客持续的需要。

我们曾经服务于一家英语培训公司。这家公司以前仅有几种课程，获得的利润相当有限。后来，我们给它重新设计了一个金字塔结构，推出了很多短期、相对比较便宜的课程，作为位于金字塔底部的产品。通过这些课程吸引更多学生和家长的关注，然后把课程按照梯度层层拔高，如推出知名讲师实战训练课、首席导师授课等。经过短暂的运营，就收到了非常好的效果。

首先，因为短期班课程费用降下来之后，很多学生就有机会参加培训课程。平均每期课程有超过 200 人参加，每个人的费用为 300 元；然后，这 200 人中又有 40 人希望参加实战营的课程，每人的费用为 1 000 元；再后来，又有 15 人希望参加各地首席导师授课，每人的费用为 3 600 元。结果，通过后续的服务又增

收了 9 万多元，加上先前的 6 万元，每期都能收获 15 万元左右。公司当前每个月平均能办 3 期课程，全国共有 10 个分部，这样每个月平均可创收 450 万元左右。

4．回到防守阶段，要有"防火墙产品"

所谓"防火墙产品"，就是阻止竞争对手进入市场的产品。马特尔玩具公司生产价格低廉的芭比娃娃，就是为了不给竞争对手留下空隙，以保护金字塔顶售价为 200 美元的芭比娃娃的利润。

很多情况下，如果没有"防火墙产品"，利润空间地带就会被竞争对手所侵占，1965—1995 年的日本汽车行业就是一个例子。日本汽车商首先生产低价位、有利可图的汽车，占领金字塔底端；然后逐步攻向顶端，生产了丰田极品、凌志、尼桑无限等，向高利润区域进军。

总之，金字塔营销模型需要不同功能的产品或品牌组合，而且组合中需要位于下方的走量产品帮助企业形成规模经济，从而降低企业成本，使企业成功抢占市场份额、阻击对手、保护自己。在下方产品的保护之下，位于金字塔上方的产品会继续针对高端目标客户群占领最大利润空间。这就是品牌金字塔营销模型的绝妙之处。

第8章
品牌竞争力

"21 世纪的组织只能依靠品牌竞争。因为除此之外，它们一无所有。"

——彼得·德鲁克

　　未来的营销是品牌的竞争，即品牌互争长短的竞争，商界与投资者将认清品牌才是公司最宝贵的资产，因为品牌关乎如何发展、强化、防卫与管理企业赖以生存和发展的基本业务。对于企业而言，拥有市场比拥有工厂重要得多，唯一拥有市场的途径便是拥有具有市场优势的品牌。

　　到目前为止，中国市场的品牌发展经历了 3 个阶段。第一阶段是 20 世纪 80 年代，这一阶段的特点是杂牌对抗杂牌，是企业之间制造能力的竞争。第二阶段是 20 世纪 90 年代，这一阶段是品牌淘汰杂牌的阶段，是企业之间营销能力的竞争。第三阶段是当前阶段，这一阶段是品牌对抗品牌的阶段，企业与企业之间的竞争最终会变成品牌与品牌之间的竞争。

　　这场品牌战大致可以分为几个层级：进入行业全球十强，就是梦之队；进入行业中国十强，就是国家队；进入行业本省十强，就是省队；进入本市十强，就是市队；如果连本市十强都进不了，这个品牌就是游击队了。

　　不同层级的企业所思考的问题是不一样的。梦之队考虑的是价值链的问题；国家队考虑的是盈利模式的重新整合问题；省队考虑的是资源整合的问题；市队考虑的是降低成本、提高产品质量的问题；游击队只能考虑怎么生存和寻找市场空隙的问题。这种情况下，每个企业都要根据自己的特点寻找各自的方法。如果找对了方法，小企业同样可以做强品牌。

　　那么，方法是什么呢？

　　这个方法其实已经存在，而且是被实践证明行之有效的方法。这个方法就是

"聚焦"。面对竞争日益激烈的市场环境，聚焦品牌成为企业提升竞争力最有效的途径。

1. 提升品牌竞争力最直接的方法——聚焦

哲学家康德有句描述自由经济的话："密林高且直。"这句话已经道出了竞争的残酷。

自然界中，很多人看到过如此现象：在一片茂密的森林中，每棵树都有着又直又高的树干，却鲜见树杈，阳光从上面洒下来，把又高又直又密的树林渲染得春意盎然。为何森林里的树会格外高耸而且挺拔？因为森林中少见阳光，这些树为了得到阳光而拼命地向上生长，也正是因为锁定了目标，它们才没有时间生长枝叶，于是它们长成了又高又直的栋梁之材。

对于原始森林的树木而言，最稀缺的资源就是阳光。为了对这种最稀缺的资源进行争夺，这些树木就必须加快生长，不容许"节外生枝"、转移焦点。同样，新经济时代的企业也需要锁定目标，在正确的方向上成长，这样才能出类拔萃，抢占稀缺资源。

要想拥有持久生命力，所面临的最主要问题是如何建立和实施企业的品牌战略。谁拥有强有力的品牌，谁就拥有了竞争的资本，因为未来的竞争是品牌的竞争。所以，那些领先企业格外重视品牌建设。比如，美国通用电气提出"品牌高于一切"的战略，并以品牌战略统领企业发展战略。2008 年，通用电气用于品牌建设的专项资金高达数十亿美元。正是因为聚焦于品牌建设，尽管通用电气的品牌战略是实行多元业务，它仍然能够将品牌真正的核心价值进行有效传递，推动业务进一步获得竞争优势。

2. 如何聚焦

（1）找到关键按钮

你产品中最单纯、最精简、最有效之处，将它说出来，就能带来改变，这就是所谓的关键按钮，即卖点。当你有比别人好的地方时，别害羞、别犹豫，快速将它说出来。它可能是该品类的共同利益点，但被你的对手忽略了，你只要抢先提出来，就能提前占位，抢占顾客心智。

表 8-1 列出了关键按钮的方向和表达方式。

表 8-1　关键按钮的方向和表达方式

消 费 者	竞 争 者	我们的产品	表 达 方 式
最重要的	竞争者所没有的	我们有的	大声说出来
最重要的	竞争者有但没说的	我们也有的	重点
次重要的	竞争者所没有的	我们有的	重点
次重要的	竞争者有的	我们也有的	说得更大声
一般重要的	竞争者既有也说了的	我们也有的	转换方式说

关于关键按钮最典型的一个例子，就是美国的喜立兹啤酒。

这个品牌原来销售得不好，库存很多，于是就请了当时的广告大师霍普金斯想办法。霍普金斯先去看了他们的设备、发酵工艺等，在听了他们很多关于产品的长处、特点和技术介绍后，霍普金斯眼皮都不抬一下。他们非常失望，看样子大师也爱莫能助。然而就在大家要走出工厂的时候，霍普金斯惊喜地跳了起来，原来他看到空瓶子正在一个车间用高温的蒸汽进行消毒。喜立兹啤酒的领导们刚开始还以为大师发现了什么宝贝，但当明白大师为何兴奋之后又失望了。他们告诉霍普金斯，这是任何一个啤酒品牌都必须有的一个基本流程。霍普金斯则告诉他们，是不是任何一个厂家都这样做并不重要，重要的是消费者并不知道谁在这么做。结果，喜立兹啤酒凭着"每一个啤酒瓶都经过高温蒸汽消毒"这个共识性的基本要求，将其抢先说出来并变成自己的独特卖点，不但消化了库存，而且一举获得了市场第一品牌的地位。

卖点并不一定是你的产品真正独有的，但一定是你第一个提出来的并强力大规模推广的。比如，乐百氏当年提出的 27 层净化这种理性诉求，难道别人没有净化吗？难道乐百氏的净化真的有 27 层吗？是不是真的不重要，关键是乐百氏第一个说出来，抢占了顾客的心智。

在寻找关键按钮时，我们要铭记，情感是人们对外界刺激做出一定的心理反应，是人类最为宝贵、最为"脆弱"的属性。情感的沟通在品牌经营中具有独特的意义。人的一生是有限的，而"过剩"的产品每天却以几何级数增长着。AIDA

模型是经典的消费者购买程序模型，是对情感沟通作为品牌化经营重要因素的最好诠释。AIDA 模型分为吸引眼球（Attention）、进入心智（Interest）、感动心灵（Desire）、促成购买（Action）4 步。

联邦快递真的更快、更可靠吗？如果确实是这样，那么是否值得为这种较好的服务制定较高的价格呢？美国邮政管理局争辩说它的快递服务与联邦快递服务不相上下，而且价格低得多，但是根据市场份额判断，绝大多数消费者并不这么认为。顾客并不能经常准确和客观地判断产品价值，他们常常只根据自己所理解的价值行事，所以品牌价值最终取决于消费者的情感。

（2）找到关键支持点

有了关键按钮，企业还要找到关键按钮的支持点，使潜在顾客相信"按钮"的真实性。同一种按钮，因选择不同的支持点而有截然不同的创意走向。

比如，IBM 的关键按钮是服务。既然 IBM 的新定位在于服务，那么它将如何找到好的品牌支撑点、如何体现 IBM 的服务最佳呢？它有一系列关键支持点。首先，它的口号是"IBM 就是最佳服务"。其次，它以服务为企业经营的最高准则，为客户提供完善的服务。公司规定"对任何抱怨或疑难，必须在 24 小时之内给予解决"。再者，公司会捕捉服务过程中的标志性故事，用以见证最佳服务的形象。位于亚特兰大的兰尼公司使用的 IBM 主机发生了故障，IBM 公司在 12 小时内请来 8 位专家，其中 8 位来自欧洲，1 位来自加拿大，他们及时为顾客排除了故障。IBM 的优质服务使 IBM 的产品名扬四海，使 IBM 的品牌一百多年来长盛不衰。

（3）牢控接触点传播

品牌接触点是指顾客有机会接收品牌信息的情境。换言之，品牌接触点是顾客接收品牌信息的来源。

进行品牌接触点管理时，一般有如下 4 个步骤。

①全面梳理品牌接触点。这些接触点包括售前、售中、售后的接触点。售前接触点通常有广告、电话营销、销售拜访、推广活动等；售中接触点有服务支持、与客户沟通、产品或服务体验等；售后接触点有人际沟通、跟踪回访等。

②确定关键品牌接触点。按影响、价值权重进行排序筛选，确定企业需要重点关注的品牌接触点。比如，某企业最重要的品牌接触点是培训讲座。其老总是清华总裁班的讲师，每期都是企业高层参加培训，这种培训课就是企业的关键品

牌接触点。于是，企业调整了内部管理工作的力量，把老总释放出来专心讲课，以获得更多的潜在客户信息。

③制定关键接触点操作与行为规范。通过制定关键接触点操作与行为规范，让所有关键接触点品牌化、规范化。我们之前为企业提供品牌咨询时曾提出全员品牌管理的概念，即通过为企业制定品牌管理卡，让企业的每个经营环节、每个内部成员都拥有自己的品牌管理卡，明确与品牌相关的行为规范，从而使企业的每个部门、每个行为、每种声音都为品牌建设加分。

④以考核机制促进和推动品牌传播。企业必须实施管理考核并不断优化规范与机制。首先制定员工职责，然后制定相应的考核指标，以促进和推动品牌的传播。比如，某企业的高层在品牌方面有3个职责：第一，统一企业员工的思想，使员工明确全员营销的意义、形成正确的营销理念，明确营销不仅是经营部门的职责，而且是所有员工的职责。第二，确定全员营销体系中各级人员的职责，并对其进行相关培训，如品牌内涵、品牌管理方法、营销方法的培训等。第三，作为营销体系的一员，企业高层应通过与客户交流、参加相关会议、接受媒体采访等方式直接或间接推广企业品牌；依据企业高层的职责，制定明确的KPI考核指标，其他员工也如此，最终推动不同层级的员工通过不同的接触点传递品牌信息。

通过品牌接触点开展品牌传播还有一些基本的要求。

①一见即知。很多接触点往往是瞬间接触点（如电视广告、收音机广告和销售沟通），此时企业一定要做足功课，要将品牌核心价值、品牌定位、品牌口号提前梳理出来，尤其是品牌关键词要能做到一提到某几个关键词就会正向联想到该品牌。比如，提到汉堡、薯条、可乐、餐厅，谜底之中自然会有麦当劳。

②高人一筹。几乎所有优秀的品牌都在产品、服务质量上略胜一筹，所以要有略胜一筹的语言描述和原因支持。一旦消费者相信企业具备更好的产品和服务，该品牌就容易成为某个领域的代名词。

③代表象征。接触点要能给人留下深刻印象，就要具备形象的表达。代表象征能够发挥这种视觉冲击的作用，完成入眼、入脑和入心的过程。代表象征可以是人，也可以是物。比如，迪士尼的代表象征有米老鼠，麦当劳有麦当劳叔叔，肯德基有桑德斯教授，等等。

④接近顾客。品牌的所有者是消费者，消费者心中拥有品牌，所以品牌不能

脱离消费者而独立生存。这种接近顾客是一种深层次的接近，因为品牌接触点本身就是顾客接收品牌信息的渠道。而顾客置身于渠道之中，这种渠道往往又不是排他性的，那么顾客如何能够率先感知你的品牌信息呢？这就需要品牌能够直接迎向顾客的需求或者成为顾客乐于接受的类型。比如，某儿童乐园每到周末都有活动，一些以儿童为目标对象的培训机构都看到了这个重要的品牌接触点，于是每到周末都会派人到儿童乐园门口安置桌椅、派发宣传单，同时向家长开展业务咨询。一家培训机构还带了一些设施，在乐园门口开辟了一个地方，工作人员装扮成"米老鼠"陪孩子们做游戏，看着孩子们玩得很开心，家长们自然会觉得这家培训机构很用心，这种寓教于乐的理念自然会打动他们，使他们认为这家机构更接近心目中理想培训机构的标准，这家机构自然就赢得了大批量的客户。可见，尽管大家都发现了游乐园这个品牌接触点，但只有懂得如何接近顾客的商家才能最终赢得顾客的青睐。

⑤见微知著。懂得见微知著的企业具有超强的品牌感染力，它们善于充分利用接触点，将顾客满意升级为顾客感动，为顾客创造终生难忘的印象。一次，在迪士尼度假酒店里，迪士尼工作人员得知一位儿童客人生病了，他们便送给他一份意外的礼物——鸡汤和米老鼠的签名。这种小关怀传递了一个观念：迪士尼为每个客户创造宾至如归的感觉。

⑥与众不同。品牌既然是烙印，它就一定是与众不同的东西，这样才能在同质信息中脱颖而出，最终在顾客的头脑中留下烙印。尤其当企业在一个品牌接触点处于后发之势时，千万不要采取与竞争品牌相同的论点和做法，而是要彰显自身的差异，这样才有机会赢得关注。

⑦动人故事。一个品牌背后隐藏着很多故事。故事通过接触点更容易扩散和传播。

⑧互补有无。独木难成林。每个品牌都不能依靠自己生存，而需要互补有无，通过联盟创造更多机会。尤其在接触点环节，企业应该具备这样的意识。顾客在没有成为你的顾客之前，一定是别人的顾客。那么，如何渗透到别人的接触点，开展针对性的传播，将变得尤为重要，因为它的直接导向性可以为企业带来更多目标顾客。比如，迪士尼与腾讯合作，围绕"我有一个梦想"的主题，通过全部网友传递梦想图标活动和针对 QQ 会员的"我的迪士尼梦想"抽奖、图文秀两步

走的有机配合，精准导入目标受众，促使参与者加深对迪士尼品牌的认知，进而提升品牌美誉度。

工具 优势营销术

要提升品牌竞争力，企业就必须善于利用自己的优势。关于这一点，有这样一个小故事。

鸭子和螃蟹赛跑，同时到达终点。螃蟹说："我们用石头—剪子—布决定胜负吧！"

鸭子回应："去你的，我永远也赢不了！我一出就是布，你一出就是剪子。"这只可爱的螃蟹就懂得利用自己的优势与别人的劣势进行比较，从而凸显自己的竞争力。

打造品牌竞争力时，企业需要铭记一点，那就是选择比努力更重要。人这一辈子最重要的是发挥自己的优势，而不是补足自己的缺点。有的企业不如鸭子聪明，面对竞争者的剪子，一出就是布，结果可想而知。

强势品牌一定是将优势进行放大、把长板无限拉长，利用放大的优势形成强大的冲击力，让公众产生根深蒂固的印象。所以，企业要把优势放在自己的专长上、放在最有价值的事情上。但凡成功人士、成功企业都是找到了属于自己的优势，并且善用自己的优势创造最大化的收益。

我在这里提到的优势营销术分为以下4个步骤。

（1）找到你的优势。

（2）聚焦你的优势。

（3）放大传播优势。

（4）找到支撑巩固点。

1. 找到你的优势

任何企业都有优势，只要去找就肯定能找到。

任何人都有闪光的地方，都有成功的经验。即使你的成功微不足道，仍要把它找出来，然后回想你在成功时刻的状态，目的是让自己保持自信，继续创造更大的成功或锻造自己的优势。

绝大多数情况下，个人或企业对自己的优势从来就没有思考过，更不用说寻找。实际上，很多情况下，优势已经存在，需要的是发现和坚持。

我们看看新加坡是如何找到自己的优势的。

1972 年，新加坡旅游局给总理李光耀上呈了一份报告。大意是说，新加坡不像埃及有金字塔，不像中国有长城，不像日本有富士山。新加坡除了一年四季直射的阳光什么名胜古迹都没有，所以要想发展旅游事业，实在是"巧妇难为无米之炊"。

李光耀看了报告，非常气愤。他在报告上批了一行字："你想让上帝给我们多少东西？阳光！阳光就够了！"

后来，新加坡利用那一年四季直射的阳光，种植花草，并在很短的时间里发展成为世界上著名的"花园城市"，连续多年旅游收入居亚洲第三位。

什么是优势？

优势就是你很容易就能做好，而别人或者别的企业做起来却要花费很大的代价。你要把这个优势锻造好。

其实，对于品牌而言，它一定有一个闪光点，企业要把这个闪光点找出来，然后精确梳理，聚焦传播，让企业优势成为顾客能优先认知的优势。

一般情况下，多数品牌不能一开始就具备整体优势，但是可以从局部优势或区域优势开始发展。

企业可以从行业、客户、竞争对手及自身出发，确定自己的优势，如表 8-2 所示。

表 8-2　确定自己的优势

	了解你的行业	了解你的客户	了解你的竞争对手	了解自己
事情的状态	政治及经济环境	他们买什么，怎样去买	他们是怎样赚钱的	你是怎样运作的
关注点	缺口和机会	关心的问题及优先顺序	威胁和弱点	优势和劣势
下赌注	主要趋势	关键需求	下一步的行动	未来的投入

2. 聚焦你的优势

专注才能杰出。我们所熟知的万科集团，以前的业务内容包罗万象，几乎什么都有，包括超市、贸易、矿泉水、房地产等，但后来王石遇到一个风险投资人，那个人认为万科不值得他去投资，因为万科不能专注。尽管万科的每一项业务都赚钱，但是不具备良好的前景。这给王石带来很大震撼，他后来砍掉其他业务，集中精力发展房地产，结果成为中国房地产行业的老大。

正如英特尔总裁所说的："我宁可把鸡蛋放在一个篮子里，然后花大量的时间来研究篮子。"聚焦才会产生力量，而优势的聚焦更具威力。

3. 放大传播优势

虽然你有优势，但你不说出来，消费者就意识不到，那么这种优势就可能被对手抢先发现并"占领"。消费者具有从众心理，他们都希望自己选购的产品是大部分人的首选、是第一、是最好的品牌。如果你的优势不能够转化为消费者的心智优势或认知优势，那么你的优势在很多情况下就是伪优势。

所以，你要放大传播你的优势，让其成为你的独特的标识。

4. 找到支撑巩固点

做你擅长的，形成你的优势，然后再巩固它。

比尔·盖茨在《未来之路》一书中有句话：**如果你的手中只有锤子，那么你会希望你的所有问题都是钉子。**

我们有了优势，就要找到支撑优势的支撑点。就像云南白药，它卖治疗牙龈出血的牙膏，消费者则倾向于相信。因为他们在这方面有认知优势，先天就具备云南白药的支撑点。

总之，仔细分析那些成功的人和成功的企业，他们几乎无一例外都运用了优势营销术。它们成功的原因并不是将自己的短板变长，而是将自己的长板做到了优势领先。

有效地运用优势营销术，必须做到以下4步：找到你的优势；聚焦你的优势；放大传播优势；找到支撑巩固点。这个策略不仅适用于品牌，同样适用于个人——**发现生命的 1%甚至 0.1%的优势，然后把它放大，你就会成为卓越的人。**优势，是锻造竞争力的唯一驱动力。

第9章

品牌创意

"要吸引消费者的注意力，同时让他们购买你的产品，非要有很好的点子不可，除非你的广告有很好的点子，不然它就像快被黑夜吞噬的一只小船。"

——广告大师　大卫·奥格威

"随着信息时代的发展，有价值的不再是信息而是你的注意力。"

——诺贝尔经济学奖获得者　赫特

品牌创意是人对品牌传播过程进行想象、加工、组合和创造的创作过程，是使商品潜在的现实美升华为消费者能感受到的艺术美的一种创造性的劳动。

加里·哈默在《管理大未来》一书中写了一句话："人类被束缚在地球上，不是因为地球引力，而是因为缺乏创造力。"

我认为好的创意有如下四个标准。

（1）见人所见而想人所未曾想。

（2）很难想到，一旦想到就觉得自然而然并容易做到。

（3）明明只有1万元的投入，所产生的效果却像投入了100万元。

（4）一定要有助于产品或服务被顾客接受或选择。

那么，品牌创意有哪些方法呢？

应该说，品牌创意有太多的方法。只要立足于上述标准，就具备多重创作维度。这里从产品、体验、社会责任、品牌链、接触点5个方面谈品牌创意。创意无所不在，关键在于大胆想象并付诸实践。

1．产品：制定标准

从产品方面着手的品牌创意有很多，其中一个重要的策略就是让产品或品牌成为标准。 当品牌成为一种标准的象征而标准反过来又能强化品牌的核心价值时，就能让顾客建立一个强力心锚并发出一个信号——"选我"。

比如，2003 年，南孚电池告诉消费者，好电池底部都有个"聚能环"，它能彻底锁住能量，能避免因电池漏放电导致电量流失，能令电量更持久。"南孚"给所有消费者上了一课，在营销传播概念上成功地捕获了消费者的心，这使"南孚"不仅成为电池品牌的领跑者，更在众多电池品牌中以高价得到了消费者的认同。

"聚能环"究竟为何物？仅用底部的"环"是否就真能"锁住"能量？我们不得而知。然而，消费者就是认可了，每次买电池都会找那个"环"，找那个能锁住电量的"聚能环"。

一个无中生有的概念变成了好电池的标准，完全是发现人所未想的，想到后又自然而然用最简单的方式植入心锚，有助于"南孚"被顾客选择。

2．体验：加点乐趣

品牌本身能够给顾客带来额外的快乐和满足感，赋予顾客一种价值，提升顾客的体验。这个过程，离不开品牌体验。而在体验中，乐趣是一种增加品牌体验和给予消费者好印象的方法。

随着社交网络的兴起及自媒体时代的来临，提供乐趣的品牌将会更加引人注目，并且得到更多免费传播的机会。乐趣将是一个显示差异性和获得关注的方法，通过乐趣能够提升品牌体验并给顾客留下更深刻的印象。

"苹果"是善于采用"乐趣"服务的品牌之一。它的新风格零售店有网吧、儿童区、培训区、工作室和展示剧场，并有特别的"天才吧"，那里会有"苹果"专家专门回答顾客的问题。

有乐趣的事情能够让一些品牌所拥有的未充分利用的零碎空间得到更好利用。比如，一家银行拥有闲置空间，就可以开设一处咖啡厅，这既能够吸引部分新顾客，也能让原有顾客对品牌产生好感。

很多女装品牌把女性试穿衣服时为其男友提供娱乐服务作为终端的一个乐趣。比如，内衣品牌 CoCo De Mer 在更衣室开设了偷窥孔，以便情侣能够"偷窥"

到伴侣试穿内衣的效果。

上述是终端的乐趣塑造。产品的具体使用或者消费方式上也可以营造一些乐趣。例如，冬季是饮料销售的淡季，为了打破销售淡季的瓶颈，也为了增加大家的消费情趣，煮饮料、煮热露露、煮姜丝可乐、喝热椰汁等服务应运而生，这些创意能够让本来在冬天处于销售淡季的产品再火一把。

3．社会责任：做点公益

品牌有一个识别体系，其中包括社会识别。品牌的社会识别主要从企业的理念、价值观、企业文化、对消费者的关注、社会活动等方面展现品牌，进而创建一个独一无二的品牌形象。其中，比较重要的是公众对品牌的整体形象的认可，这个认可仅靠打广告、自卖自夸的方式来实现是比较难的，即使认可了也是短暂的。关键是企业要表现得如"人"一般，要有具体的气质和行为，要让社会能够直接感受到品牌的社会责任。对于这一点，企业可以通过公益营销让自己得益。

英国航空公司曾经与儿童基金会合作，在飞机上开展了一种公益活动。公司鼓励英国航空的乘客将他们旅行中剩余的外币捐献出来，放到英国航空的信封里，再由英国航空将钱交给联合国儿童基金会。

飞机上，让你捐助一些零钱，你还是愿意的，而且是为了帮助儿童，人们更愿意慷慨相助。

所以，在活动期间，英国航空公司每次都在飞机上进行宣传，还会播放一段录像——实际上是一则电视广告，内容是一群孩子感谢英国航空公司对联合国儿童基金会的贡献。这样，借消费者之手，英国航空公司完成了一个很好的公益形象塑造。

其实，英国航空公司并没有花钱，只是做了一个公益活动就提升了自己的形象，同时引发了社会对这一事件的关注。

这里还有一个例子。著名的 U2 乐队主唱在 2006 年的世界经济论坛上提出了"红色商品"（PRODUCT RED）概念，他们创立了一个全新的品牌——RED。这个品牌不属于任何企业，而参与进来的企业只能根据授权进行贴牌生产、销售印有 RED 标志的产品，同时从每件产品中捐出 10 美元或利润的 40%～50%给全球基金会，用于资助艾滋病相关项目。

从 2006 年到 2007 年 9 月，RED 已经捐出高达 4 500 万美元的善款。包括苹果、摩托罗拉、戴尔、微软、阿玛尼等多家著名企业都加入了这一计划。在欧美，这种"红色商品运动"也受到了极大欢迎。

这么多知名企业之所以愿意参加 RED 计划，主要是因为它是一个公益项目或活动，有助于提升品牌的社会识别，让品牌的社会责任感能够被更多人所感知，从而提升品牌的公信力。

4. 品牌链：品类经营

价值链是我们比较熟悉的概念，那么，什么是品牌链？我个人的理解是，在品牌延伸扩展过程中，高效渗透、相互协作并最终锁定更广泛目标客户的品类群，由品牌统领并最终形成的一个链条。

比如，迪士尼从最早的动画制作开始，用脍炙人口的动画影片，刻画迪士尼在观众心目中的形象：迪士尼等于动画。当"米老鼠"一炮而红的时候，迪士尼干脆利用"米老鼠"为自己的事业做宣传，接着借助品牌的优势建设主题公园，然后发展出版业、传媒业、网络传媒，还利用"米老鼠"和它的伙伴们的形象衍生出一系列消费品，将自己的事业由一个品牌串成一系列品类，实现了品牌价值的最大化。

迪士尼的每个产品品牌成为明星之后，都能够最大限度地利用品牌资源，形成多个产业阶梯，让各品类相互助益，做大、做强品牌链，获得更多收益。以《狮子王》为例。迪士尼先制作动画片，获得票房收入；接着发行录像带；再将故事情节和主人公运用到主题公园中，让游客体会动画片里的梦幻场景，同时可以收取门票；最后经过特许经营，在各种各样的产品上印上这个小家伙的形象。结果，投资 5 000 万美元的动画片的最终收益达到了 20 亿美元。

5. 接触点：一网打尽

在消费者的日常生活中，企业必须思考哪里是他们经常想到或用到这个品牌的地方，然后创造一个让品牌和它的消费者之间在各个不同接触点的相互影响达到最大化的环境，探究品牌与消费者之间的每个可能接触点，预期消费者与品牌的每次接触机会，并针对每次机会传达合适的信息。

要利用品牌接触点进行有效的营销，就要牢记一句话：**你的目标客户在哪里扎堆，你就去哪里营销。**从目标客户接触点出发，企业可以找到很多新的销售渠道。

比如，有一个礼品网站叫芭莎礼品网，它在为企业服务的过程中发现，企业人力资源部是自己的主要客户。但这部分人群经常在哪里扎堆呢？经过一番思考，芭莎礼品网找到了一个目标客户经常聚集的场所——招聘网站。

招聘是人力资源部的一项主要工作，招聘网站就自然成为芭莎与目标受众有效接触的节点。于是，2008 年，芭莎礼品网开始与智联招聘网合作——智联免费为芭莎做推广，芭莎则赠送客户少量智联招聘体验券。双方玩了个以物易物的游戏，便都以相对较低的成本找到了目标客户。

事实上，正是智联招聘网站那一批各大公司人力资源部的客户，帮助芭莎礼品网开辟了广泛的用户群体。通过锁住人力资源部这个关键群体，芭莎礼品网快速扩展了公司的业务。

工具 **修炼品牌创意之道**

品牌创意并不是天生的，而是完全可以修炼成功的。为什么是修炼而不是学习呢？因为创意可以学，但学到的创意是死的，修炼出来的创意才是活的。

更多情况下，创意源自生活。每个人都要有自己的创意方法，它们可以相似，但关键要适合自己。

关于创意修炼，我有 5 点感悟。

1. 创意不要格式化

很多人忙着将创意格式化，界定不该界定的创意。殊不知，不同的人对创意的理解不一样，创意是一个相对的东西。

比如，在 1920 年的巴黎博览会上，巴厘岛一炮走红——它制作的精美瓷器让人们感受到了当地土著人的创意。但是，当地人从来不认为自己有创意，他们之所以要制作精美的瓷器，是因为这些东西是用来陪葬的，如果做得不好，他们就会认为很不吉利。同样，我们认为他们很有创意的舞蹈，对他们而言只不过意味着跳不好就是对村子不利。可见，我们和巴厘岛的居民的思维和看法全然不同。

所以，创意不能格式化，也不能按照自己的方式去理解。我们要思考客户要什么，这才是根本。

2．创意要用心

有句话说，**"眼睛只能看见心愿意理解的事"**。这句话对品牌人有很大的价值——提醒他们以后再做品牌传播时可以想想顾客的心是否愿意理解，是否能够理解，这样就在一定程度上避免了资源浪费。

外界的种种刺激最终只是激发心中的想法，然后才是创意的爆发。总的来说，真正的创意来自内心，关键是要活化心中的库存，对输入的资讯灵活地做出反应。

3．创意是一场发现之旅

作家安东尼·杰伊说，没有创意的头脑可以看出错误的答案，而有创意的头脑才能看出错误的题目。创意是一场发现之旅：发现题目，发现解答，发现题目背后的欲望，发现解答的神秘过程。

比如，一位艺术家大便后，留样观察，结果被一个美术馆以 2.5 万美元的价格购买。大便也能成为作品，这似乎匪夷所思，但是看问题的视角不同，发现自然也不一样。

4．创意是一种习惯

要成为作家，就要把写作当成一种习惯；要成为创意人，就应该把创意当作一种乐趣。创意更多情况下是对话——你和人、书籍、事物、动物、自然等的对话。创意的习惯形成之后，自然就会结出更多创意的果实。

5．创意就是见识和启发

创意一定是一种输入、加工、再输出的过程。尽管你的头脑现在灵光一闪，产生了好的想法，但这一定是你之前的积累或外界的刺激给你的灵感。凭空想象只是一个伪命题，没有创意只是说你现在处在空杯的状态，但之前的素材积累已经完成。

比如，阿姆斯特丹有一个大房子，住在里面的人都有一个特点，即都在写书。他们在这个大房子里免费居住，而且可以领取生活费，唯一的条件就是吃晚饭的时候要下楼和其他人共同就餐、彼此交流。

这样就形成了一个平台，这里每个人都可能从对方身上得到灵感，完成著作。创意在这里应该全都是"混血儿"，而这也说明创意需要碰撞和启发。

那么，究竟应该如何修炼品牌创意呢？

我将修炼方法总结为"三多三参照"。"三多"指多读书、多听课、多交流；"三参照"指参照行业内标杆、参照行业外标杆、参照其他最佳实践。"三多三参照"的创意修炼方法如表 9-1 所示。

表 9-1　"三多三参照"创意修炼方法

三多	多读书	品牌图书	创意图书	其他图书
	多听课	品牌课程	营销课程	其他课程
	多交流	企业内交流	行业内交流	行业外交流
三参照	参照行业内标杆	行业内前三名	行业单项奖	其他
	参照行业外标杆	国外品牌前十强	国内品牌前十强	其他
	参照其他最佳实践	旅游	参观	其他领域实践

我的一个朋友 A 在某大型民企任品牌总监，该品牌在最近几年取得了不俗的成绩，A 就是依照这个"三多三参照"方法来执行的。

多读书。关于品牌方面的图书，在当当网上排名前十的图书，A 都读过，他还经常研读关于创意方面的最新图书。另外，因为 A 涉猎甚广，以读书为乐，所以他从书中汲取了大量知识，这些都是产生良好品牌创意的素材。

多听课。A 特别热爱学习。他参加了国内外多位讲师、教授的品牌课程。每次学习完之后，他都在企业内部进行分享，同时组织部门员工开展讨论，将所学付诸实践。

多交流。这位品牌总监不仅定期组织部门员工开展头脑风暴，还在每次总经理办公会上提出相关议题，从更多同事的交流中吸取创意的灵感。另外，他经常参加相关培训，所以结识了很多讲师和企业家朋友，积累了大量的同学人脉，通过外部交流形成了自己的品牌智库。

参照行业内标杆。A 把行业内前三名的品牌作为自己的标杆，然后组织人力研究这些品牌的关键成功要素、创新做法、品牌建设情况，并且定期监测跟踪，同时，对于行业内某个突出的产品品牌进行重点关注，吸收成功经验。

参照行业外标杆。A 一直关注 Interbrand 品牌榜国内外前十名的品牌，研究它们的品牌建设经验，为自身品牌建设吸收营养。

参照其他最佳实践。A 信奉"走出去丰富自己的视野"的观点，所以他经常旅游，同时拜访国内外知名企业和其他组织机构，逐渐积累的见识放大品牌的格局。比如，因为参观了国外某个公益组织，他把公益理念导入其品牌建设当中，提升了品牌的美誉度。

总之，品牌创意一定不是天生的。我们说某个人很有创意，一定是他平时就有善于学习和思考的习惯。这种学习不一定来自书本，也可以是对生活的洞察，它们也许就会成为创意的源泉。

第 10 章
品牌地图

"未来的营销是品牌的竞争——品牌互争长短的竞争。拥有市场比拥有工厂更重要。拥有市场的唯一方法就是拥有占市场主导地位的品牌。"

——美国广告专家 莱瑞·赖特

一次，我应邀给一个老板做品牌咨询。我们的交谈被安排在船上，内容是如何给他们的企业打造品牌。

老板说："今天，你到我的船上给我讲讲品牌。"

没有 PPT，没有大纲。大家可以想象一下，和客户在船上沟通项目建议书是什么感觉。此时，你的心里一定要有一张品牌地图，即品牌建设需要包含的内容。

在正式办公场合讲品牌比较好办，照着 PPT 的结构讲就可以了。但在没有 PPT 的情况下，和几个人坐在船上，面对面聊品牌，此时你就不能照本宣科，否则有损专家形象。我当时对中小企业品牌建设的内容做了一个梳理，形成了一个结构框架。

有了框架，还要保证你所讲的内容逻辑清晰，又能记住这些框架。这要如何做到呢？

此时，我想到了金庸。

要想把金庸小说的名字全部说出来，说简单也简单，说难也有点难。比较难的是，金庸作品实在太多，全部记下来确非易事；但只要你懂得一定的技巧，这项工作就会变得异常简单。金庸自创了一副对联：飞雪连天射白鹿，笑书神侠倚碧鸳。

飞雪连天射白鹭，笑书神侠倚碧鸳，外加一部《越女剑》，这就是金庸的所有作品。

飞：《飞狐外传》　　　　笑：《笑傲江湖》

雪：《雪山飞狐》　　　　书：《书剑恩仇录》

连：《连城诀》　　　　　神：《神雕侠侣》

天：《天龙八部》　　　　侠：《侠客行》

射：《射雕英雄传》　　　倚：《倚天屠龙记》

白：《白马啸西风》　　　碧：《碧血剑》

鹿：《鹿鼎记》　　　　　鸳：《鸳鸯刀》

参照金庸对其小说创作对联的灵感，我把品牌的内容融合进来，并用一句话表述出来。品牌建设包括愿景、架构、定位、核心价值、口号、故事、形象、制度、计划、策略等，将其融合在一起，即"愿架定核口，故形制计策"。

不好记怎么办？

我们可以创作得形象一点，变成"愿嫁定河口，孤行制计策"。你可以想象这样一个情景：一个女孩愿意嫁到定河口去，但是家里不同意，她只能一个人想办法。通过这么一联想，你就马上能记住了。

按照这个品牌地图，我们可以构建品牌建设的整体框架，打造一个完整的品牌体系。

工具　品牌建设框架

有了品牌地图，企业就可以很容易地制定出一个表格，用一页纸就可以把自己的品牌描述清楚。我之前给企业做培训时，总是鼓励每个企业家学员回去之后都要做这项工作。他们有了清晰的品牌地图之后，就可以把这个图表发给每名员工，同时鼓励大家不断优化，并在具体的策略上提出更多有价值的创意。

以"舒肤佳"为例做的一个简单的品牌地图如表 10-1 所示。

表 10-1　舒肤佳的品牌地图

总体品牌愿景和使命	愿景：美好家庭生活的倡导者 使命：为全世界人民提供优质的健康洗浴产品；以益肤保健增进人们的健康；美化全世界消费者的生活

续表

品牌架构	注：舒肤佳是宝洁旗下的子品牌，没有品牌架构	
品牌定位	杀菌抑菌	
品牌核心价值	有效去除细菌，保护家人健康（前句是理性价值，后句是感性价值）	
品牌口号	舒肤佳能帮助妈妈保护家庭健康，帮助小孩茁壮成长 ——"爱心妈妈，呵护全家"	
品牌故事	舒肤佳的广告几乎都是以家庭妇女关心家人健康为主题的，尤其是以孩童为主角的题材，最后都以"爱心妈妈，呵护全家"收尾； 2004 年，舒肤佳倡导"中华洗手行"，以流动卫生教育车的形式，深入社区，教育公众从正确洗手开始，抵御细菌，预防疾病，提高居民的健康卫生意识； 这些故事都凸显了舒肤佳的定位——抑菌除菌	
品牌形象	舒肤佳大力推广个人卫生普及教育，与国家卫生部、教育部、红十字会、中国儿童基金会和中华医学会等权威机构紧密合作，举办各种卫生科普教育活动，彰显出了负责任、有公信力的品牌形象	
品牌制度	遵照宝洁公司的品牌管理制度	
品牌计划	舒肤佳每年都会做相应的媒体投放策略，还会开展很多主题活动。大一些的活动，如与国家教育部携手，为超过 2 200 万名小学生提供健康卫生课程，推广"中华洗手行""健康长城"等活动；小一些的活动，如开展"快乐学习、健康成长"儿童黏土创意活动，让宝宝有一个锻炼学习的舞台，更为关键的是活动完了必须洗手，这就有效地和产品产生了关联。舒肤佳每年都会执行详细的品牌推广计划，并在执行中进行动态调整，有条理且规范	
品牌策略	"母爱"主题推广系列活动	"专家认证"主题推广系列活动
	在舒肤佳品牌持久抑菌效能的帮助下，孩子们可以更加自由自在地活动，好动的天性不会受到因害怕沾染细菌而带来的限制	舒肤佳品牌经"专家认证"具有长效抑菌功能，同类其他产品却不能做到这一点

这张图，员工可以随身携带，时刻铭记品牌的愿景、定位、核心价值和口号，这样大家进行外部沟通时就能做到矢量一致，以最小的传播成本，聚焦最大的力量开展传播。

这张图还有一个好处，那就是可以用它来进行标杆研究。

因为品牌领域最快速的突破方法就是标杆法。具体做法有两个：对比领先企业，检测企业自身的不足之处，做出效仿改善；针对企业不足之处，列举业界先进做法，进行效仿学习。

"愿架定核口，故形制计策"给了我们一个对比的维度。企业在品牌建设过程中可以对行业内外优秀企业的标杆进行对比研究，为企业提供最佳学习路径和经验参照。

第 2 部分

品牌建设 10 步精要

　　品牌塑造本身不是无中生有的过程,而是把人们对品牌的模糊认识逐步清晰化的过程。这个过程需要一个体系。

　　这个体系可以按照我们前面提到的地图进行架构——愿架定核口,故形制计策(谐音:愿嫁定河口,孤行制计策)。

第 11 章

品牌愿景：高瞻远瞩

"不要只盖一间教堂，要创造一门宗教。"

——《品牌的 7 块拼图》

对于个人而言，有什么样的目标，就有什么样的人生。

对于企业而言，更是有什么样的愿景，就有什么样的未来。

无论对于企业还是个人而言，今天站在哪个位置并不重要，但下一步迈向哪里很关键。

《现代汉语词典》对愿景的解释是，愿景是所向往的前景。

网易的老板丁磊在 2003 年福布斯中国富豪榜上名列榜首，个人财富值为人民币 76 亿元。很多人都惊叹于他年仅 32 岁就拥有的巨大财富。其实，他的成功来自他那远大的志向和成就自己的愿景，以及由此对自己潜能的不断挖掘。

丁磊经常给他的员工们讲《老鹰》的故事——鹰妈妈不小心让一只蛋落到了鸡窝里，和鸡蛋混在了一起，结果被鸡妈妈孵化出来。鸡妈妈带着小鹰和小鸡一起生活。小鹰慢慢长大了。终于有一天，鹰妈妈发现了小鹰，就把它叼到悬崖上的鹰巢里，告诉它："你是鹰，是能够在天上翔翔的。"她一把把小鹰推下悬崖，于是小鹰挣扎着张开翅膀，飞了起来。这个故事蕴含的道理是，每个人都有潜在的能力，不要让习惯掩盖了潜能，不要忘了远大的志向，要不断激励自己，让自己飞翔起来。

这个故事究竟对丁磊产生了什么样的影响，我们不得而知，但从丁磊带领网易所取得的成就来看，这个故事至少在他的心中种下了一颗种子：向往飞翔，成就人生的志向。

愿景是人们愿意为之奋斗而希望达到的景象，是一种意愿的表达。愿景概括了未来目标、使命及核心价值，是人们最终希望实现的图景。

品牌愿景就是拥有品牌的组织所共同持有的品牌意象或景象。它表达了品牌的未来蓝图和终极目标，明确告知所有利益相关者，品牌今天代表什么及明天代表什么。品牌愿景以公司愿景为基础，突出企业对消费者的长期承诺，是品牌定位和个性形成的基础。它决定了品牌的方向、风格和价值取向。

一个优秀的品牌愿景就像父母给孩子取的好名字一样，代表品牌的身份，代表厂家对品牌寄予的殷殷期望。随着孩子的长大，他们的个性与世界观会发生变化；相应地，广告策略和广告语也会发生变化，但品牌愿景就像名字一样将深深地烙在产品身上。

愿景对品牌至关重要，缺乏愿景的品牌战略规划和管理必将在激烈的竞争中迷失方向，在"合理"的业务延伸中失去衡量标准，致使品牌发展受阻。品牌愿景就像灯塔一样，为出海的船夫指引着方向——他们正是依据灯塔上的灯光找到了回家的路。

良好的品牌愿景能够带给人们一个理想的世界，帮助企业找到前进的方向，为企业描绘一张蓝图，给整个组织的成员带来无限的想象空间。当然，从品牌的角度看，这个想象的空间也是对公众而言的，它意味着人们看重的不是你的公司现在是什么，而是你的公司将来最终会走向何方。

比如，苹果公司总能源源不断地提供充满创意的产品，亚马逊公司致力于成为数字化零售业的领导者，在线上和线下深入消费者的生活。

要想让消费者、股东、员工、社会公众以你所希望的方式和形象认知你的品牌，你就必须首先清楚地知道自己是谁。具体而言，你要规划一个品牌愿景，用以告诉消费者、股东、员工和社会公众，你的品牌今天代表什么、明天将是什么，它能够为消费者提供的产品或服务是什么，它和竞争者相比有什么优势。

我们在为企业提供咨询服务时发现，很多企业品牌都缺乏一个独特而清晰的品牌愿景。大多数的品牌经营者都很少投入时间去思考和界定品牌，以及考虑品牌该往何处去。相当多的品牌管理者根本就没有听说过什么是品牌愿景。而我们通过对国外众多成功品牌的研究发现，成功的品牌都有一个清晰、明确的品牌愿景和品牌核心价值。

　　品牌愿景的理论研究，最早见于英国伯明翰大学品牌营销教授莱斯利·德·彻纳东尼（Leslie De Chernatony）的《*From Brand Vision to Brand Evaluation*》一书。彻纳东尼把品牌愿景的构成分为 3 个部分：未来环境、品牌使命和品牌价值观。

　　他提出，一个品牌是由一个团队建设和维护的，而这个团队的成员对品牌的本质的理解和解释可能不同；为了保证一个团队朝"同一个方向使劲"，对品牌达成一致的理解和解释是非常基本和极其重要的。彻纳东尼提出了品牌构建和维护的 8 个步骤。

　　（1）构思和发展品牌愿景，并使这个愿景在员工中得到广泛传播、达成共识。

　　（2）建立与品牌愿景相一致和协调的组织文化，以保障品牌愿景的实现。

　　（3）确定品牌的目标，把品牌愿景具体化，明确品牌要实现什么样的具体成果，并对需要激发的行为建立激励和催化机制。

　　（4）评估品牌环境，明确品牌目标后分析品牌目标实现环境的有利和不利因素，强调系统地分析和评估品牌环境。

　　（5）明确品牌的本质和识别系统、品牌可能具有和期望传递的品牌价值、品牌的定位和承诺，确认品牌的个性。

　　（6）规定内部实施的手段，明确组织内部系统设计和制度保障，确保品牌本质和承诺能够有效传达。

　　（7）寻找各种品牌资源以实现品牌愿景和目标，使消费者心中确立品牌识别标准。这个步骤的内容更加具体，包括品牌名称的开发、传播媒介的选择、提供的产品及服务的具体质量水准等。

　　（8）对品牌创建效果进行评价。这主要根据前面的品牌愿景、品牌目标和品牌本质等阶段确定的指标和要求，监测品牌创建成果。

　　上述 8 个步骤是一个完整的品牌创建和管理过程，也让我们休会到品牌创建是一个战略管理过程，不仅仅是广告人员、营销人员或品牌管理人员的事情，而是整个组织共同的重要任务。企业应该意识到，品牌创建应该从品牌愿景开始，这与当前企业管理中的组织愿景思想一脉相承。品牌愿景解决了品牌创新和努力的方向问题。基于这个品牌愿景，企业组织再从文化、制度等各个方面协调组织内部所有增值行为，体现完整统一的品牌，在愿景的指导下达到"观念""行为"

"策略"的一致性、协调性和对品牌的全方位支持性。

总之，**品牌愿景是关于一个品牌未来的最重要的描述**。经过清晰界定的品牌愿景，能够描述一个品牌未来的竞争环境、所从事的业务范围、品牌的使命和品牌价值观。

红顶商人胡雪岩曾说："**如果你有一个县的眼光，你就适合做一个县的生意；如果你有一个省的眼光，你就适合做一个省的生意；如果你具备了全国性的眼光，你便可以做全国的生意了。**"

品牌不是大企业的专利，企业也不是做大了才能做品牌，大企业都是从小企业发展起来的，这一切的起点就是品牌愿景。

20 世纪 90 年代，宁波方太厨具有限公司还是全国两百多家吸油烟机厂中的"小不点"，而现在的方太厨具已成为国内厨具行业的第一品牌。"方太，让家的感觉更好！"这种理念已使全国的老百姓对方太厨具有了广泛的认同，并使方太厨具成为千家万户的一种消费时尚，而方太公司也一跃成为同行中的佼佼者。

是什么原因令方太公司在几年内发展成为同行业的老大呢？其重要原因之一就是方太一开始就树立了不甘心做小企业而要成为大企业的远大理想，并确定了"品牌兴厂、文化兴牌"的战略方针，提出了 2000 年实现同行业第一品牌的目标。为此，方太的一切工作都围绕这一目标展开，规划品牌战略，并将企业文化建设贯穿于整个品牌建设过程之中。在培养和发展方太品牌的过程中，培养全体员工较高的文化素质和强烈的品牌意识，在生产流程、生产工艺方面投入较高的科技研发力量，在营销活动中以其独特的文化内涵参与商业竞争，这些都使方太品牌有了丰富的文化底蕴，从而使方太品牌以独特的品牌个性脱颖而出，创造了小企业以低成本创造强势品牌的经典案例。

工具 **品牌愿景四度原则**

品牌愿景关键是要解决"我要成为谁"的问题，并以此作为品牌规划的战略方向。比如，海尔一直致力于打造世界级品牌。曾经有记者问张瑞敏："您的最终理想目标是什么？"张瑞敏回答："成为一个真正的世界品牌，不管走到全世界的任何地方，大家都说海尔是一个非常好的、我喜欢的品牌。"基于这种品牌愿景，海尔始终以创造用户价值为目标，一路创新，历经品牌战略、多元化发展战略、国际化战略、全球化品牌战略 4 个发展阶段，目前已发展为全球白色家电第一品牌。

与战略愿景的不同之处在于，品牌愿景不一定覆盖企业所有业务，有时可能只突出某一主营业务。

品牌愿景的表达可以是一个词、一个短语或一句简单有力的话，但它不是一句简单的广告标语或创意简报上的利益点陈述句，而是一个品牌的策略灵魂。一个品牌可以有不同系列、不断变化的广告语，但品牌愿景只能有一个。它能够展现品牌的最高理想，表达核心价值或核心使命，触及所预见的未来，指向至少10 年的大胆目标，转化为一句生动而清楚的描述。

比如，我给一个眼镜电商品牌设计的品牌愿景是"改变你的人生镜界"。这个愿景所表达的含义是，让每一位消费者不止拥有一副眼镜，而拥有超凡"镜界"（境界）。眼镜决定你的形象，形象决定你的地位，地位决定你的人生。所以，改变人生境界，先从"镜界"抓起。这个品牌最终就是要致力于成为改变人们"镜界"的企业。

我认为，品牌愿景设计和提炼可以参考四度原则（见图 11-1）。

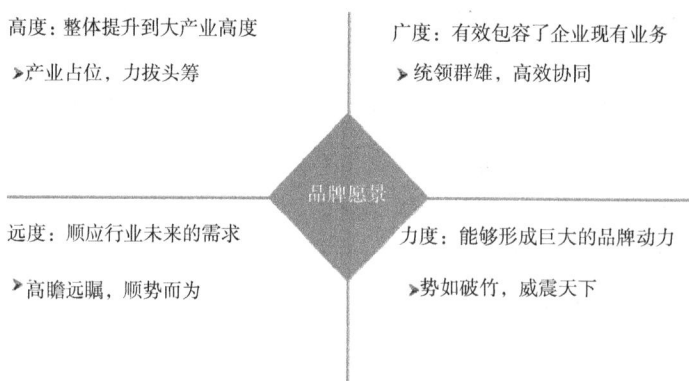

高度：整体提升到大产业高度	广度：有效包容了企业现有业务
▶产业占位，力拔头筹	▶统领群雄，高效协同
远度：顺应行业未来的需求	力度：能够形成巨大的品牌动力
▶高瞻远瞩，顺势而为	▶势如破竹，威震天下

图 11-1 品牌愿景的四度原则

一是高度。高度讲究的是"产业占位，力拔头筹"。高度是指要把愿景整体提升到大产业高度，彰显境界和地位，能够锁定在产业的位置，争做第一，力拔头筹。如果品牌没有锁定第一、成为冠军的决心，自然就缺乏成为顾客首选的底气。像欧莱雅，作为全球化妆品行业的领导企业，它一直推崇"为美而生"的观念，彰显不断追求美丽的境界。

二是广度。广度讲究的是"统领群雄，高效协同"。广度是指要有效包容企业现有业务，能够对业务实现统领，使它们之间高效协同。比如，苹果是改变世界的品牌，这就具备足够的广度。无论是 iPod 改变 MP3 产业、iPhone 改变手机产业，还是 iPad 改变平板电脑产业，都可以归功于这个品牌的愿景——改变世界。

三是力度。力度讲究的是"势如破竹，威震天下"。力度是指要能形成巨大的品牌动力，通过愿景为品牌注入强劲的力道。比如，黄山自古就有"天下第一山"的美誉，它以奇松、怪石、云海、温泉著称。当然，中国各种高山峻峰无数，黄山未必是天下第一，但如果把"天下第一山"作为黄山的品牌愿景并致力传播，久而久之，它自然就会成为人们心中的第一山。明代大旅行家徐霞客曾称赞道："五岳归来不看山，黄山归来不看岳。"言下之意，五岳是山中极品，黄山又超越五岳。后来，黄山风景区又做过一个广告："感受黄山，天下无山。"这句话又给"天下第一山"带来了强大的气场。

四是远度。远度讲究的是"高瞻远瞩，顺势而为"。远度是指要能顺应行业未来的发展需求，看到未来的发展趋势，从而做到高瞻远瞩、顺势而为。著名的科技品牌三星正是趋势的精准洞察者和机遇的高效掌控者。经过 1997 年和 1998 年的亚洲金融危机后，三星总裁李健熙深刻地认识到，品牌制胜才是三星崛起的关键。李健熙以敏锐的眼光洞察到，数字化浪潮正在席卷全球消费电子行业，从模拟技术转向数字技术是整个消费电子行业技术发展的方向。于是，在李健熙的带领下，三星决心把核心竞争力从大规模制造转向基于数字技术的自有品牌。三星制定了新的品牌战略，确立了新的品牌愿景"引领数字融合革命"，致力于领导全球数字集成革命潮流。围绕这一品牌愿景，三星提炼出了"数字世界"（Digital All）的品牌核心价值，给品牌注入了"e 公司""数字技术的领先者""高档""高价值""时尚"等新元素，使品牌内涵与进军高端数字化产品、追求高附加值的战略相适应，彻底改变了三星品牌过去在消费者心目中"低档、陈旧"的印象，使三星展现出高品质、高价值、时尚潮流的新形象。此后，三星在全球范围内进行了声势浩大的品牌推广运动，树立了三星在数字化时代领导者的品牌形象。应该说，"引领数字融合革命"品牌愿景的确立，为三星找到了品牌崛起的支撑点，也拉开了三星腾飞的序幕。仅仅一年的时间，三星便取得了令人刮目相看的成绩——公司收入增长了 10 倍之多，公司的股票价格上升了 233%，公司的净收入猛增了 100 倍之多。取得这些成就的关键就是三星抓住了趋势，并且做到了顺势而为。

方法：两个要求，一个指向

有了考虑愿景的 4 个维度，接下来如何制定品牌愿景呢？我给出了"两个要求，一个指向"的方法。

两个要求，第一个就是要简单，能够让人记得住。品牌愿景要具有清晰的指向性，同时具有明显的企业特色和烙印。否则，即使提出了品牌愿景，也没有多大意义，因为如果别人记不住，那它就只是挂在墙上、写在本上的装饰而已。第二个就是要有特色。如果和别人同质化，那就是放之四海而皆准，并非企业独特的标签化语言，品牌愿景就会失去号召力。

一个指向，就是要指向目标。愿景中要明确表达企业的目标。乔布斯经常说"活着就要改变世界"，这已经明确了企业的目标指向。只有明确目标，愿景才能具备凝聚力量的作用，直指蓝图，同时形成感召顾客的力量。

我服务过多家中央企业（以下简称央企），曾经深入研究过央企的品牌愿景现状。其间，我发现了一个现象：大多数央企的品牌愿景，指向性几乎都没有问题，但是在原则层面鲜有做到用上述两个要求"双轮驱动"的，要么简单但没有特色，要么有特色却不简单。

举例来看。中国航空油料集团公司的愿景是"公司强大，员工幸福"，烽火科技公司的愿景是"国内一流，国际知名"。它们都符合简单原则，"强大"和"一流"似乎彰显一种高度，但这种愿景并没有展现企业的特色，如果把二者互换一下也说得通。此外，"一流"已经变成了愿景红海，除了烽火科技公司，中国海运公司的愿景是"百年中海，世界一流"，中国船舶重工的愿景是"创建中国最强最大、国际一流船舶集团"，中国航天科工集团的愿景是"建设国际一流航天防务公司"。可以说，"一流"不胜枚举。

如果"一流"已经变成了央企的一种标准口号，那么这种品牌愿景如何能够激励内部和打动外部呢？

有的央企为了体现自身实力，在表述企业文化时面面俱到、长篇大论。比如，某央企的品牌愿景是"建设与我国国际地位相适应的兵器工业，打造有抱负、负责任、受尊重的国家战略团队，把集团公司建设成为国际一流防务集团和国家重型装备、特种化工、光电信息重要产业基地"。尽管这个愿景可能对"四度"都有所体现，但如此复杂的愿景，如何能够展现企业特色、变成员工的共识呢？

可以说，国内大多数央企的品牌愿景都无法做到简单和特色并驾齐驱，这使这种愿景的号召力和引领价值被削弱了许多。

当然，央企中也不乏一些佼佼者，其品牌愿景真正做到了符合两个要求，并通过愿景的张力进行传播渗透。比如，保利地产的品牌愿景是"打造中国地产长城"。

首先，这个愿景非常简单，清晰简短，便于记忆和传播。

其次，这个愿景很有特色，因为它非常契合保利地产的地位。保利地产作为一家央企，代表中国地产的形象，那么什么既能代表中国又能凸显领导地位呢？"长城"无疑是个非常好的形象类比。保利地产通过锁定关键词"长城"，实际上已经指向了第一名。毋庸置疑，长城是独一无二的。"地产长城"就变成了保利的标签化语言。

"打造中国地产长城"作为保利地产的品牌愿景，其指向性非常清楚，目标锁定第一名。这既是指引保利地产前行的灯塔，又将是保利地产始终坚持的终极梦想。这种品牌愿景员工记得住、客户看得懂，又和竞争对手不一样，这才能够产生品牌愿景应有的号召力和驱动力。

总之，良好的品牌愿景必须足够简单，又能彰显特色，所指向的目标才能如同安置了双轮驱动，带领企业加速前行。

案例 1：苹果公司的品牌愿景

　　早在 2011 年 8 月 11 日，苹果股价就报收于 363.69 美元，公司市值约 3 372 亿美元，超越了埃克森美孚 3 308 亿美元的市值，成为全球市值最大的公司。之后，苹果股价连续上涨。

　　2012 年 1 月下旬，苹果市值曾一度突破 4 000 亿美元，接着在 1 个多月后的 2 月 29 日突破 5 000 亿美元。除了苹果，史上仅有微软、埃克森美孚、思科及通用电气 4 家公司市值曾超过 5 000 亿美元。当人们赞叹苹果市值的飙升速度之快时，在短短 1 个多月后，该公司市值再次飙升 1 000 亿美元，市值超过 6 000 亿美元；至此，苹果成为第二家达到这一市值水平的公司。历史上，只有微软在 1999 年 12 月市值曾一度达到 6 040 亿美元。4 个月后，苹果公司的市值在 8 月 20 日上升到 6 235.1 亿美元，超过其长期以来的竞争对手微软公司，成为历史上市值最高的公司。2018 年 8 月，苹果市值一度突破 1 万亿美元，成为首个市值过万亿美元的企业，后来虽有回落，但是截至 2019 年 2 月 1 日，其市值依然超过 8 000 亿美元。

　　苹果公司在乔布斯去世之后继续缔造传奇。而遥想当年，乔布斯在 1997 年回归苹果公司时，苹果股份的交易价格仅为可怜的几美元，当时的苹果每况愈下，产品平庸，据称还有几个月就要破产。那么，是什么让苹果公司产生如此大的改变，成为一家盈利能力超强的行业巨头，市值和影响力位居科技行业之首呢？

　　这个问题的答案很简单，也是一个共识性的答案：乔布斯。

　　苹果公司能够逆转颓势，成长为最受消费者欢迎的强势品牌，乔布斯功不可没。其中，尤为关键的是乔布斯为苹果带来了新的品牌愿景。

　　那么，苹果的品牌愿景到底是什么呢？

　　苹果公司在自己的网站或其他材料中对愿景并没有细致的文字表述，但从乔布斯的演讲和行为中可以清晰洞悉，苹果的愿景就是"改变世界"。

　　当年，为了从百事可乐挖来约翰·斯库利（John Sculley），乔布斯说出了也许是他一生中最具说服力的话："你想一辈子卖糖水，还是要改变整个世界？"这句话足以表明苹果要做一个改变世界的品牌。

秉承这个愿景，乔布斯改变了诸多产业。他曾说："领袖和跟风者的区别就在于创新。你的时间有限，所以不要为别人而活，不要被教条所限，不要活在别人的观念里，不要让别人的意见左右自己内心的声音。最重要的是，要勇敢地追随自己的心灵和直觉，只有自己的心灵和直觉才知道自己的真实想法，其他一切都是次要的。"

乔布斯通过追逐自己内心的声音，通过创新，创造了与众不同的产品，进而改变了产业格局。

1. 改变电脑产业

乔布斯在 1976 年与史蒂夫·沃兹尼亚克（Steve Wozniak）共同创办苹果公司后，引领了 PC（个人电脑）革命，这成为他在苹果公司的首个成就。

1984 年，他再次凭借 Macintosh 颠覆了计算机行业，这也是首款使用鼠标和图形界面且取得商业成功的电脑。尽管在 PC 销量大战中，苹果输给了微软，但它却为当今的 PC 发展奠定了基础。

在 1985 年被驱逐后，乔布斯又创办了一家名为 NeXT 的公司，但未获得成功。不过，他在离开苹果公司的这段时间仍然从事了一些具有革命意义的事情。首先，NeXT 开发了一款操作系统，并成为日后的 Mac OS X 和 iOS 的基础。其次，他开发了平板电脑 iPad——这款平板电脑正在逐步蚕食笔记本电脑的市场份额，至少从某些方面看的确如此。

2. 改变动画产业

离开苹果公司后，乔布斯还收购了皮克斯动画公司，并将其打造成了一家世界级的电影工作室，随后以 74 亿美元的价格将其出售给迪士尼。皮克斯永远地改变了动画行业。

3. 改变音乐产业

在带领苹果公司复兴的过程中，乔布斯推出了一度占据行业主导地位的数字音乐播放器 iPod，以及最成功的数字媒体服务器 iTunes。历史证明，iPod 改变了人们听音乐的方式，而且改变了音乐行业的发展方向。而 iTunes 音乐商店的出现，标志着唱片界变革的开始。iTunes 迅速说服了消费者付费下载音乐，更重要的是说服唱片厂商转变思路，尝试在线音乐零售。最终，乔布斯用 iTunes 与时尚的 iPod 拍档，将视频、图片、电子书等电子文件转换成随心随时随地的视听享受。毫无疑问，乔布斯改变了整个音乐产业，而人们也确实因此享受到了数字时代带来的种种高效、快捷、方便的"享乐"方式。

4. 改变手机产业

2007 年 1 月，苹果公司推出了首款超级智能手机 iPhone，乔布斯说过："我们要做出一款可以让我们自己都一见钟情的手机。"

值得一提的是，在 2007 年以前提起"苹果"，很多人可能只知道 iPod，以及一些听上去很"非主流"的电脑。提到用什么手机，几乎满大街都是诺基亚，可是短短数年间，iPhone 已经风靡全球。尽管定价通常高于竞争对手，但它推出的每款产品都会受到市场的追捧，不仅消费者争相购买，竞争对手也纷纷效仿。

想当年，新产品发布时，乔布斯拿着那一部当时大家都很陌生的 iPhone 站在台上，大家仿佛到了未来世界。正如乔布斯在会上所说的："这部手机将领先业界 5 年以上！"如今，满大街的诺基亚已经换成满大街的 iPhone，这部手机已经改变了整个手机产业。

除了上述产业，苹果公司还打造了全球最大的应用商店。另外，苹果还有一项容易被人忽视的成就，那就是苹果极其成功的连锁零售店。

总之，苹果公司给手机、音乐、电影、电视、出版等众多行业都带来了颠覆性的变革。如今，它正以多种方式改变着全球的科技和媒体行业，同时改变人们的生活方式。苹果公司为什么能够如此成功？如果我们把镜头拉到乔布斯年青时期，当他在为公司劝说投资家投资时，面对投资者的关于他想做什么的提问，乔布斯骄傲地回答："我想要改变世界！"正是内心秉持着这个愿景，乔布斯做到了，而苹果公司也在"改变世界"这个愿景的驱动下成长为世界上最有魅力的品牌之一。

案例 2： 阿里巴巴的品牌愿景

如果说苹果公司的品牌愿景是由公司的创始人乔布斯作为灵魂人物驱动的，那么阿里巴巴与之也有类似之处。

阿里巴巴成立于 1999 年，从一个微小企业发展成今天的电商巨无霸。其中，创始人马云是阿里巴巴崛起的关键，而马云有一个清晰的品牌愿景做支撑。

马云非常清楚自己要做什么、能做什么和能把什么做成。可以说，**明白自己要什么的人，才会耐得住寂寞；明白自己能做什么的人，才能抵制住诱惑；知道能把什么做成的人，才能有足够的动力走到最后。**这个动力就是愿景和蓝图。

马云当初会见投资人孙正义时自我介绍说："我叫马云，是阿里巴巴公司的创办人，我坚信互联网行业会从现在的网民时代进入网游时代，最后从网游时代进入网商时代——网络商业交易平台的时代。阿里巴巴一百年只做一件事情，那就是打造世界一流的网上商业交易平台。"听完马云的分享和讲话之后，孙正义就坚定地把钱投给了这个年轻人。因为马云知道自己是谁，以及阿里巴巴未来会成为什么。

马云之所以能够如此清楚地讲述公司的蓝图，关键是他有一个好的愿景规划。

当年，马云在北京创业失利之后准备回杭州。在回杭州前夕，马云带团队登上了万里长城，并在长城上喊出了一个口号：做一家中国创办的全世界最好的公司。这是团队所有人达成的一致梦想，也是品牌愿景的雏形。

后来，随着公司的发展，马云又有了更清晰的目标。他曾开会向员工描绘了阿里巴巴的蓝图。

1. 做持续发展 80 年的公司

为什么要提出 80 年，难道马云不想做百年老店？不是的。这其实体现了马云的智慧。别人都提百年老店，"百年老店"这个词已经同质化，马云索性把目标定得低一点。因为大多数人的寿命是 80 年左右，于是他就把 80 年作为企业的生命年限，只要能做80年的企业就算成功。结果，这个80年反倒吸引了媒体的关注。其实，马云在传播方面非常在行。比如，阿里巴巴和阿里妈妈的口号，一个是"让天下没有难做的生意"，一个是"让天下没有难做的广告"，非常易于传播和记忆。

2. 成为全球十大网站之一

怎样才能成为全球十大网站之一？大家一开始都觉得难以实现，后来随着阿里巴巴的发展，马云确定了一个用数字描述的目标，即"帮助1 000万小企业发展，提供1亿个就业机会，为10亿消费者提供服务"的目标，如果这些数字目标能够实现，成为全球十大网站之一便轻而易举。

3. 只要是商人，就一定让他用阿里巴巴

阿里巴巴的创业元老金建杭回顾说："对我们十多个人来说，提出做80年的公司，我们觉得这个目标好像跟我们没有关系，离我们很远。说全球十大网站，打死也没人会相信，就凭十几个人，要做全球十大网站之一，人家可都是几十亿美元的投入，所以也觉得不靠谱。只要是商人，就让他用阿里巴巴，这个比较合适，但这也是永无止境的目标。"

不管怎样，这些伟大的目标指引着阿里巴巴成了一个伟大的集团企业。

后来，马云又觉得80年不过瘾，将80年改为102年，主要是别人都做百年老店，马云的80年难免略逊一筹，但如果也提"百年企业"则不免落入俗套，所以善于走差异化道路的马云定了102年。102年从宏观意义上也等同于百年老店，但是多出的一个"2"却意义深刻。从1999年算起，到2101年，这将横跨3个世纪，这样102年就将获得更多媒体的关注，仅这一个愿景就可让各媒体争相报道。

尽管阿里巴巴集团品牌下面有很多其他品牌（如淘宝、天猫、阿里云、支付宝等），各个品牌又有自身的品牌愿景，但作为阿里集团的一部分，它的愿景只有一个——"成为一家持续发展102年的企业"。

这个愿景在识别力和差异化上技高一筹，但总体来讲还是存在一定问题的。因为它单纯讲了一个时间的维度，持续发展102年，成为百年老店，做到

的话也相对不易，这需要企业能够随着时代的变化、环境的变化进行动态调整。但是，它没有界定成为一个什么样的企业。

阿里巴巴似乎也意识到了这个愿景的问题，他们对此重新做了调整——加了两条，变成 3 条：分享数据的第一平台；幸福指数最高的企业；"活 102 年"。

"分享数据的第一平台"，其实是指客户第一，指明了阿里集团的业务，即企业是做什么的、给客户创造什么价值。"幸福指数最高的企业"是指员工第二，期望每个员工在阿里巴巴都很开心、幸福；"活 102 年"而非原来的表述"成为持续成长 102 年的企业"，主要是考虑"活 102 年"对于一个企业来说已经是奇迹了。愿景中没有提给股东创造多少利益，正如马云所言，只要持续活着就能够给股东带来最大化的回报。

这个愿景跟马云经常在公众场合所提的"客户第一、员工第二、股东第三"是相吻合的。无论阿里巴巴的愿景如何变化，但有一点是不变的，即马云把愿景做成了差异化，使得愿景变成了员工记得住的共同蓝图、媒体愿意聚焦传播的特色亮点，使得这种品牌愿景发挥了内涨士气的凝聚作用和外塑形象的旗帜作用。

第 12 章

品牌架构：齐心协力

"公司的所有品牌就像一个家庭一样，每个品牌都扮演着某种角色并与其他品牌存在着某种关系。"

——品牌专家　杰弗里·辛克莱尔

随着市场竞争的加剧，消费者对产品或服务的需求呈现出多元化的特点。企业要满足消费者多元化的需求，占领更多的市场，就必须提供多样化的产品，这使得企业的品牌体系变得越来越复杂。因此，企业的品牌架构战略逐渐成为企业战略的一个重要组成部分。

当然，不是所有企业都存在品牌架构的问题。一般来说，用单一产品支撑单一品牌时，基本上不存在品牌架构问题。品牌架构对于多品牌和集团企业而言则是必不可少的工作内容。

戴维·阿克在《品牌领导》一书中第一次对"品牌架构"进行了定义。品牌架构是指品牌组合的组织结构，具体规定了各品牌的作用，界定了品牌之间和不同产品市场背景之间的关系。一个构思巧妙和管理完善的品牌架构是清晰、协调的，它能使品牌保持平衡，避免重心模糊、市场混乱和资金浪费。

简言之，品牌架构是企业根据整体战略确定的企业品牌、业务品牌和产品品牌间的组合形式结构，并使它们成为有机协同的整体。

关于品牌架构，学界有不同的划分方法。如果简单理解，品牌架构可以分为单品牌架构和多品牌架构两大类。

1. 单品牌架构

所谓单品牌架构，是指一个公司只拥有一个品牌，公司的所有产品都使用同一个品牌的架构形式。最简单的单品牌架构是一个公司只拥有一个品牌，并且旗下只有一种产品的形式存在于一个产品领域之中。还有一种是，一个品牌之下拥有多种产品，而且涉足多个不同的产品领域。比如，海尔旗下就有家电、药业、家装和地产等。

一方面，单品牌架构有利于提高消费者对品牌的认知度，有利于企业形象的统一，特别是某一产品获得空前成功后，其他产品可以借助其品牌赢得消费者的认可。好比在一个树上摘果子，一个果子是甜的，顾客就有理由相信所有果子都是甜的。有了品牌的共享，其他产品就很容易被市场接受。另一方面，品牌单一会导致抗风险能力弱，而且当一个品牌的覆盖面过大、涉足过多的产品领域时，消费者容易对品牌的定位和价值诉求产生混淆，有时甚至会影响品牌的可信度，从而使得消费者对品牌的忠诚度减弱。

2. 多品牌架构

多品牌架构是相对于单品牌架构而言的，是指一个公司拥有两个或两个以上的品牌，每个品牌又包括一种或多种产品，这些产品可以涉足多个不同的产品领域，也可以涉足相同的产品领域。

多品牌架构的优点是有利于细分和扩大市场，能够通过增加产品的种类和数量充分满足消费者的需求；有利于企业增加产量和利润。多品牌战略还可以作为攻守兼备的战略手段，提高市场占有率，增强企业竞争力，同时增强企业的抗风险能力。

但是，公司采用多品牌架构也面临着诸多挑战。一方面，多品牌必然会带来高成本，因为每个品牌都需要资源进行品牌建设；另一方面，多品牌架构对品牌的定位有着更高的要求，尤其面向同一产品领域的不同品牌时，如果品牌定位混乱，将造成公司内部品牌的恶性竞争，带来不必要的内耗。

✎ **案例 1：**海信的品牌架构

海信目前形成了多品牌体系，通过海信、科龙、容声、赛维组成了海信品牌体系，如图 12-1 所示。不同品牌有不同的含义和价值。

图 12-1　海信的品牌架构

1．海信（Hisense）

"海信"源于"海纳百川"和"信诚无限"两个成语。海信的英文商标"Hisense"由"High"与"Sense"组合而成，代表"高品位""高享受"和"高科技"的含义。

2．科龙（Kelon）

科龙，英文名称"Kelon"，代表想象力、科技感和无限的延展性，以首写字母的"K"做焦点，加入"海信橙"分外凸显、跳跃，象征着不断进取和开拓创新的活力，"科龙蓝"则代表企业的平衡、实实在在、不深沉、不浅薄、步伐稳健的另一面。

3．容声（Ronshen）

容声，寓意质量取胜，是集实用功能和市场美誉度于一体的大众品牌。容声的英文名称"Ronshen"，简洁清新，左上角配有一颗闪烁的星形设计，给商标增添了光彩和生命力，突出了容声回应及关注消费者需求的企业态度，也代表可靠、创新科技及质量，为容声注入了无限动力。活泼的中英文商标节奏感十足。

4. 赛维（Savor）

"赛维"的名字来自英文"Savor"。"Savor"的英文意思为"尽情享受"。

不同的品牌有不同的品牌价值和含义，但同时面临着整合多品牌、多品类的难题。尤其是海信、科龙、容声 3 个品牌都有空调、冰箱产品，这就需要明确的品牌规划，即"科龙"专注于空调、"容声"专注于冰箱，而"海信"则是集团品牌，是涵盖电视、手机、空调、冰箱等多种产品的综合品牌。其中，海信空调和冰箱将定位于高端市场；容声和科龙将实现高中低全线覆盖，以中端产品为主流；赛维则专注于做专业品牌服务商。这样，海信就实现了品牌立足于品类和人群的架构设计。

总之，品牌架构战略就是建立一个层次清晰的品牌架构，每一层次的不同品牌都针对不同的目标市场，有着准确的市场定位，企业的品牌建设资源和品牌管理资源能够在各品牌之间合理地进行分配；同时，根据企业的发展战略适当地增加或删减品牌，争取用最少的品牌实现市场覆盖面的最大化。

工具　品牌架构战略

前面提过，常见的品牌架构有单品牌架构和多品牌架构两种。单品牌架构又包括一牌一品、一牌多品和一牌多品类架构；多品牌架构又有背书品牌和多元独立品牌架构。

1. 单品牌架构战略

单品牌架构战略是指企业所有产品系列都使用同一个品牌名，包括一牌一品、一牌多品和一牌多品类。

一牌一品是指一个品牌下只有一种产品，如王老吉、金嗓子。

一牌多品，即一个品牌下有多种产品。很多汽车品牌都属于这种，如宝马、奔驰、奔腾等；其中，宝马将自己定位为"终极驾驶机器"，推出了 3 系列、5 系列、7 系列。虽然不同系列面对不同的消费群体都有差异化的品牌个性，但在传播过程中，它们统一使用宝马品牌，这样产品品牌与企业品牌都统一在了"终极驾驶机器"这一内涵之下。

一牌多品类，即一个品牌旗下涵盖相同领域的多个业务品类。比如，方太下面有方太橱柜、方太抽油烟机、方太消毒柜等。集团类企业通常采用伞状品牌结构，即在不同产品门类上冠以一个相同的品牌名称，也可以理解为统一家族品牌名称决策。国际上许多大公司都采用这种做法。例如，佳能被用于照相机、复印机和办公设备上；雅马哈被用于摩托车、钢琴和吉他上；三菱被用于银行、汽车和家用电器上。这种战略的最突出优势在于把资产集中在一个单独的名称上，它的产品、传播和其他所有行动都对品牌声望贡献良多。

当然，有些具备强势资源整合能力和运营管理能力的集团，其业务跨度则比较大。比如，通用电气、维珍是使用伞状品牌的代表。在统一的企业品牌下，这两家公司均有跨度较大的业务存在，而且对任何一项业务或独立经营实体均采用了"企业品牌+业务品牌"的形式，如维珍可乐、通用电气发动机等。海尔公司在推出寿险业务时也使用了"海尔纽约人寿"这样的复合品牌形式，以奠定自己在新业务领域的基础。

2. 多品牌架构战略

多品牌架构战略是指一个企业同时拥有两个或两个以上相互独立的品牌。例如，苹果拥有 Apple、Macintosh、iPad、iPhone、iPod 等多个品牌，宝洁拥有潘婷、舒肤佳、吉列、帮宝适等多个品牌。再如，嘉里粮油公司在面向食用调和油、花生油和菜籽色拉油 3 类不同的市场时分别使用了金龙鱼、胡姬花和鲤鱼 3 个不同的品牌，并赋予了它们不同的核心价值。

多品牌通常还有背书品牌和多元独立品牌两种表现形式。

（1）背书品牌

背书品牌是指出现在一个产品品牌与服务品牌背后的支持性品牌。背书品牌叫母品牌，被背书品牌叫子品牌。背书品牌通过主品牌的背书（或称托权）为受托品牌带来推广的便利。因为企业母品牌一般为有较长历史，也有很高的知名度、威望及无形资产的大品牌，母品牌几乎不用花钱就能让消费者对产品产生基本的认同、信任与安全感；但母品牌因为业务的多元化更需要有包容性，这就使它显得个性不足。比如，宝洁的核心价值是"世界一流产品，美化您的生活"，这对于囊括了飘柔、海飞丝、玉兰油等品牌的总体理念是没有问题的，但不足是无法表达它们任何一个品牌的个性，此时就需要使用受托品牌传播与主品牌核心价值略有差异的价值定位，以便能够宣扬产品个性，给产品锦上添花，使消费者更加喜爱产品。

通过背书品牌，母品牌与独立品牌之间分工明确，在品牌核心价值与识别上不存在冲突。母品牌只对独立品牌起担保、背书或支持作用。例如，"别克——来自上海通用汽车""潘婷、飘柔——宝洁公司优质产品"，母品牌主要向公众担保品牌是独立品牌的制造商、核心技术与元器件的供应商或投资者，使消费者信任。

比如，我们前面提到的宝洁公司尤其擅长背书品牌运作，从洗发护发产品到纸尿布，从个人洁肤产品到美容护肤品，从洗衣粉到食品，宝洁一直奉行着"一种产品对应一个或多个品牌"的策略。当然，这些产品广告之后必然会出现宝洁的标识。宝洁公司的这种做法将企业品牌与产品品牌区分开来，以达成更加有效的沟通效果。将产品进行进一步区隔并通过不同的品牌诉求扩大差异化，这是宝洁公司的核心操作模式。

另一个例子是雀巢公司。使用"雀巢"品牌的商品都是与营养有关的，而巧克力食品由于与雀巢"滋养全世界"的定位有所背离，因此使用了"KitKat"作为产品品牌。同样，在调味品市场，雀巢公司使用的是"Maggi"品牌。

像宝洁和雀巢这种同一领域内的多品牌产品架构，可以占据更多的货架空间，在同一消费领域扩大消费者的多样化选择，促进相关领域产品品牌体系的整体市场份额和经营业绩增长。

（2）多元独立品牌

与背书品牌不同，多元独立品牌是指每个品牌都以单独面目示人，集团企业很少公开强调某个品牌是"我"的，消费者也几乎感受不到集团品牌的存在。像法国著名集团 LVMH 旗下拥有迪奥、路易·威登、纪梵希、娇兰等诸多知名品牌，其出色的多品牌管理运营能力淡化了集团层面的品牌营销，而为每个产品品牌都建立了清晰的客户市场定位和品牌区隔，为每个产品品牌都创建了独特的品牌价值属性和个性化的品牌形象。LVMH 集团致力于通过多品牌策略满足多个细分客户群体的价值需求，创造品牌价值；在集团层面则通过多品牌协同运营发展形成组织合力，创造企业价值。

无论是多品牌架构还是单品牌架构，具体运作过程中还需要时常采用主副品牌战略，即以一个成功品牌作为主品牌，涵盖系列产品，同时给不同产品一个生动活泼、富有魅力的新名字，突出产品个性。比如，在汽车行业，本田公司以本田为主品牌，雅阁为副品牌；海尔集团以海尔为主品牌，"探路者"彩电、"小小神童"洗衣机、"帅王子"冰箱等，这些引号中的名字都是副品牌。"长虹—红太阳""康佳—七彩星""厦华—福满堂"等也都是主副品牌的实例。

副品牌在产品中往往能起到"画龙点睛"的作用。因为主品牌不可能把企业各种不同类型的产品功效都表达清楚，这时借助副品牌的神来之笔就可以达到传神的目的。比如，"春兰—清新""格力—冷静王""伊莱克斯—省电奇兵"等，都是有效地运用了"副品牌"的这种奇特作用，使人们通过"副品牌"联想到产品的功能效益。

但是，既然是点睛的作用，也就意味着其很难单独存在。主品牌是受众识别、记忆及产生品牌认可、信赖和忠诚的主体，副品牌能够形象地表达产品的个性化特点和差异化特色。比如，海尔的"神童"传神地表达了"电脑控制、全自动、智慧型"等产品特点和优势，但消费者对"海尔—神童"的认可、信赖乃至决定购买主要基于对海尔的信赖。也就是说，没有海尔品牌的知名度和美誉度，仅以"神童"为主品牌，就会失去品牌的主要价值和内涵。

换言之，主品牌是副品牌的根基，副品牌是主品牌的延伸，两者是相互联系的一个有机体。比如，"长虹—红太阳""长虹—红双喜""康佳—福临门"透出一种喜气洋洋、幸福和谐的美感；"东芝—火箭炮""海尔—探路者""TCL—王牌""康佳—彩霸"延伸出一种极富冲击力的力量，能够产生一种震撼作用，让它们得以从众多的品牌中脱颖而出。

总之，无论品牌选择何种架构，都要基于顾客需求，利用众多细分品牌进行差异化营销，为消费者提供一整套足够宽、足够长的品牌解决方案，从而最大化地获取市场份额和消费者的心智份额，以品牌家族相互带动提升整体品牌竞争力。

🖐 **方法**：伞状品牌架构

从品牌架构战略上考虑，品牌可根据品牌层级、适用范围和价值功能的差异分为 3 个不同的层面：企业品牌、业务品牌、产品或服务品牌，如图 12-2 所示。

品牌层级	品牌定义	品牌职能
企业品牌	企业品牌是利益相关者对企业全部行为的理解，代表公司所做出的承诺、表现的价值和提供的好处	代表整个企业向客户、伙伴、股东、公众等利益相关者传递价值，统领带动、约束规范下属业务及产品品牌
业务品牌	业务品牌是客户对多业务企业中某一业务的理解，代表该业务的承诺	代表某一业务向相关客户传递专业价值，支撑公司品牌、统领产品品牌
产品品牌	产品品牌是客户对某一具体产品或服务的主要理解，代表该产品或服务的承诺	代表某一产品向相关客户传递差异价值，支撑企业、业务品牌，直接黏合客户关系

图 12-2 三级品牌架构

图 12-3 所示是我们给中国某标准设计研究院（简称"标准院"）设计的品牌架构，分为企业品牌、业务品牌和产品品牌，因产品比较多，图中只列出业务品牌。

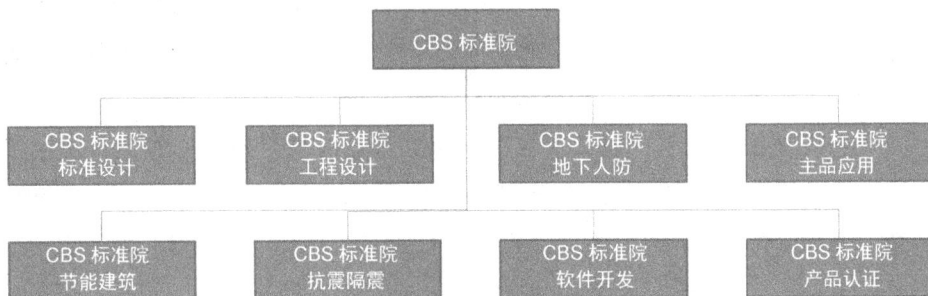

CBS 标准院

CBS 标准院 标准设计	CBS 标准院 工程设计	CBS 标准院 地下人防	CBS 标准院 主品应用
CBS 标准院 节能建筑	CBS 标准院 抗震隔震	CBS 标准院 软件开发	CBS 标准院 产品认证

图 12-3 中国某标准设计研究院的品牌架构

其中，企业品牌是客户对企业的产品或服务的主要理解，代表企业所做出的承诺、体现的价值和提供的好处，如"CBS 标准院"是标准院的企业品牌；业务品牌是客户对多业务企业中某一业务的理解，代表该业务的承诺，如标准设计、工程设计、地下人防是标准院不同业务的业务品牌；产品或服务品牌是客户对某一具体产品或服务的主要理解，代表该产品或服务的承诺，如"SAP2000""SAFE"是标准院软件开发业务下的产品品牌。

这种清晰的品牌架构，既便于企业统一形象，又能够发挥业务品牌之间的协同作用，更重要的是可以通过统一规划形成企业品牌对业务品牌的号召力。利用这种划分方法，以3种不同层次的品牌共同服务于"企业形象提升与股东权益创造"这一基本目标，能够使企业品牌形成一个有机体。

通过品牌架构，企业能够从战略角度整合企业内部资源，处理品牌间的关系，确保品牌形象统一、协调、清晰，使品牌价值最大化，最终步调一致地传达核心品牌信息。

集团企业可以通过这种三级体系统筹企业的品牌，解决子公司和产品品牌"多而不强"的状态；同时，借助品牌架构理顺关系，集中资源，全力打造以集团母品牌为核心、高度统一、凝聚力强的大品牌体系，因为只有大品牌体系才能充分发挥战略导航、资源聚合、价值创新和业务凝聚的作用。

案例2：喜之郎的品牌架构建设智慧

在一个乱局当中，谁能够聚焦强势媒体，率先成为第一，谁就能成功突围并成为王者。

众所周知，"果冻布丁"等于"喜之郎"。果冻的技术含量很低，其行业的进入门槛也低。1996年以前，这个行业还处于混战状态，当时，金娃、喜之郎、SAA、东鹏、深宝等品牌难分高下。

在竞争激烈的果冻市场，如何才能树立行业的权威地位？喜之郎提出了"果冻布丁喜之郎"的口号。从1996年起，喜之郎率先在中央电视台投放巨额广告，不断强化这一概念，最终在产品和行业之间建立起了一对一的联想——人们提到果冻布丁就想起喜之郎，提到喜之郎就想起果冻布丁。"果冻布丁喜之郎"这一概念人为地设置了一道同类产品难以逾越的市场壁垒。从1998年开始，喜之郎便逐渐垄断市场。在高峰时期，喜之郎曾占有70%的市场份额。

随着在果冻领域获得成功，喜之郎继续巩固优势，开始进行品牌延伸。女人和孩子的钱最好赚是世人公认的事实。喜之郎随即把眼光放在了女性身上，于1998年情人节之际推出了新品牌"水晶之恋"，一举摆脱单一"儿童食品"

的形象，切入更具市场潜力的以女性为主的情侣市场。恰逢新世纪的新新人类有着不同的爱情语言，喜之郎敏感地抓住了这点，推出了"水晶之恋"——心形的盒子里面装着若干颜色不同的心形果冻，每种颜色的果冻均有一个独特的名字，代表着一种"爱的语言"。以"水晶之恋"为名的心形果冻迅速成为情侣浪漫爱情的象征，成为年轻恋人的第一选择，"水晶之恋"则迅速成为喜之郎的第二果冻品牌。喜之郎不断巩固其果冻市场霸主地位，扩张市场规模，相继又推出了大碗果肉果冻，以及全新的果肉优酪，并推出"可以吸的果冻"，以副品牌 CICI 投放市场。CICI 后来逐渐发展成独立的品牌，又以主副品牌的形式——CICI 真果粒——推向市场。以 CICI 为主品牌、真果粒为副品牌，喜之郎此时衍化成了背书品牌。

在果冻市场已经取得绝对领先地位、增长又乏力后，喜之郎开始向其他领域延伸，先后进入海苔、奶茶、豆奶、咖啡等休闲食品或饮品领域。但喜之郎没有犯中国企业常犯的基本错误，没有盲目延伸喜之郎品牌，而是打造了不同的子品牌，如海苔的美好时光、奶茶的优乐美、豆奶的美能多、咖啡的优乐等。

这样，喜之郎就形成了多元品牌舰队，避免了单品牌策略带来的识别混乱和多品牌策略的品牌资源分散等缺陷，给消费者一种清晰、准确的品牌印象。

由此可见，在品牌构架和品牌扩展方面，喜之郎表现得相当成功，从"水晶之恋"到"CICI"，从果冻"喜之郎"到海苔"美好时光"，再到"优乐美"奶茶和"优乐"咖啡，其每次扩展都对行业产生了不小的影响。同时，子品牌在快速发展中与不断提升的母品牌有机结合、融为一体，提升了品牌的整体竞争力。

案例 3：单一品牌如何取得突破

前面提到多元品牌以良好的品牌架构走向成功，那么单一品牌如何有机整合旗下业务，提升品牌的整体竞争力呢？

曾经一个老板跟我说，他刚参加了某培训机构举办的品牌定位课程。课后，他向培训师请教他们公司的品牌延伸存在的问题，培训师给出的结论是，盲目延伸。培训师提醒他，公司正在盲目地进行多元化，再不及时补救，将注定失败。

他问我："是不是品牌延伸到不相关的多元化领域就一定会失败？"

我的答案："不尽然。"

这样做也有可能成功，只不过是有难度而已。

品牌建设或传播讲究一个先发优势：**第一胜过更好，最先等于最优**。这是从市场认知角度来看的。

先发者具有很多优势。比如，肯德基之所以能够在中国市场领先于麦当劳，就是因为早来了 3 年。这也是很多公司推崇"先进入，后完善"的市场扩展逻辑的原因。

这些是品牌快速取得成功的条件，但绝非必要条件。品牌延伸到多元化领域并不等于品牌走向坟墓，只要有正确的品牌打造逻辑及品牌策略，一样可以取得很好的业绩。谁说品牌一定要走寻常路？

这里以维珍（Virgin）品牌为例。

维珍总裁理查德·布兰森是维珍品牌的创始人。他在 20 世纪 70 年代拿着母亲所给的充作邮资和电话费的 4 英镑，从一间电话亭大小的办公室白手起家，80 年代通过维珍航空一举成功。现在，维珍集团的业务遍及婚纱、化妆品、航空、铁路、唱片甚至安全套领域，后来又介入手机、电子消费产品领域。2007 年，《泰晤士报》估计布兰森个人财富超过 30 亿英镑。

对于公司的品牌领域，布兰森曾做过一个经典总结："如果有人愿意，他可以这样度过一生——喝着'维珍可乐'长大，到'维珍唱片大卖场'买'维珍电台'上放过的唱片，去'维珍院线'看电影，通过'virgin.net'交上一个女朋友，和她坐'维珍航空公司'的班机去度假，享受'维珍假日'无微不至的服务，然后由'维珍新娘'安排一场盛大的婚礼，幸福地消费大量'维珍避孕套'，直到最后拿着'维珍养老保险'进入坟墓。当然，如果还想更幸福，维珍还提供了大量的伏特加以供选择。"

听了布兰森的这段话，你一定能对维珍品牌涉及的领域有个大致的了解。当然，这段话不足以涵盖维珍所有品牌，因为布兰森的品牌领域还在不断扩展。

如果说品牌延伸至多元化领域约等于失败，那么为什么维珍取得了成功？这里面的原因是什么？

我将其总结为两点。

1. 逆向思维

以前，打造品牌的主流思维是"一个产品类别，一个品牌"，强调品牌对品类的独占，而如今看重的是率先行动的先行者优势。维珍却反其道而行之，另类地遵守"最后行动者优势"——它可以从市场内所有公司所犯的错误里学习，避免走弯路，然后立足于成功要素之上。这就是后发者优势。

2. 强势传播

作为后发者，如何后发制人？用领先者的营销方式肯定不行，此时需要的是强势传播，以形成吸引眼球的裹挟效应，聚媒体镁光灯于一身。

最好的传播载体有两个。一个是品牌本身。布兰森将公司取名为"Virgin"（中文意思是"处女"），因为这个名字比较性感，容易让人产生联想并过目不忘。另一个是特立独行的老板。布兰森是维珍最好的新闻人物，被外界称作"嬉皮士总裁"，他从公司成立之初就成了维珍的终身代言人。他那高调的做事方式和具有创意的作秀行为无疑为维珍带来了巨大的传播价值。

以下简单罗列布兰森的种种"彪悍"事迹。

（1）进军可乐市场时，布兰森亲自开坦克车碾过放在时代广场上的可口可乐，宣告维珍集团正式向可口可乐宣战。

（2）为了取悦媒体，布兰森曾男扮女装地出现在"维珍婚纱"公司开业典礼上。

（3）为树立公司形象，在波斯湾战争期间，布兰森斡旋于英国与伊拉克之间，开着飞机直接进入巴格达接回人质。

（4）本着以人（顾客与员工）为本的理念，布兰森建立了维珍品牌，认为应该对所有的人表示尊重。他喜欢将维珍的员工视为一个大家庭的成员。公司里每个人对布兰森都直呼其名。布兰森在与英航有关的官司中胜诉并获得 61 万英镑赔偿后，他将这笔钱平均分给维珍的每位员工，使每人都分到了 166 英镑的"英航奖金"。

（5）在维珍创立初期，每位新员工都会得到布兰森家的电话号码。布兰森鼓励他们，若有任何好的想法，或者有何不满，可随时打电话给他，也可以来他的私人住所，甚至在狂欢中他被员工戏弄的事也常有发生。

（6）在维珍集团电视广告短片中，布兰森在英吉利海峡某处浅滩裸跑，然后双手遮着下体跑回岸上，后来又只穿三角短裤跟著名女星合拍维珍健力饮料的广告片。他同一群模特儿拍摄维珍手机服务的促销广告。他也曾打扮成哥萨克族人，替维珍伏特加酒大搞宣传。他还出现在《007》影片中，当 007 的扮演者——丹尼尔·克雷戈准备登机时，他扮演一个机场工作人员的小角色。

（7）自 1985 年以来，布兰森参加了许多破纪录的陆地和空中的速度与距离的挑战。1986 年，他的"维珍大西洋挑战者二号"以有史以来最快的速度穿越了大西洋，再次振奋了维珍精神；1 年后，"维珍大西洋飞行者号"热气球成为第一个也是最大的飞越大西洋的热气球；1991 年，他驾驶更大的热气球（容积达到 260 万立方英尺）从日本飞越太平洋至加拿大北部，最高距离达到 6 700 米，速度达到 24 千米 / 小时，再次打破了所有纪录；2004 年 6 月 15 日，他驾驶着一辆詹姆士邦德式的水陆两栖跑车成功穿越了英吉利海峡。

（8）布兰森曾花费 500 万澳元（约 324 万美元）买下了澳大利亚东部面积达 10 公顷的一座小岛，专供自己公司的员工度假之用。在员工眼中，布兰森从来都是一个不拘一格的好老板。

（9）布兰森崇尚"活到极致，乐者为工"的观念。他曾说："我从不认为工作是工作，娱乐是娱乐。"言下之意，工作就是娱乐，娱乐就是工作。

从上述列举的 9 条事迹中，我们可以看出布兰森的营销逻辑——大胆出位的品牌建设。当然，这种方式也带来了一些问题。首先，未必所有行为都有助于品牌的正面形象塑造；其次，万一布兰森本人出现意外，维珍品牌何以为继？

不过，总体来说，布兰森已经用事实证明，品牌延伸是可以进行非相关多元化操作的。维珍的品牌扩张之路做到了两点：

第一，从先行者的失败中学习，不走弯路，并找到它们成功的关键要素，立足于成功之上；

第二，后发制人就要有非常规的营销手段，具有强势传播价值的关键驱动人物和能量。

做到了这两点，走出不一样的品牌打造之路还是有可能的，此时需要的是大胆想象和创新。在这两个关键要素下，维珍展现出了一种与众不同的价值观和精神。这是一种具有包容性的理念，使得维珍成为一个极具包容性的多元业务品牌——拥有 150 多家公司，涉及化妆品、可乐、航空、餐厅、娱乐、手机、信用卡等多个领域，并仍在肆无忌惮地延伸，但其品牌架构很明晰——直接使用单品牌模式，所有的子品牌都以"维珍"为姓，以所在领域的类属性名称为名。

通过这种架构，维珍作为母品牌在消费者心目中获得的价值地位跨越了许多不同的商业领域，然后其子品牌通过使用类属名称，共享了母品牌的核心价值，同时产生了个性化的区隔。此外，这些子品牌永远不会变成剥夺其公司品牌的独立品牌；相反，它们都扮演着建立和丰富维珍价值的角色。

第13章
品牌定位：独一无二

"市场定位就是放弃，所有的成功都是拒绝诱惑的结果。"

——阿里巴巴创始人　马云

"我不知道成功的关键是什么。但是，我知道失败的关键是什么，那就是你试图取悦每个人"。

——美国著名演员　比尔·考斯比

品牌定位就是为企业的品牌在市场上树立一个明确的、有别于竞争对手的、符合消费者需要的形象。其目的是在消费者心中占领一个有利的位置，位置占得越好，对该产品的发展越有利。具体来说，品牌定位就是希望顾客感受、思考和感觉该品牌不同于竞争品牌的一种方式，可以通过目标顾客、顾客需求、品牌利益、竞争性框架及品牌特征加以描述。更为通俗地讲，品牌定位就是**要替你的商品或品牌找到一个贴切的字眼或概念，使之能够嵌入消费者的心中**。正如定位大师艾·里斯和杰克·特劳特所说的，"定位是你对未来潜在顾客心灵所下的功夫，也就是把产品定位在未来顾客的心中"，"定位即如何在预期顾客的头脑里独树一帜"。

由此可以看出，定位不作用于产品，而作用于目标顾客的心理。基于对顾客心智的洞察，定位就是要给品牌一个身份，这个身份应是品牌固有属性的呈现而不应是编造出来的东西。

好的品牌定位能够帮助企业在一个领域内奠定地位。这个定位一旦不能产生持续的高购买量，就意味着品牌定位出现了问题。

1．品牌定位的差异化

我一直坚持一个观点：品牌的建立，首先在于创造差异。有效的差异，可以使品牌与消费者之间建立一种特殊的联系，从而形成品牌真正的核心价值。定位是使自己的品牌与竞争对手的品牌区别开来的必要手段。

品牌定位能够使品牌在竞争中脱颖而出，有助于企业整合营销资源，打造强势品牌，为顾客提供差别化利益。

这种差异化分为两种类型：一种是目标顾客的差异化；一种是顾客价值的差异化。企业首先应选择不同的目标顾客，然后基于目标顾客的价值提炼差异化的卖点，最后由卖点确定差异化的定位。

比如，美国宝洁公司的"帮宝适"品牌是行销全球一百多个国家的婴儿纸尿裤品牌，其目标顾客就是妈妈群体，而且是 0~2 岁婴幼儿的妈妈群体。而 0~2 岁婴幼儿的父母主要集中于 20~34 岁年龄段，该年龄段的女性对婴幼儿产品有着主导作用，那么品牌定位就要围绕目标顾客群体、结合产品特点开展差异化的设计。帮宝适的产品特点是吸水性能良好、佩戴舒适。此外，这种一次性纸尿裤解决了家长护理孩子的难题，给家长带来了方便。所以，帮宝适在初期的定位是强调使用纸尿裤的方便、高效，直接把目标锁定"母亲"，结果市场反应差强人意。虽然宝洁公司开发的"帮宝适"纸尿裤比其他同类产品质量更好，但其市场占有率不到 0.5%。之后，通过市场调研分析发现，许多母亲对使用纸尿裤心存内疚，认为选择"帮宝适"意味着只顾自己方便，等于说自己是一个忽视孩子的、懒惰的、浪费的、不称职的母亲。因此，她们对于该产品有抵触情绪。于是，帮宝适立即调整了定位——将它放在婴儿受益一方，强调纸尿裤吸水性更强、更卫生、更柔软舒适的优点。这样一来，该产品很快畅销全球。

这就是站在目标顾客的心智角度进行思考、融合产品特点形成绝佳定位的例证。帮宝适从起初的产品滞销到后来的畅销，产品并没有发生任何改变，改变的是其品牌定位。换言之，消费者对品牌的心智印象发生了改变，即以前是帮助妈妈省事的产品，现在是让宝宝更舒适的产品。尤其在中国，宝洁公司将产品命名为"帮宝适"，直接将其定位融入名字之中，由此产生的直接功效是，自 1997 年在中国面世以来，"帮宝适"在目标顾客群体中的知名度达到 99%，成为同业市场上首屈一指的领导品牌。

2. 找到强势 USP

说到品牌差异化，我时常会讲一句话：**把缺点当特点，把特点当卖点**。有的时候，不要掩盖你的缺点，也不要因为缺点而自卑。缺点是可以转化的。如果将缺点正确转化，变成差异化的卖点，这种差异化卖点则可能变成强势 USP——独特的销售卖点，然后基于此凝练品牌定位，更会激发强大的品牌能量。

国际上有一位著名的营销大师——伯恩巴克，他是国际广告界公认的一流广告大师。他曾经让"甲壳虫"小轿车在美国从滞销迅速登上进口车第一的宝座，一个关键就是把缺点当特点，把特点当卖点。

当时，"甲壳虫"刚刚进入美国市场，与美国一贯流行的既大又长的流线型豪华轿车显然不符。尽管"甲壳虫"在欧洲畅销，但它确实短小，看上去像个怪胎，与美国人的观念和消费潮流格格不入。可以说，"小"是"甲壳虫"致命的弱点。

但缺点之中仍然可以挖掘出独特的优点：价格便宜，马力小，油耗低，简单实用，性能可靠。

于是，伯恩巴克索性直接用缺点面对公众。他打出广告："想想小的好处：停车容易，保险费用低，维修成本低……"

结果，这则广告激发了很多美国公众的共鸣，"甲壳虫"的销售业绩也因此长盛不衰。

后来，伯恩巴克为艾维斯公司做策划的时候也采用了这种思路。

当时，在出租车行业，赫兹公司一直位居榜首。艾维斯公司为了争夺老大的地位会不时地与赫兹公司展开激烈厮杀。无奈实力相差太大，艾维斯公司屡战屡败，连年亏损。

针对这种情况，伯恩巴克说服艾维斯公司放弃了角逐的第一策略。起初，艾维斯公司还不同意，毕竟第一相对于第二有无法比拟的优势，最明显的就是具有相当高的号召力，凭借第一的定位则无须花费太大努力就能争取到不少顾客。

后来，艾维斯公司还是被伯恩巴克说服，他们采用了"把缺点当特点，把特点当卖点"的策略——直接告诉公众，我们是第二。他们的广告标题是，"艾维斯在出租车行业只是第二位，那么为何还要与我们同行？"

广告正文是："我们更努力。我们不会提供油箱不满、雨刷不好或没有清洗过的车子，我们力求最好。我们会为您提供一部新车和一个愉快的微笑——与我们同行，我们不会让您久等。"

当时，在营销广告传播领域，这算是非常另类的广告。因为不争第一也要争口气，没有人会公开承认自己不如别人。伯恩巴克大胆的举措不仅是一个创意，更是对人性的充分把握和理解。这彰显了一个最简单的消费者逻辑：去艾维斯公司不用排长队，服务态度好，因为人家更努力。

果然，广告播出之后，立即引起了消费者的广泛关注和同情，产生了相当明显的效果。

艾维斯公司奇迹般地扭亏为盈。

所以，"把你的缺点当特点，用特点做卖点"，关键在于你要告诉消费者你产品或服务的好处，让他们认可你的卖点，将你的卖点转为消费者的买点。这就必须洞察消费者的真实需求，洞察人性。毕竟，人性是关键中的关键。这一点，我们可以从伯恩巴克的名言中深刻体会："有件事是肯定不变的，创作人员若会洞察人类的本性，以艺术的手法感动人，他就能成功。没有这些，他一定会失败。"

从上述案例中可以看出，品牌差异化的关键就是要定位差异化，具有强势的USP 是品牌成功的不二法门。

3. 品牌定位的法则

品牌定位有一些基本法则，这些法则要求企业在进行品牌定位时铭记于心，否则就会犯一些低级错误。

（1）聚焦法则

很多企业在品牌延伸时选择以相同品牌扩张产品线，尽管这种方式在短期内提升了销量，但与品牌建设的理念背道而驰。如果你想建立一个消费者心智中的强大品牌，就要聚焦你的力量，收缩而不是扩张产品线。长期来看，扩张品牌会削弱你的力量，并且弱化公众对你的认知。只有收缩焦点，你的品牌才会更加有力。

美国曾经有一家儿童用品超级市场，起初只出售两种东西：儿童的家具和玩具。后来老板想发展规模，若按照传统的思路，肯定是增加更多的产品来卖，如儿童自行车、儿童服装及其他儿童用品。但这个老板背道而驰，他放弃了家具业务，用空出来的地方卖更多的玩具，并把原先的"儿童用品超级市场"改成了"玩具反斗城"，从而获得了空前的成功，成为美国第二大玩具零售商。

聚焦的一个最直接的好处是，便于企业主导一个品类。像微软的操作系统，连续 15 年占有超过 90%的市场份额；同样，英特尔多年在微处理器领域拥有超过 80%的市场份额；可口可乐也拥有全球可乐市场 70%以上的市场份额。这些品牌无一例外都是主打一个品类。

（2）关键词法则

品牌应该力争在消费者心智中占据一个关键字眼，锚定一个词汇。这个字眼一定要凌驾于其他核心关键词之上，成为最有冲击力的、最能表达品牌价值的形象词汇。比如，联邦快递聚焦在"隔夜送达"这个字眼上，从而变成了"隔夜送达"的同义词；奔驰多年来的定位一直围绕"豪华尊贵"，尽管其本身还具有德国制造、工艺先进、创新、可靠等其他价值，但奔驰优先强调豪华尊贵，给人一种身份的象征；同样作为豪华车，宝马选择了"终极驾驶"这个词，沃尔沃则选择了"安全"这个字眼。

这就说明，想要创建一个品牌，一定不要面面俱到，而是必须把打造品牌的所有努力集中在潜在顾客的心智中，努力占据一个词汇，而且这个词汇一定是其他品牌不曾拥有的词汇。一旦品牌占据了这个关键字眼或词汇，品牌就将具备更多的选择机会。比如，联邦快递的"隔夜送达"自然就会成为那些商务行政人员的首选服务。所以，对于品牌而言，不要看你的品牌在现有市场占据多少份额，而应该看你的品牌通过聚焦一个关键字眼能够在消费者心智中创造一个多大的市场。

（3）信誉法则

有了关键字眼还不够，这个字眼还要具备信任状，毕竟任何品牌成功的关键因素都在于其可信的诉求。比如，可口可乐的诉求是正宗的可乐，没有人怀疑，"正宗"与可口可乐紧密相连。

可信度可以为企业的品牌绩效提供担保。当你拥有良好的信誉时，你的潜在顾客就会相信与品牌相关的传播信息。

通常，何种表现会强化信誉呢？最简单的就是领先地位。领先地位会带来天然的信任状。将品牌与质量好、品质好、众多选择密切捆绑在一起，使之转化成一种无声的推荐力量，更值得消费者信赖。

毕竟，无论在任何领域，消费者的多数选择都倾向于借助参照系。生活中的一个小例子足以说明这一点：大多数人在选择相邻的两家餐馆时，一家门可罗雀，一家排成长龙，最终还是会选择排队。大家的理由很简单——这一家是真好，吃的人才会多。这就是信誉的力量。

（4）品类法则

打造品牌最有效的途径就是创造一个新品类，这样它就容易成为一个全新品类中的第一品牌，最终迅速成长为领先品牌。例如，达美乐是外卖比萨品类中的第一；苹果公司的 iPhone 成为智能手机品类中的第一，iPad 成为平板电脑品类中的第一，所以苹果公司才会有如此骄人的业绩。

一个领先的品牌将会推动品类的发展，苹果做到了，而且做得很成功。

（5）独特法则

品牌就是产品或服务在消费者头脑中所拥有的独特概念或认知。品牌必须拥有独特性并通过一贯的行为来强化这种认知。独特性是品牌最重要的特性。

迪拜的定位是什么？迪拜的定位就是要做世界第一，它具有"只要第一，不要第二"的品牌文化。基于"世界第一"这个定位，它所推出的每一样东西都要做到世界第一。人们为什么会知道迪拜？第一个原因是全世界最奢侈的酒店——七星级的帆船酒店坐落在迪拜。之后，它又推出世界首个风力发电的旋转摩天大楼，可以自动旋转产生动能——发电。大楼的每一层都能错开并螺旋上升，旋转一圈的速度约为 1~3 小时，每个房间都拥有 360 度的全方位视野。因为每层楼旋转角度的不同，不同时间、天气条件下，建筑的色彩和外观也各不相同。整个大楼犹如一个活生生的有机生命体，每分钟都在变化。

除了这两个地标性建筑，迪拜还有很多的"第一"：世界第一高楼迪拜塔；世界最大的人工岛（棕榈人工岛）；世界最大的购物中心；等等。这些"第一"无疑强化了迪拜的品牌定位，使之能继续创造更多"第一"以吸引世界各国的游客和投资者。

4．品牌定位的原则和步骤

品牌定位的原则是在明确主要目标消费群体之后，在对消费者需求、竞争对手品牌定位、企业自身优劣势 3 个方面深入分析研究的基础上确定的。品牌定位通常包括以下几个原则。

（1）包容性原则。品牌定位应充分考虑品牌未来延伸的可能性。

（2）相关性原则。品牌定位的要素应该是目标客户所关注、关心的。此外，品牌定位必须与品牌核心价值相关，二者不可分割。

（3）差异化原则。品牌定位应与竞争对手形成差异化的优势。

（4）匹配性原则。品牌定位应与品牌自身资源相匹配，或者经过努力可以实现。

（5）导向性原则。从客户需求来看，无论是对产品的需求，还是对服务的需求，客户的最终目的都是解决问题，为自己带来价值。因此，要更好地满足客户需求，为客户创造价值是核心目的，企业的品牌定位应力求解决这一问题。

品牌定位和稍后将提到的品牌核心价值密切相关。一般情况下，需要根据品牌核心价值进一步凝练品牌定位，同时需要经过聚焦客户中心利益、强化差异化优势、客户利益角度表述 3 个步骤。

（1）聚焦客户中心利益。品牌定位是品牌利益承诺的最集中、最重要的体现，将广泛地、长期地呈现于对外传播中，因此它必须高度浓缩和聚焦于受众最关注的中心利益，不可同时承载过多其他信息。企业应该从品牌核心价值中选出客户中心利益，而且这个中心利益必须超越其他利益，能够起到以点带面的作用。

（2）强化差异化优势。品牌核心利益承诺是企业在目标客户心目中区别或优于竞争对手的根本因素，因此必须强化和突出这种差异优势。

（3）客户利益角度表述。品牌定位的根本目的是在客户心目中建立独特形象和信誉，因此不能从企业自身或其他角度进行主观表述，而是必须从客户利益角度进行陈述，这样才能最大限度地引起共鸣和响应。企业应以客户理解的语言，从目标客户关注的利益角度进行品牌定位的表述。

5．品牌定位策略

（1）产品层面的品牌定位策略

产品层面的品牌定位主要有两种：一种是基于利益的 USP 定位；另一种是基于类别的品类定位。

USP 定位是在对产品品牌和目标消费者进行充分了解的基础上，寻找最符合消费者需求且竞争对手最不具备或不容易模仿的特点，进行品牌定位。比如，沃尔沃一直强调安全，以持续开发、培育汽车的安全性作为独特卖点。其实，其他汽车也提倡安全，但沃尔沃在安全领域，除了一直推崇安全定位，每年还要投入大量的费用进行安全方面的产品研究和开发。比如，20 世纪 50 年代的安全车厢，20 世纪 60 年代的三点式安全带，20 世纪 90 年代的防侧撞保护系统，国际汽车工业界有很多安全技术都是沃尔沃首创的。正是沃尔沃在安全方面的不懈努力，让消费者深切感受到沃尔沃就是安全的代名词，这种品牌定位便在顾客心智中占有一个牢固的位置。

品类定位就是将自己的产品与某些知名而常见的普通类型品牌区别开来，形成新的品类。最典型的例子当数七喜。面临两大可乐的竞争，七喜把自己定位为"非可乐"型饮料，这就将自己与可口可乐和百事可乐区别开来，吸引了相当部分的可口可乐与百事可乐原有的消费者，成为美国第三大软性饮料。

（2）竞争层面的品牌定位策略

竞争层面的品牌定位主要有 3 种：首席定位、比附定位和对比定位。

首席定位需要重点强调领先地位、头号的规模、第一的实力，能够表达出品牌是同行业最强、具备领导者的市场地位。比如，很多企业在宣传时，采用"领军企业""第一家""市场占有率第一""销量全国领先"等词汇，这就是首席定位的运用。我们前面已经提到，公众往往只认第一、不认第二。企业通过首席定位，能够让企业品牌成为顾客的首选。

比附定位重点在于攀附品牌，通俗地讲就是"傍大款"。这种定位通过比附其他品牌来给自己的品牌定位，利用其他品牌的影响力和市场地位使自己的品牌获取无形的利益。比如，蒙牛当年号称自己是"内蒙古奶业第二品牌"，实际上其当时的排名为第 1 116 位。但第一名是伊利，没有人知道第二名是谁，蒙牛抓住了一个认知空白，抢先提出比附定位。再如，宁城老窖的宣传口号是"宁城老窖，塞外茅台"，目的是在一个局部区域市场直接与消费者最欢迎和信赖的品牌进行类比，这是典型的攀附策略。

比附定位除了前面的甘居第二和攀附策略，还有一种高级俱乐部策略。采用这种策略的企业往往实力不济，不具备直接匹敌老大的潜力和与品牌门户相当的认知依据，于是采用一种加入某个群体或阵营的方式进行见证型定位。通俗地讲，就是企业通过群体的声望和模糊的手段强调自己隶属于某一高级品牌群体，如某某行业 50 强、10 大驰名商标、质量免检企业等。

对比定位是指通过与竞争对手进行客观比较来确定自己的市场地位。企业用得比较多的是反向定位，即从竞争的维度，针对对手极力弘扬的定位，企业弃之避之，站在其对立面进行谋划。如果企业亦步亦趋，采取同质化的定位，则相当于跟顾客的心智较劲，从而需要花费更大的代价来扭转公众的认知。比如，沃尔沃将安全作为定位后，奔驰和宝马也期望争取这一定位，后来证明是徒劳无功的。相较而言，农夫山泉用反向定位策略采取对比定位，站在竞争对手对立面，针尖对麦芒，于是快速取得了后发优势。当年，乐百氏和娃哈哈在纯净水领域取得先发优势，一个强调"27 层净化"，另一个强调"我的眼里只有你"，理性和感性诉求都已根深蒂固。而农夫山泉通过推出天然水与纯净水进行对比，突出宣传天然水的优点，以此鲜明地亮出自己的定位，逐渐成就了天然水的霸主地位。

（3）消费者层面的品牌定位策略

这种品牌定位是站在消费者层面，从消费者的利益、群体特征和情境情感出发，直接冲击消费者的购买神经。这种品牌定位分为利益定位、群体特征定位和情境情感定位。

利益定位是以向消费者承诺的利益为基础，突出对某个功能的强烈诉求，让消费者产生深刻的印象。比如，飘柔突出"柔顺"，海飞丝突出"去头屑"，潘婷突出"健康亮泽"。

群体特征定位是以某类消费者群体为对象，突出产品专为该类消费群体服务，以获得目标受众的广泛认同。它通过群体的归属感传递，把品牌与目标消费者结合起来，让顾客群体产生"我自己的品牌"的感觉，从而诱导目标消费者购买产品。例如，太太口服液定位中年已婚女性，宣扬"太太口服液，十足女人味"；金利来定位"男人的世界"；哈药的护彤定位为"儿童感冒药"。这些都是消费群体策略的运用。

情境情感定位包括情境型定位和情感型定位。情境型定位是将品牌与特定的环境、条件、场合下产品的使用情况相联系，从而引发消费者在该特定情况下对品牌产生联想。例如，盖天力的白加黑宣称"白天服白片不瞌睡，晚上服黑片睡得香"，这就是典型的情境定位。白天吃白片，晚上吃黑片，引导消费者进入使用状态，为了白天防困、晚上睡得好，就要选购该药品。同样，脑白金捆绑了一个送礼的诉求，形成了排他性诱导信息植入。"今年过节不收礼，收礼只收脑白金"，这个口号使得消费者送礼时唯一能够想起来的礼物变成了脑白金。

情感型定位是直接或间接地在消费者的情感体验中进行定位，用情感唤起消费者内心深处的认同和共鸣。例如，"雕牌"洗衣粉在品牌传播时，就充分注入了情感的价值——下岗篇中，以"……妈妈，我能帮你干活啦"的真情流露激发了消费者强烈的情感共鸣，催生了品牌好感，形成了品牌的个性音符。

工具 品牌三环定位模型

定位是一个伟大的营销理论，发明该理论的特劳特和里斯也因此成为世界顶尖的营销专家。

仔细研究国际及国内知名品牌的成功案例，你就能发现它们都有一个很好的定位。营销是满足顾客需求；定位则是告诉顾客：我的产品属于你的需求范畴，契合你的品位，是你的首选。

现在的市场是买方市场，替代产品或服务越来越多，竞争也愈发激烈。有效的品牌定位至关重要，甚至更夸张地说，有时"品牌定位就是一切"。

（1）品牌定位决定价格

你可能不了解，奥迪A4与大众帕萨特其实是一样的车。它们是在同一个平台上被生产出来的，只是外观不一样、车标不一样，但成本是一样的。然而，奥迪把自己定位为宝马3系的竞争对手，大众把自己定位在福特一级，结果奥迪A4比帕萨特要贵10万元以上。这就是定位决定价格。

（2）品牌定位决定地位

定位，就是使品牌实现区隔。今天，消费者面临着太多选择，品牌要想办法做到差异化定位，否则只能定一个很低的价格。如果真是这样，企业就很难生存。尤其在当比同类产品高一档次时，品牌必须有一个独特的定位。

（3）品牌定位决定生存

企业的生存取决于客户，而品牌定位直接与客户相关。毕竟，品牌定位是定客户的位，定准了会吸引他们，定偏了就会使他们离你而去。

比如，各大卫视都有自己的定位，以吸引不同的收视人群。辽宁台曾经的战略是"一山二刚"——赵本山、王刚、郭德纲，依靠"明星转起来""王刚讲故事"和郭德纲的"谁是大忽悠"来吸引观众。北京电视台的战略是用独播剧立台，黄金时段连续推出几部电视剧。安徽电视台则主要播放电视剧，目标受众是家庭主妇和居家人士。东方卫视主要定位于高端财经，目标受众是财经人士和白领高消费者，所以也是汽车广告的首选。旅游卫视的定位则是休闲时尚。湖南电视台的定位是以娱乐为主，在吸引年轻观众上有很强的竞争力。由此可见，不同的电视台对各自主打节目有所定位，自然也吸引着不同的受众。

说了这么多定位的重要性，那么如何操作呢？这就需要用到一个工具，我称之为三环定位模型。

三环是指定位时画的 3 个圆：第一个圆代表你能干什么，你的核心价值是什么，把自我所能全部写在这个圆里；第二个圆代表客户需要什么，把市场所需全写在这个圆里；第三个圆代表对手不如你的方面，把对手的弱势全写在这个圆里。这三个圆交叉的地方，数学上叫"交集"，这就是你的战场。这个战场中，你再与对手进行 SWOT（优势、劣势、机会、威胁）分析，确定你的行动纲领。

第一个圆：企业内部洞察

企业可以通过 USP 理论洞察自身产品的特点。

USP 理论具有如下内容。

（1）向消费者陈述一个主张：购买此产品，你会得到这种具体好处。

（2）这种主张必须是独特的，是竞争者不会或不能提出的，既可以是品牌的独特性，也可以是这一特定领域一般不会有的主张。当然，这种主张不能为了追求独特而忽视自身的消费特点。例如，茅台酒曾经有段时间定位成"健康酒"，这种定位是有问题的。中国人喝酒多在商务场合，通常不会"适度饮酒"。我们常讲，适度饮酒，健康之友，但中国人在酒桌上很少适度饮酒。所以，尽管主张需要独特，但不能为了独特而独特，品牌定位要与产品本身的特点相契合。

（3）这一主张一定要能打动人，要具备吸引消费者使用你产品的拉动力。

第二个圆：消费者洞察

洞察消费者时要做细致的分析，了解目标受众的一些关键特征。以下是洞察中需要了解的问题。

他们是谁；他们与某品牌相关的生活是什么；他们的状态和风格是什么；他们在哪儿居住、购物及休闲娱乐；他们的消费倾向如何；他们购买和使用这个品牌有多久；他们的购买行为是价格导向的、随机的还是比较忠诚于某一个或几个品牌；如果不购买某个特定品牌，他们会购买什么作为替代；他们比较倾向于现实、爱冒险、传统、现代、有主见还是其他；品牌有何个性，是否可以满足某种特殊需求；等等。

总之，想要消费者听你的话，你就得首先了解消费者。只有足够深入地了解消费者，你的品牌才可以在他们心里占据一个角落，在他们的心智中占据一个位置。

第三个圆：关注竞争者

品牌定位要关注竞争者。红桃 K 曾经因为定位"补血快"而在市场上取得良好的业绩。血尔出来后，发现对手红桃 K 已经牢牢掌控"补血快"这个市场，于是进行反向定位——补血持久，暗指红桃 K 补的血来得快去得也快。通过这种定位，血尔也取得了不俗的业绩。

有了这 3 个圆，企业就可以明确界定自己的品牌定位，像玛式巧克力的"只溶在口，不溶在手"、农夫山泉的"有点甜"、白加黑的"治疗感冒，黑白分明"、乐百氏的"27 层净化"都是三环定位的佼佼者。

我们在为某个眼镜品牌做咨询时，提出的品牌定位是"眼镜的私人时尚顾问，助你打造人生精彩镜界"，简单表述为"时尚顾问，镜界专家"。

方法：品牌定位四步法

有了定位的工具，企业还要进一步建立自己的区隔，并按照以下 4 个步骤建立品牌定位。

1. 分析行业环境

你不能在真空中建立区隔，周围的竞争者都有着各自的概念，你得契合行业环境才行。

首先，从市场上的竞争对手开始入手，弄清他们在消费者心智中的大概位置，以及他们的优势和弱点。

其次，要考虑市场上正在发生的情况，以判断推出区隔概念的时机是否合适。定位有点像冲浪，太早或太迟都可能葬身大海，把握最佳时机才有可能得到一个好的区隔。

我曾经服务于一家地板企业，针对当时很多顾客抱怨地板划痕和保养的问题，我建议它推出一款地板，号称"健身房专用地板"。健身房需要做大量的运动，地板最大的特点是防滑、耐磨和结实。

该地板号称健身房专用，说明这种地板质量非常好，对于一些有小孩的家庭，家长若害怕孩子损坏地板，就会选择这种地板。该地板投放市场后，果然如我所料，很多家庭选择了该地板，这说明明确的定位——"结实耐用的健身房专用地板"起了作用。

2. 寻找区隔概念

分析行业环境之后，你需要寻找一个概念来使自己与竞争对手区别开来，使自己的区隔概念深入人心。

此时，你要创造别人无可替代的产品。比如，20 世纪 80 年代，特纳创办CNN 时，美国三大电视网络已经深入人心，特纳所采取的策略就是从它们的弱点入手。当时的电视广播节目五花八门，既有连续剧，又有体育节目和新闻；但新闻播放时间有限，每天只有两次，分别是早上 5 点和晚上 7 点，这样人们看实时新闻就会受时间限制。于是，特纳寻找了一个闲置的有线频道，每半小时播一次新闻，而且每次都会更新内容。这样，美国人民心目中就出现了"看新闻还是CNN 最好"的印象，最终 CNN 成就了别人无可替代的产品。

同样，戴尔的直销模式从某种意义上讲也是为客户提供无可替代的产品，因为它是按照客户需求定制的。

这些都是非常好的区隔概念，能够助力品牌独树一帜。

3. 找到支持点

有了区隔概念，还要找到支持点，让这一概念真实可信。

比如，高露洁当年经过调研得知，很多中国人都有蛀牙并且害怕蛀牙，于是它赶快推出了防蛀这个卖点。当然，有了卖点之后，高露洁还要找到足够的支持点，即告诉顾客为什么它能防蛀。于是，高露洁找到了"含氟可以防蛀"这个独特的支持点。高露洁注重在包装和广告中不断地强调"氟钙"的概念，广告词永远是那一句"我们的目标是——没有蛀牙"。这就给防蛀这个卖点提供了强劲的支撑。

4. 使传播与应用深入消费者心智

不是说有了区隔概念，就可以等着顾客上门了，企业还要靠传播才能将概念植入消费者心中，并在应用中明确企业的定位。一方面，企业要在每个层面的传播活动中尽力体现区隔的概念；另一方面，一个真正的区隔概念应该是真正的行动指南。只有当区隔概念既被别人接受，又在企业研发、生产、销售、服务、后勤等大家可以着力的任何地方都得到贯彻时，你才可以说，你已经为品牌建立了自己的定位。

结合上述4个步骤，我们来看一下农夫山泉是如何进行品牌定位的。

农夫山泉建立"天然饮用水"定位的时候，娃哈哈和乐百氏已经在市场上建立了足够强势的地位，但农夫山泉提出了一个概念——天然饮用水，并且给这个"天然"水提供了一个支持点，即来源于无污染的千岛湖，然后通过电视广告、新闻炒作、事件营销等一系列方式不断强化它的定位。

农夫山泉的口号是"农夫山泉有点甜"，与乐百氏的"27层净化"、娃哈哈的"我的眼里只有你"具有明显的差异化，"有点甜"将其水源的价值凸显出来。

电视广告上，农夫山泉善于运用差异化识别技巧加深产品在消费者心中的印象。比如，它刚开始推出的时候，启用了运动瓶盖，并利用广告中的一句话——"上课不要发出这种声音"，让人印象深刻。

后来，它又掀起矿泉水大战，利用矿泉水养花、养豆芽，结果花和豆芽噌噌猛长，而利用纯净水养的就发蔫。老百姓一看就明白，这相当于告诉大家，纯净水什么微量元素都没有，没营养，喝久了不长个，结果逼得纯净水企业纷纷起来声讨它。其中，乐百氏的何伯权说过一句话："这试验能信吗？如果这样，那大粪汤更适合养花。"但消费者不会这么理解。消费者直观地感觉到了农夫山泉优于纯净水，所以就应该比纯净水卖得贵。结果，越有争议，农夫山泉卖得越火，一时间声名大噪，反倒赢得了更多消费者。

再往后，农夫山泉又发出了"一分钱一个心愿，一分钱一个力量"的号召，宣称消费者每消费一瓶农夫山泉就为申奥捐一分钱。通过与消费者的互动，企业的责任得到了强化，企业也赢得了消费者的好感。结果，农夫山泉卖了 1 亿瓶，却只花了 100 万元，就做了一次世人皆知的公益赞助。

最后，我们总结一下定位营销术的步骤。

第一步，分析竞争环境，利用定位三环理论找到消费者心智阶梯的空间；第二步，找到区隔点；第三步，找到价值的支持点；第四步，全力传播。

案例 1：今麦郎的定位迷失

前面提到的都是正面典型，但是在品牌实践过程中，很多企业忽视了定位的价值，盲目延伸品牌，因此也会犯一些基本错误。尤其在一些品牌取得阶段性成功之后，企业忘乎所以地透支品牌，尽管在短期内企业品牌范畴得到放大，但长期来看，这对品牌的伤害是无形的和永久的。

下面以今麦郎为例，探讨品牌定位的"自宫"行为。

如果你在 2006 年以前做一个调查："今麦郎"是什么？答案是方便面。"华龙"是什么？答案是便宜的方便面。

都是方便面，它们有什么关系呢？

熟悉品牌的人都知道，它们是兄弟关系。

1. 农村的"哥哥"迎来城市户口的"弟弟"

当"华龙"方便面经过多年的艰苦征战，在低端方便面市场占据领先地位的时候，它便开始考虑向上延伸，打造中高端产品，到城市与"康师傅""统一"开展攻坚战。华龙集团相当明智，它没有继续使用"华龙"这个品牌名，而是开创了新的副品牌——"今麦郎"。

也许有些人会不解——为什么舍弃辛苦创下的品牌资产不用，却要另觅品牌名？10年的市场传播努力岂不失去了用武之地？当时抱有此想法的人不在少数。但庆幸的是，华龙集团抵制了这种错误的观念，坚定地生了品牌"二胎"，这才有了"今麦郎"今天的成功。

我们大胆假设一下，当初如果华龙集团坚持"一个孩儿"策略，现在会怎样呢？答案很可能是不怎么样，它可能不会有今天的成功。应该说，华龙集团生"二胎"是个正确的策略。

这可以用品牌定位的理论进行解释。

2. 品牌"二胎"的原因

"华龙"方便面当时已经深入人心，脍炙人口的广告语"华龙面，天天见"吸引了不少消费者。我曾经戏言：如果某人"天天见华龙面"，可以想象他的日子过得会有多差！由此可见，这是一个低端品牌。价格便宜量又足，是吸引农村和二、三线城市市场的关键。

我们可以看到，经过10年的努力，"华龙"方便面的平价定位已经深入人心：华龙等于实惠的方便面。此时，"华龙"已经在消费者心智中完成"注册"。如果华龙集团试图改变这种心智认知，势必要花费巨大的努力，结果很有可能是令人沮丧的失败。

改变一个已经根深蒂固的定位，就跟做变性手术一样，一则不容易改，二则改了也会让人难以接受。

所以，用"华龙"冲击高价市场一定是徒劳的，消费者不会买账，同时会给消费者已有的心智认知带去障碍，使得"华龙"原本很清晰的定位出现混乱。此时，如果"康师傅"和"统一"适当地向中低端渗透，"华龙"的境地将不仅仅是进攻无力，连苦心打下的江山也会岌岌可危。幸运的是，"华龙"当时洞察了这个基本原理，成功打造出了"今麦郎"这个品牌。

3. "弟弟"不像"哥哥"

为了避免"华龙"低价位的影响，"今麦郎"弟弟从生出来就和哥哥不一样。无论是包装还是价位，无论是代言的明星还是投放的媒体广告，都能让人明显地看出"今麦郎"是被"娇生惯养"出来的。

更有趣的是，父母还给他起了一个小名：弹面。"今麦郎"用"弹"字开创了一个新品类。

"康师傅""统一"不过是方便面，"今麦郎"则摇身一变，成了"弹"面。言下之意，其他面都不怎么弹。可以说，"弹面"占据的是消费者的心智空间，开创了一个巨大的新品类市场，避开了与"康师傅""统一"两大面霸的正面冲突，迅速在消费者心智之中占了一席之地，也成就了"今麦郎"的品牌价值。

4."弟弟"突然要变性了

品牌一旦成功，往往会同时种下失败的种子。如果不能进行适当处理，它就会加速失败的进程。

"今麦郎"利用短短几年的时间就取得了巨大的成功。当然，它也难免被突如其来的成功冲昏头脑。这一切都是从"今麦郎"进入饮品行业开始的。进军饮品行业本来没什么不对，只要再推出一个额外的饮料品牌就可以了。但让人遗憾的是，华龙集团依然选择了"今麦郎"这个名字。好似华龙集团给他们的"二胎"做了变性手术。明明"今麦郎"等于方便面，可是企业偏让它变成冰红茶、绿茶、酸梅汤等饮料。此时，如果你喝着"今麦郎"的冰红茶，是不是会联想到一股浓郁的方便面味儿；而且当你品尝"今麦郎"弹面的时候，是不是也会感觉它已没有以前纯正的味道了。

久而久之，"今麦郎"的品牌价值一定会降低，因为它模糊了本来很明确的定位，自然就会损害原来辛苦创下的品牌资产。

5.为什么康师傅可以"变性"

当然，有人可能会反驳我，"康师傅"也有冰红茶啊，"统一"也有绿茶啊。为什么"康师傅"和"统一"能够成功，"今麦郎"就一定失败呢？

这个问题与时间和市场局势有关。

"康师傅"和"统一"茶饮料推出的时间要早很多。"康师傅"早在 1995年就用利乐包装生产果汁及茶饮料，后来成为茶饮料行业的老大。"康师傅"

也就很快变成顾客对茶饮料的第一认知品牌。

可以说，早些时候，茶饮料和方便面都还处于市场开拓期，基本上属于利于品牌打造的双轨道时期，率先推出多元产品就能够快速进入消费者心智，时间久了，消费者就会习惯性地接受，从而形成对该品牌的多元认知。

通俗地讲，"康师傅""变性"变得早，随着时间的推移，消费者已经自然接受，何况它的茶饮料一直处于老大地位。

6. 效仿"康师傅"和"统一"有何不可

效仿可以，问题是，在如今的茶饮料市场，"今麦郎"不具备早期的品牌泛化的条件。它在方便面领域做得很杰出，而此时茶饮料领域已是强手如林，有"康师傅""统一"等大品牌，此外还有众多区域性品牌。这时，"今麦郎"的进入不仅不能够占有一席之地，反而会弱化原本很强势的方便面品牌价值。

因为在消费者心智中，多数情况下，如果你不占据一流，就会很快沦为末流。在饮料市场混沌期已过的情况下，面对已经占据消费者心智的"康师傅""统一""可口可乐"等一流饮料品牌，"今麦郎"的切入并没有具备能够进入前三甲的品牌势能。此外，"今麦郎"已经定型的方便面形象更不具备冲击饮料市场的感召力和影响力，相反会惹来诸多问题和麻烦，从而点燃其衰败的导火索。

7. 一荣俱荣还是一损俱损

品牌延伸相当于对原有品牌的分享。延伸对了，当然会实现品牌价值的最大化；但是一旦延伸错了，势必会对原有品牌造成影响，有时还是灾难性甚至毁灭性的影响。所以，品牌延伸对于企业来讲更像一个赌局，要么赢、要么输。

那么，"今麦郎"在这次赌局中是赢还是输呢？

事实胜于雄辩。如果你感兴趣，只需到互联网上搜索关键词"今麦郎"和"饮料"，就可以得到答案。你会发现很多关于"今麦郎"饮料的负面宣传信息："质量不合格""饮料有问题""卫生不达标"等。

作为潜在消费者，你看到这些页面信息后会有什么反应？相信很多人一定不会购买这种饮料，因为食品安全是最为重要的。尽管"今麦郎"的问题产品和其他企业一样只占一小部分，但是你仍然会怀疑它的专业能力。毕竟，它是方便面改行而来的。如果这种负面报道大量充斥于网络媒体上，尽管"今麦郎"依然大批量在电视媒体上投放舒淇代言的"好味道"广告，但此举对其品牌力的拉动未必尽如人意。

此时，如果不能有效地杜绝这些负面信息的传播，那么对"今麦郎"品牌的伤害一定是长期和致命的。因为如果消费者认为"今麦郎"饮料有问题，自然就会联想到其方便面也有问题，那么一损俱损的惨剧就很可能发生。

8. "今麦郎"该如何向"统一"学习

提到"今麦郎"的品牌延伸，就不能不提到它的一个重要的合作伙伴——统一集团。"今麦郎"饮料的推出实际上是华龙集团和统一集团合资的结果。在饮料行业及品牌延伸上，统一集团一定是"今麦郎"的老师。华龙集团进军饮料行业，当然需要向老师多学习，这样才能在资金、技术、经验、市场上得到有效的指导。于是，华龙集团单方面认为通过与统一集团的合作自然能够加速自己在行业的发展速度，同时可以通过复制"统一"的模式保证自己在短时间内获得进一步发展壮大。

诚然，有了"统一"做合作伙伴，"今麦郎"的产品生产和入市速度一定会加快，这一点毋庸置疑。但是，用"今麦郎"的牌子开拓市场，进行品牌延伸，这一定是个错误。如果"以小人之心度君子之腹"，用竞争的眼光打量这个合作者，这场合作更像一个品牌陷阱。

众所周知，在方便面领域，"华龙"与"统一"是竞争对手的关系，二者突然握手言和，并且"统一"愿意分享自己的资金、技术、渠道帮助"华龙"开拓饮品市场，这多少让人感觉有点像"天上掉馅饼"。

我们知道，与竞争对手合作，多数情况下等于与虎谋皮，危险系数相当之高，而合作的诚意系数并不确定，企业一定要摸清其竞争伙伴的实质目的。

让我们做一个大胆的猜想。假如我是"统一"，我也会与"今麦郎"合作，鼓励其推出"今麦郎"饮品。因为可以预见，"今麦郎"为了扩大产能，一定会调动一切可以调动的资源，加速生产，快速入市，结果一定会是随之而来的一系列质量问题和品牌弱化。如果"今麦郎"品牌在饮品业遭到毁灭性的伤害，那么这种伤害一定会波及其在方便面市场的品牌价值。假以时日，"今麦郎"在消费者心智中的地位就会被其他品牌所取代。那时，大陆市场就少了一个可以与"统一"抗衡的竞争对手。

如果这样，那么"今麦郎"的墓志铭一定可以这样写——"品牌延伸的失败；苦心征战多年的品牌从此淡出消费者的视野"。而随着高端品牌的失败，华龙集团的品牌势能也很可能近乎消亡，而其他诸如"康师傅""统一"等强势品牌只要稍向下端市场延伸就可以击垮"华龙"。所以，在品牌知识方面，现在的"今麦郎"确实还有很多需要向这些成熟品牌学习的地方。

总之，消费者的选择决定企业的生死。品牌之所以重要，是因为成功的品牌能够在消费者的心智中完成注册，增加企业的价值和盈利；而失败的品牌却能够拖垮企业已有的价值和成就。"今麦郎"的品牌延伸到底会有什么样的结局？我们拭目以待。

✎ 案例 2：康师傅私房牛肉面品牌如何上位

提到面食类快餐，你的头脑中马上会联想到哪些品牌？马兰拉面、味千拉面、美国加州牛肉面、面爱面，还是……？

喜欢面食的人可能会马上想到几个，这些被想到的几乎都是知名品牌。它们在市场上立足多年，各自形成了稳定的消费人群，在消费者的心智中已经占有一席之地。

然而，它们之间有什么差异或特色？相信能够说清楚的消费者并不太多，这就为后进品牌创造了机会——一个品牌上位的机会。

2006 年 7 月，康师傅私房牛肉面的首家门店在北京开业；之后不到 1 年的时间里，它在北京、深圳、上海共开了 12 家门店；再利用 10 年的时间，连续开设了超过 120 家门店，在中国 22 座城市成功掀起牛肉面风潮。

目前，康师傅私房牛肉面已经悄然在消费者心智中的面食类品牌中抢占了一席之位，并成为很多消费者心目中面食类的首选品牌。

1. 借原有品牌上位

提到"康师傅"，人们自然就会联想到方便面、饮料。相较实力庞大的统一集团，拥有"康师傅"品牌的顶新集团率先进入中国，推出方便面，后来又推出饮料产品，成功占据消费者心智，成为一个知名的品牌。

"康师傅"在进入中式快餐市场时，自然不会遗弃原有品牌名，因为它推出的中式快餐以面为主，与"康师傅"在消费者心智中的定位相符。这样，"康师傅"推出"私房牛肉面"这个名字后，相当于一出生就是知名品牌，不需要消费者额外费心记忆，同时能够将人们对"康师傅"的信任转嫁过来，还会在一定程度上引发人们的猎奇心理：到底这个面是什么味道？和"康师傅"方便面有什么不同？这种心理可以促成消费者的初次尝试，无形中节省了一笔大额传播费用。

于是，先天有知名度，加上人们的好奇心理，配合一定的传播和足够强的产品力，就会产生重复购买机会，从而提升品牌美誉度。所以，康师傅私房牛肉面第一家店面市之后，顾客络绎不绝，还引发了小范围的奔走相告之势，形成了一定的口碑效应。

2. 靠产品上位

毛主席曾经说过："对于人，伤其十指不如断其一指；对于敌，击溃其十个师不如歼灭其一个师。"如今的商战场地已经转移到消费者的心智之中。比如说，如果你想吃川菜，那么你头脑中的第一个品牌是什么？可能是眉州东坡。你想吃快餐时，所想到的第一个品牌又是什么？可能是麦当劳或肯德基。那么想吃面呢？可能是味千拉面。消费者的头脑中会形成不同品类的品牌阶梯。

此时，一个后进品牌要想成功突破，唯一的秘诀就是聚焦，形成专注产品力。

作为康师傅私房牛肉面的对手，味千拉面于 1995 年进入中国，并以独特的差异化定位——"日式风格鱼骨汤拉面"获得一定的品牌影响力。后来，为了迎合更多人的口味，味千拉面创造了更多的消费机会，推出了更多菜品和米饭产品。此时，"面"的品类属性日渐淡化，而"康师傅"反其道而行，放弃了为消费者提供更多选择的机会，将产品聚焦在牛肉面上，以经营中高档精致牛肉面为主。

这样做不仅避免了成本的浪费，更培养了牛肉面的忠实消费群体。消费者一想到吃牛肉面，"康师傅"必然是第一选择。

有句话说，"定位就意味着牺牲"。后进品牌如果能够放弃范围更大的产品竞争，聚焦于自己擅长的领域，将产品做细做精，将市场做深做透，利用产品聚焦在消费者心智中植入深刻的烙印，同样能做出大市场、大效应。

3. 凭价格上位

康师傅私房牛肉面刚刚开业时，其售价高达108元一碗的"顶级弹牙嫩排面"曾引发消费者的一片惊叹，被称为"天价牛肉面"，其他面品价格也较市面上贵一些。毕竟，康师傅私房牛肉面定位为"私房"，与这二字相匹配，其价格就必须高于其他同行。其中，最便宜的一款面是"私房红烧牛肉面"，中碗每碗售价16元；其余产品每碗价格从16~30元，价格普遍高于市面上常见的拉面、牛肉面、烩面。也许有人会质疑，那么贵的面，到底谁会来吃？

但是，康师傅私房牛肉面打的是"新派顶级牛肉面"的旗号，如果定价雷同于他人，自然无法支撑"顶级牛肉面"的概念。

众所周知，"质优价必高"，而高价必须给出合理的支撑理由。"康师傅"一直宣扬自己选材严苛，只选用2岁大育肥黄牛的上等牛腹和牛筋肉，经3小时的小火慢炖，再配以用1/4的小麦心制成的面体，这些足以告诉你它贵得有理。而它推出的最贵的面是108元的"顶级弹牙嫩排面"，给出的理由是选用牛的第6根到第8根肋排为原料，每头牛提供的这种原料只能做出4碗这样的面。所以，每家门店每天只限量供应10碗，以此营造了一种稀缺价值。

后来，这道"天价牛肉面"竟然涨价了，由原来的108元涨到298元。虽说这道面的分量也由之前的"单人份"变成了"双人份"，但平均下米，其价格上涨的幅度还是达到了38%，一时间又惹得媒体纷纷关注。

如今，这个"天价牛肉面"已经变成康师傅私房牛肉面的一个符号，足以帮助其餐厅产生品牌势能。如同很多餐馆推出高价菜单，尽管点的人可能寥寥无几，但是其目的在于拉高自己的形象，为适中价位菜品赢得更多选择的机会。消费者心理学上有一个观点，即很少有人在不加对比的情况下做出购买行为。在一个局部环境中，相对于"天价牛肉面"，普通的 20 元左右的牛肉面就显得"不贵"了。

可见，在纷杂的面食类快餐市场，一个新品牌如何能够标新立异，关键在于成为一个新品类。而"康师傅"的高价格与品类相符，既然定位是私房牛肉面，价格就不能太大众化，否则还是会沦陷到中低端面食产品的竞争之中。通过高价策略，"康师傅"便于巩固其"私房"的品牌定位，抢占中高端面食类品牌的第一把交椅。

4．用概念上位

康师傅私房牛肉面打出的口号是"新派主义，私房演绎"，营造了"私房牛肉面"的新概念，这无疑给传统牛肉面带来了一场革命。因为以前只有牛肉面，没有"私房"这个概念。

虽说"私房"是一种概念，但传递出去之后就变成了一种品质的象征。为了支撑其"新派主义，私房演绎"的概念，康师傅私房牛肉面还专门在设备、原料及加工工序上进行了详尽的研讨，并在店面的实际操作中严格实施，保证各个连锁店都能给消费者提供品质一致的食品。比如，它宣称每个店都有一款私房牛肉面的"煮面机"，可以做到把面放进去 5 秒钟以后必须沸腾，并且煮面机上面有热水器，为锅里不停地补水，保证煮面水清澈，不影响面的质量。另外，煮面时间上的管控，乃至洗干净的碗都要保持一定的温度，以确保面被送到客人手中时的口感和温度。而相比之下，传统牛肉面的做法无法标准化是制约其发展的主要因素。

同样是锅，"康师傅"弄了一个新概念——"煮面机"，差异化由此产生。从中可以看出，"康师傅"绝对是个概念高手，从创立之初到现在，不断传递不同的概念，"天价牛肉面""顶级牛排""每天限卖 10 碗""牛肉面涨价"等概念足以吸引媒体的关注，进而抓住消费者的眼球。

5. 靠选址与环境上位

对于餐厅来说，选址是至关重要的一环，它能够决定客流量的多寡，进而决定餐厅的生死。除此之外，恰当的地理位置和周边的环境配套设施也是品牌形象塑造和定位不可或缺的关键要素。

名噪一时的餐饮品牌"俏江南"在2000年开第一家店时选择了北京商业中心地区的写字楼。这在当时是绝对有悖于传统思维的做法。当时的普遍观念是，地点就是餐厅的命脉，只有开在闹市的门店，才能财源广进。"俏江南"的老板张兰却反其道而行之，在国外打拼多年的张兰坚持认为，打造商务餐饮品牌，就要抓住商务人士的心理，满足他们追求的品位、氛围和环境，这样才能获得目标人群的认同，产生品牌归属。

味千拉面初开的时候，地址也都选在A级商圈、黄金地段，这样便于让消费者认识到品牌的高价值感，从而培养一批高素质消费群。

同样，康师傅私房牛肉面除了高价格支撑外，有效的选址也至关重要，其目前的店面也多集中于繁华商圈，因为收入较高的白领更愿意为了更高的品质、更好的环境而支付更多的费用。

比起一般面馆，康师傅私房牛肉面馆的装修借鉴了西式餐厅的环境风格，最具特色的是透明的开放式厨房，每道工序都能让人看得一清二楚。私房牛肉面可以让顾客在享受中餐服务的同时享受西式快餐的速度。

总之，作为一个中式快餐牛肉面的后进品牌，"康师傅"不仅做到了让顾客听之好奇、瞬间记住，同时做到了让顾客眼前一亮，形成品牌归属，完成了从无到有、从有到优的品牌快速塑造过程。

这一切实际上都源自康师傅私房牛肉面正确的品牌定位意识和品牌上位技巧。利用家喻户晓的"康师傅"品牌切入中式面食快餐市场，完成从快速消费品向餐饮业的第一次跨越式迈进，然后通过独特的概念、价格和环境设计，专注于面食快餐市场，占据私房面品类高端市场，走了一条差异化道路，塑造出别具一格的新式快餐消费形态，最终成功上位，康师傅私房牛肉面快速成为面食快餐领域的一朵奇葩。这种方法值得其他品牌学习和思考。

第14章
品牌核心价值：入脑入心

1997 年，戴维森提出"品牌的冰山"理论和思想。他认为品牌的标识、符号等都是品牌浮在水面上的部分，仅占冰山的 15%，而冰山藏在水下 85%的部分是品牌的"价值观、智慧和文化"。冰山的冲击力正是来自庞大的水下部分。品牌文化是品牌建立的基础，能够提升品牌的价值，能够潜移默化地促成消费者对品牌的认同和喜爱。

某种意义上讲，品牌消费的实质就是一种符号消费。只有被赋予符号价值，品牌才能被消费。因此，冰山到底有多大，决定因素在于冰山的水下部分，也就是品牌的"价值观、智慧和文化"，这些都可以归结为品牌核心价值。只有品牌核心价值足够殷实，才能确保整个冰山的稳固与壮大。

这与斯科特·戴维斯的"品牌金字塔模型"理论不谋而合。品牌金字塔模型中，金字塔底端是品牌的特性和属性，用于满足消费者的基本需要；中间部分是品牌利益，用于满足消费者的情感需要；顶端是品牌的信念和价值，用于满足消费者的精神和文化需要。这就构成了品牌核心价值的金字塔：底端是基本价值，中间是符合要求的价值，顶端是核心价值。

品牌之所以能为企业带来更多的可持续利润，是因为消费者对一个品牌能够产生正面联想，而这种联想所传递的信息能深深触动消费者的内心世界，并使消费者产生积极、美好、愉悦的心理体验。消费者大脑中的品牌联想是品牌一切价值与资产的源泉，能够对品牌的盈利能力产生重大影响。品牌核心价值其实就是要有力地触动消费者大脑中的那部分联想。

比如，提到麦当劳，我们会联想到品质、服务、清洁、价值，这正是它不断强调的"Q、S、C、V"；提到劳斯莱斯，我们会联想到"贵族风范"。此外，万宝路是"牛仔形象"的象征，耐克则彰显一种"体育精神"。这种联想就是品牌核心价值留给消费者的深刻印象。

所以，品牌核心价值又称"品牌精髓""品牌 DNA（基因）""品牌之根""品牌内涵""品牌核心"等。

1．品牌需要灵魂

从功能上讲，**品牌核心价值是一个品牌的灵魂，是品牌资产的主体部分。**它能让消费者清晰地识别并记住品牌的利益点与个性，是驱动消费者认同、喜欢乃至爱上一个品牌的主要力量。

如果把品牌比作一个人，那么，品牌的核心价值就是人的本质。所谓"江山易改，本性难移"，这个本性就是品牌识别的关键所在，是构成品牌资产的主体部分。例如，沃尔沃的核心价值是"安全"，宝马的核心价值是"驾驶的乐趣"，可口可乐的核心价值是"快乐"。

既然品牌核心价值是魂，那么它的重要性可想而知。可以说，不能立足于品牌核心价值的营销和传播活动是效率极低的。而事实上，绝大部分营销广告都没有围绕一个中心展开，没有为品牌价值添砖加瓦，没有促进品牌资产的积累与增值，只起到了暂时促进销售的作用。导致这种状况的关键原因在于没有明确品牌的核心价值，其营销和传播活动自然也就没有立足于这个价值。所以，在品牌建设进程中，核心价值是品牌的终极追求，是一个品牌营销和传播活动的原点。企业的一切活动都要围绕品牌核心价值展开，而这些活动应该是对品牌核心价值的体现与演绎，并发挥丰富和强化品牌核心价值的作用。

海尔的品牌核心价值是"真诚"，品牌口号是"真诚到永远"，其"五星级服务""产品的个性化研发"都是这一价值的演绎或延展。

2．品牌核心价值分解

品牌核心价值是品牌战略的关键元素和核心基础，是你的品牌与其他品牌区别开来的最核心的特性，它主要包含理性价值和感性价值两个部分。同时，核心价值需要合理可靠的"原因支持"。

（1）理性价值

理性价值通常突出功能性利益。例如，舒肤佳品牌的核心价值是"有效除菌，保护家人健康"，潘婷品牌的核心价值是"健康、营养、亮泽"，海飞丝品牌的核心价值是"去头屑"，飘柔品牌的核心价值是"让头发飘逸柔顺"，沙宣品牌的核心价值是"专业头发护理"等，这些品牌的核心价值都能直观地表现产品层面的功能性利益。理性价值重点强调产品的技术、品质等功能性利益。

（2）感性价值

感性价值通常表达一种情感性利益，即消费者对所购品牌的感觉如何。情感性利益指的是消费者在购买、使用某品牌的过程中获得的情感满足。例如，可口可乐的广告氛围总是欢快、明亮、热情奔放的，喝可口可乐会让人感到快乐、有活力、令人振奋。

感性价值除了表达情感性利益，还会表达一种自我表现型利益。当品牌成为消费者表达个人价值观、财富、身份地位与审美品位的一种载体与媒介的时候，品牌就有了独特的自我表现型利益。例如，吸万宝路香烟、穿万宝路牛仔服可以张扬"粗犷、豪爽的西部牛仔个性"，开奔驰车代表着"权势、成功和财富"。

不同企业表现出来的品牌核心价值有所差异。比如，乐百氏纯净水展现的是"27 层净化"的理性诉求，娃哈哈纯净水展现的是"我的眼里只有你"的情感性诉求。

无论表现何种诉求，需要明确的一点是，随着科技的进步及信息化的加速，产品的同质化程度越来越高，仅仅靠功能性利益很难表现品牌的个性和差异，所以，企业要更多地依赖情感性与自我表现型利益的品牌核心价值与竞争品牌形成差异。尤其是社会越进步，消费者的收入水平越高，张扬情感性与自我表达型利益的品牌核心价值就越对消费者有吸引力与感召力。所以，一个具有极高品牌价值的品牌往往具有让消费者心动的情感性与自我表现型利益，特别是在经济发达的地区，品牌是否具有触动消费者内心世界的情感性与自我表现型利益已成为一个品牌能否立足市场的根本。

3. 品牌核心价值表达

持续而统一的传播是品牌成功的重要法则，品牌核心价值则是这种持续而统一传播的主线。品牌的核心价值是品牌的精髓，它代表一个品牌最核心且不具时间性的要素。一个品牌最独一无二且最有价值的部分，通常会表现在其核心价值上。如果把品牌比作一个地球仪，其核心价值就是中间的那根轴心，不管地球仪如何旋转，轴心是始终不动的。品牌不仅是一个商标或标识，而且代表着一系列的承诺——这些承诺就是品牌的核心价值，代表企业的期望，也代表消费者在所有接触点上的联想，品牌核心价值通过这些消费者接触点开展有效传递。

所谓消费者接触点，就是品牌和消费者互动的时机，包含消费者对这个品牌的使用经历、购买活动、服务经历等。所有这些消费者接触点结合在一起，就是品牌核心价值的最佳转移渠道，并最终由企业在接触点的多方表现转移到消费者的心智。换言之，明确品牌核心价值，在品牌的各个接触点上进行有效的传播，才能使企业的每项经营活动都为品牌价值添砖加瓦，让品牌脱颖而出，用相对较低的成本创建强势品牌。

当前，全力维护和宣扬品牌核心价值已成为许多国际一流品牌的共识，也是企业创造金字招牌的秘诀。要用品牌核心价值统帅企业的一切营销传播活动，就要在品牌的所有消费者接触点上体现与演绎品牌的核心价值。这些消费者接触点包括产品（产品功能、产品品质、产品特色、产品档次、包装与外观等）、企业（企业理念、价值观、企业文化、社会责任感、人力资源等）、符号、服务、广告、新闻炒作、通路策略、赞助活动等方面。

4．品牌核心价值提炼

品牌核心价值具有 3 大特征。首先是排他性。核心价值是独一无二的，具有明显察觉与识别的特点，能够与竞争对手形成区别。其次是号召性。核心价值应具备强大的感召力，体现着对人类的终极关怀，能够震撼人的内心深处。最后是兼容性。品牌核心价值能够确保品牌资产得到有效延伸，使企业收益最大化。

提炼品牌核心价值时往往需要遵照 5 个原则。

（1）有利于支撑公司的品牌战略。品牌核心价值的提炼一定要与公司的品牌战略步调一致，与品牌愿景和品牌定位相匹配。

（2）有利于获得利益相关者的好感和支持。品牌核心价值的提炼要充分考虑主要利益相关者的利益关注点，以期获得利益相关者的认同。

（3）有利于充分体现公司的优势。品牌核心价值的提炼不能无中生有，必须有相应的基础做支持，必须能够充分体现企业的优势。

（4）有利于突出品牌的个性。企业的品牌核心价值应该与企业的核心价值观保持一致，应该具有品牌独特的个性特征，表现企业卓尔不群的一面。

（5）有利于品牌传播。品牌核心价值的提炼应该精练、易记、易于传播。

工具 品牌核心价值提炼模型

关于品牌核心价值提炼有一个品牌价值金字塔模型，从金字塔底端到顶端总共 3 层。

底层：基本品牌价值

基本品牌价值是指主要利益相关者认识到的品牌现有价值特征及理想的品牌价值特征。这种价值能够初步反映企业战略愿景的品牌价值特征。

在这一层面，企业通常会结合内外部市场的调研，从行业需求、客户需求、产品、服务、内部管理、企业文化 6 个方面归纳企业的品牌价值。品牌价值可进一步细分，包括理性价值和感性价值两种，如表 14-1 所示。

表 14-1　品牌核心价值内涵

维　　度	理性价值提炼	感性价值提炼
行业需求		
客户需求		
产品		
服务		
内部管理		
企业文化		

其中，品牌理性价值是品牌立足的基础。能够提供始终如一、高质量、可以与任何竞争对手媲美的产品或服务是成功品牌所必备的基础。

品牌感性价值体现利益相关者对品牌在情感和心理上的感知，这种感知是利益相关者与品牌之间建立联系的基础。品牌所代表的文化和人格特征能够影响品牌的主要利益相关者。品牌的感性价值是品牌内涵中高度更高但更抽象的一部分。

比如，可口可乐的品牌核心价值更多以感性为主，如自由、平等、分享、激情、欢乐。这几个价值非常符合可口可乐的特点。

（1）自由。可以灌装、瓶装、杯装，可以随时随地喝到。

（2）平等。非常廉价，从总统到乞丐都喝得起。

（3）分享。每个人都喝同样的饮料，分享一模一样的快乐。

（4）激情。可口可乐的传播往往和运动场景相结合，释放激情、活力。

（5）欢乐。可口可乐一直倡导欢乐，营造欢乐的氛围。

可口可乐虽然只是一种饮料，但因为其侧重在感性价值上的传播，它已经成为美国精神的象征，也定义了可乐品类的价值。

中间层：符合资格的品牌价值

符合资格的品牌价值是主要利益相关者所期望的品牌价值。这些品牌价值能把该品牌带给目标客户并能与特定竞争对手进行抗衡。

怎么才能从底层筛选出合适的品牌核心价值呢？

企业可以从品牌的内部愿景、外部期望、强势之处 3 个方面进行评估，从基本品牌价值特征中提炼出符合资格的品牌价值，如表 14-2 所示。

表 14-2　品牌核心价值评估维度

维　　度	含　　义
内部愿景	企业内部最希望拥有的品牌价值特征 与企业战略愿景相匹配的价值特征
外部期望	顾客最希望企业品牌拥有的品牌价值 顾客认为的理想品牌价值特征
强势之处	与竞争对手相比，品牌强于竞争品牌的价值特征 企业内部员工认为品牌强于竞争品牌的价值特征

顶层：品牌核心价值

品牌核心价值是指既符合企业特点，又可与竞争对手做出区分，同时能够体现主要利益相关者信念的品牌特性。

梳理企业的品牌核心价值，可以对企业自身、利益相关者、竞争者 3 个方面进行考察，从符合要求的品牌价值中提炼出可与竞争品牌相区隔的品牌核心价值，如图 14-1 所示。

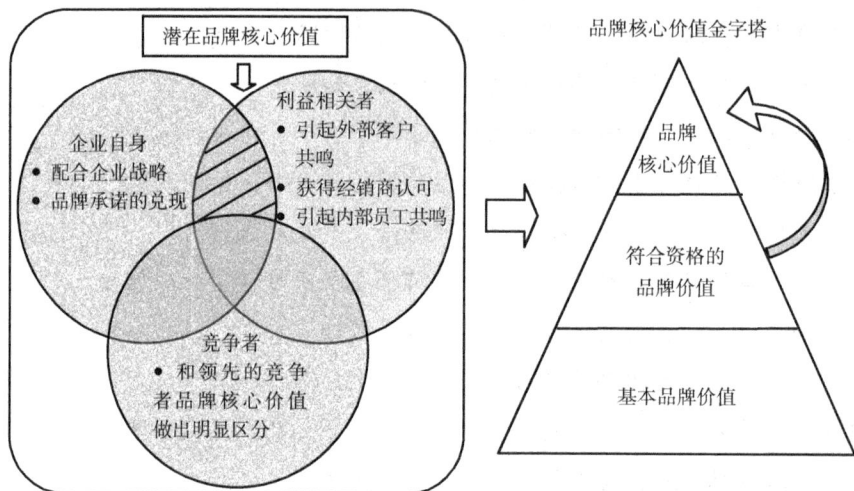

图 14-1　品牌核心价值金字塔

有了品牌核心价值，还要对核心价值的含义做进一步细化，以便内部达成共识，有效指导员工的品牌表现行为，同时更好地将核心价值传递给目标受众。比如，某企业品牌理性价值包括创新科技、效率、质量、可靠、服务 5 个主要元素，每个核心价值又可以做进一步的诠释，如表 14-3 所示。

表 14-3　品牌核心价值释义举例

元　素	创新科技	效　率	质　量	可　靠	服　务
含义	科技前沿	方便快捷	精准严谨	安全可靠	亲切热情
	持续创新	富有效率	井井有条	诚实可信	中肯周到
	探索未来	事半功倍	质量稳定	实力强大	诚挚无欺
	以人为本	游刃有余	一丝不苟	权威性强	想客户所想

案例：爱购眼镜的品牌核心价值

我们一直强调品牌不是大企业的专利。当初，我们给爱购眼镜做品牌规划时，也是按照上述工具梳理品牌核心价值的。

　　首先寻找基本品牌价值，其中包括服务、精细、高效、保障、专业、品位、境界、时尚、流行、高档、潮流等三十多个价值选项。

　　其次筛选符合资格的品牌价值。基于企业自身、利益相关者和主要竞争对手进行综合比较，最终确定新的品牌核心价值为质优、时尚、专属、品位、境界、有爱。其中，前 3 个属于理性价值，后 3 个属于感性价值，如图 14-2 所示。

　　当然，在品牌传递中，所有核心价值不是齐头并进的，事实上也无法做到齐头并进，而是必须有 1 个或几个独特的核心价值作为标签价值，以此带动其他价值被更多顾客感知。

　　因为品牌叫"爱购"，品牌的创始人一直把关爱顾客作为企业的一个重要理念，于是我们紧紧围绕目标客户，以"爱"为主题勾勒爱购品牌的核心价值。

　　爱购眼镜的主题是"爱购眼镜：把爱给自己，把爱给别人"。

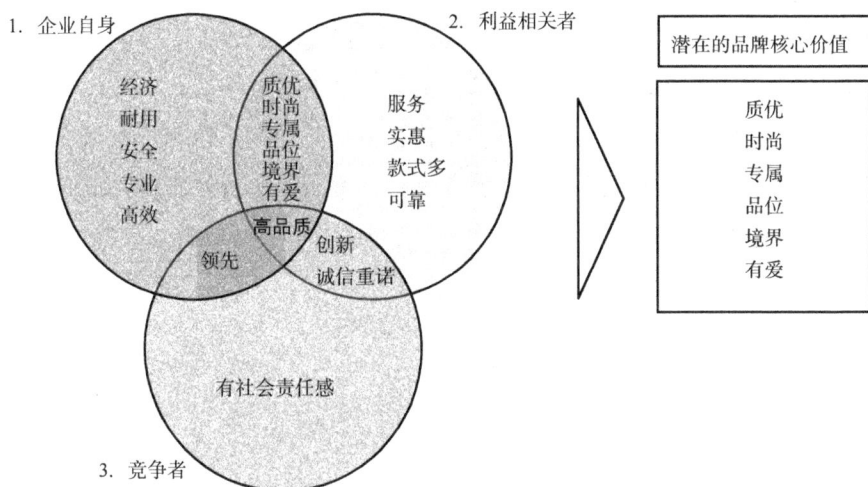

图 14-2　爱购眼镜品牌核心价值

从目标客户人群区分，爱购眼镜的主题主要有两类。

一类是爱给自己买眼镜，而且不止一副眼镜，体现自己对自己的关爱，展现自己的人生"镜"界。

　　一类是爱给别人买眼镜。送老婆、老公表达爱情；送父母表达爱心；送朋友表达关爱。

　　爱购眼镜，就是不仅爱给自己买，更爱给别人买。于是，爱购崇尚"四爱"：爱情、爱心、关爱、自爱。

　　爱情：因为爱就来购买眼镜，有爱就足够。

　　爱心：具有爱心的眼镜电商。

　　关爱：关爱他人就送一副眼镜吧。

　　自爱：眼镜传递品位、表达镜（境）界，善待自己从佩戴好眼镜开始，表达"爱买就买，我要我的眼镜"的自我个性。

　　为了强化这种个性，爱购眼镜在传播上推崇 4G 理念：Good 代表品质；Glad 代表领潮；God 代表独一无二；Great 代表最合适。

　　可见，爱购眼镜传达了 4 个信息。

　　I am good：我看上去很好，因为眼镜品质足够好。

　　I am glad：我很高兴，因为我的眼镜很时尚。

　　I am god：我是上帝，我是主宰，因为我的眼镜是独一无二的。

　　I am great：戴上眼镜感觉好极了，因为它最适合我。

　　最后，我们看到，爱购的品牌核心价值虽然是质优、时尚、专属、品位、境界、有爱，但爱购主打的是爱的特色，以"爱"为关键主题带动其他核心价值被顾客所感知。

第 15 章

品牌口号：一语道破

"品牌口号是品牌传播的最小单位。"

——荣振环

品牌口号是一种意味深长的话语，主要用来向顾客及潜在顾客展示或刻画品牌在情感及功能方面会给他们带去的好处和利益。

有句话说，广告是品牌的口头语言，其他传播物是品牌的身体语言，身体语言很重要，但口头语言更容易传播。这个口头语言有一个核心关键，那就是品牌口号。

品牌口号是一条具有创造性的展示企业重要性与产品利益的广告。大体而言，它能决定一个公司在人们心中的印象。好的口号能够在恰当的时间给消费者提供最佳消费方案的暗示。事实上，公司花费上亿元的广告费进行市场竞争，只不过是想在消费者心中种下种子。

我们每天都会在印刷品或者网络等媒体上看到无数的广告语和品牌标语。确实，一些广告语已经在我们心中占据了一席之地，但是更多的只是来去匆匆、无人记得。

我认为，**好的品牌口号是最小的传播单位，它能让你快速了解品牌、感知品牌的价值。**

很多企业在做营销时连基本的品牌口号都没有，这让消费者如何感知你的品牌？请记住，消费者不会自动自发地帮你创作口号。企业一定要懂得导向性传播，提前设计出品牌口号，降低顾客的传播成本。

1. 什么样的品牌口号是好口号

我们在做品牌咨询时，常常会遇到客户问这种问题：什么样的品牌口号是好口号？是不是特优美、特有意境、特文雅的就是好口号？答案是否定的。

比如，"不在乎天长地久，只在乎曾经拥有"，好多人都听过这个口号。然而，你问他们这是什么品牌的口号，大多数人都记不起来。我们不能说这个广告不好，因为它听着很有感觉；但是，从效果上看，它是不折不扣的差广告，因为很多人只记住了这个广告，却忘了是谁的广告，是在宣传钻石、珠宝还是服装？其实都不是，这是"铁达时"手表的广告。

1988 年，由梅艳芳代言的"铁达时"手表广告一炮打响，这句经典的广告语"不在乎天长地久，只在乎曾经拥有"迅速传颂于坊间。不仅如此，由于广告中最后一幕出现的"铁达时"手表背面刻了"天长地久"4 个字，导致不少香港市民前往"时间廊"寻购刻有这 4 个字的手表。"铁达时"确实火热了一把。也许有人会说，这效果不是很好嘛，但是如果把这个口号乘以一个时间周期，顿时可见分晓。就像上面提到的，很多人并不知道这是"铁达时"的口号。品牌口号喧宾夺主之后，后果一定是广告语很红、口号传播很广，但跟品牌没啥关系。"天长地久"并没有成为"铁达时"的独占性标签，那么，很唯美、很响亮的口号又有何用呢？

相反，很多朴实的品牌口号，其传播力度也很广，还容易记忆，并且直接把品牌与口号所传递的价值形成正向联想，起到了影响消费者购买决策的作用。

比如，格力空调的"好空调，格力造"、王老吉的"怕上火，喝王老吉"、海尔的"真诚到永远"、欧派的"有家，有爱，有欧派"、国美的"买家电，到国美"等，这些都很简单，几乎听一遍就记得住，时间久了自然会进入你的潜意识中，等你选购产品时就会产生魔幻般的作用，牵引你去选择这些耳熟能详的品牌。

广告大师奥格威有一句话，**"广告的目的是销售，否则就不做广告"**。口号的目的也是如此。

那么，是不是好的口号不优雅、优雅的口号则不好呢？这也是一个误区。口号的目的自然是效果，但是在保证效果的前提下仍要追求美感，尤其是一些时尚、高档次产品还真要有点脱俗的气质。比如，如果来一句"好钻戒，某某造"，相信顾客绝对不会买账，还得是戴尔比斯的"钻石恒久远，一颗永留传"能够撬动顾客的钱包，一句话把钻石与爱情绑得结结实实。

由此可见，好的传播口号能够有效地传递企业的品牌定位。好的定位如果不通过一个口号或一个符号传播出去，这个定位就没人知道；反过来，如果口号不能很好地表现定位，则定位再好也没有用。

2. 好口号要传递什么价值

既然好口号的目的是销售效果，那么作为最小的传播单位，口号一定要通过短短的几个字或一句话传递一种价值，而这种价值要能起到促进销售的作用。

比如，"人头马一开，好运自然来"，当年凭借这个口号，人头马干邑红遍了中国的大江南北，成为干邑领域一匹真正的黑马。它的成功之处在于捆绑了一个词——好运。结果，无论是商家、政界还是居家生活，酒席办事、谈事还是庆典，都一定要来一瓶"人头马"讨个"好运来"的彩头。

这一方面的例子还有当年的麦斯威尔咖啡。"好东西和好朋友分享"，麦斯威尔的这句口号有两个作用：一是传达与朋友分享的概念；二是通过"显性和隐性"两种形式强调了产品的好。"显性"就是文字"好东西"，突出咖啡的好品质；"隐性"是指你分享给好朋友的东西肯定是好东西。

当时，麦斯威尔咖啡还推出一系列活动：咖啡礼盒上市；随罐赠送咖啡杯，只送不卖；开发随身包与随身杯，并举办"以爱、分享和行动"为主题的慈善活动，用一系列动作巩固"好东西要与好朋友分享"口号的威力。借助这个口号和广告，麦斯威尔迅速成为极具威力的品牌，市场影响力直追雀巢咖啡；这个品牌口号也成为当年最受消费者喜爱的口号之一。

可见，好口号传递的一定是价值，即产品给顾客带去的价值。当年，百达翡丽提出"Begin your own tradition"（开创属于自己的传统）这样一句富于情感张力的口号，并在"世代传承"系列广告中增添了"You never actually own a Patek Philippe，you merely look after it for the next generation"（您从未真正拥有百达翡丽腕表，而是为子孙后代保管这枚传家之宝）这句旁白——优化翻译后即"不但常伴身旁，还是传家风范"。它的价值是传世所体现出来的尊贵。

所以，百达翡丽被称为"手表王者"。尽管对于腕表爱好者而言，它不是最好的选择，因为它没有够炫的款式设计，没有复杂的机械感和多功能，也不一定是质量最好的；但是，它比任何品牌都更强有力地标榜质量第一，因为它的口号是

"传承和继承"，既然要继承到下一代甚至更下一代，当然质量要过硬，款式也要经典，更要经得起时间的考验。正是因为这些宣传的坚持，百达翡丽才能在二手市场和拍卖市场获得最多的关注。无疑，收藏价值才是一款手表最高的价值，百达翡丽的口号恰恰有效地传递了"不曾拥有，只为下一代收藏"的传世价值。

3. 如何创作品牌口号

一个好的品牌口号应该能够直接描述其产品或服务的价值，并且可以使之持续重复推广。因此，这个口号一定是值得大众记忆又容易被记忆的简短词汇。

比如，丰田汽车的口号是"车到山前必有路，有路就有丰田车"，玛氏巧克力的口号是"只溶在口，不溶在手"，三菱电器的口号是"上上下下的享受"，人头马的口号是"人头马一开，好运自然来"，蓝天六必治牙膏的口号"牙好胃口就好，身体倍儿棒，吃嘛嘛香"，这些都是好的口号。一个口号传播出去，无数人帮你接力传播，这一定是好口号。

因此，创作品牌口号时要注意以下几点。

（1）具有品牌特色。

（2）易记。

（3）能够表达品牌价值。

（4）与众不同。

（5）简洁。

表 15-1 列举了 50 条国外著名品牌的口号。

表 15-1　著名品牌口号大全

	品 牌 名	口号原版	中文翻译
1	IMAX	Think big	想想大的好
2	Volkswagon，大众甲壳虫	Think small	想想小的好
3	Blogger，博客	Puth button pulishing	一键发布
4	Mac，苹果	Beauty outside，beast inside	精致于外，强悍于内
5	Harley Davidson，哈雷·戴维森	American by birth, rebel by choice	生于美国，反叛的选择

续表

	品 牌 名	口号原版	中文翻译
6	Calvin Klein，CK	Between love and madness lies obsession	爱与疯狂之间是迷恋
7	Google，谷歌	Don't be evil	不作恶
8	Canon，佳能 EOS	See what we mean	所见即所想
9	Walmart，沃尔玛	Save money live better	省钱让生活更美好
10	Reebok，锐步	I am what I am	我就是我
11	3M	innovation	创新
12	Marks & Spencer，玛莎百货	The customer is always and completely right	顾客永远是对的
13	Fedex Express，联邦快递	Fedex，Mission Guarantee	使命必达
14	Nikon，尼康	At the heart of the image	影像从心
15	Red Cross，红十字协会	The greatest tragedy is indifference	最大的灾难是漠不关心
16	Intel，英特尔	Intel inside	内置英特尔
17	Disneyland，迪士尼乐园	The happiest place on earth	世上最快乐的地方
18	Holiday Inn，假日酒店	Pleasing people the world over	为全球顾客提供周到的服务
19	Adidas，阿迪达斯	Impossible is nothing	没有不可能
20	Haagen-Dazs，哈根达斯	If you love her， take her to Haagen-Dazs	爱她，就带她去哈根达斯
21	IBM	Solutions for a small planet	四海一家的解决之道
22	Abbey National，阿比国民银行	Because life's complicated enough	因为生活已经够复杂了
23	Kodak，柯达	Share moments，share life	享受瞬间，享受生活
24	McDonald's，麦当劳	I'm lovin it	我就喜欢
25	Hallmark，贺曼贺卡	When you care enough to send the very best	如果你真的在乎，就寄最好的贺卡
26	Levi's，李维斯	Quality never goes out of style	质量与风格共存
27	De Beers，戴尔比斯	A diamond is forever	钻石恒久远，一颗永流传
28	Nike，耐克	Just do it	想做就做

续表

	品 牌 名	口号原版	中文翻译
29	Nokia，诺基亚	Connecting people	科技以人为本
30	Sony，索尼	Make.Believe	梦想成真
31	Subway，赛百味	Eat fresh	吃新鲜的
32	Olympus，奥林巴斯	Your vision，our future	您的梦想，我们的未来
33	Vodafone，沃达丰	Make the most of now	抓住今朝
34	Maxwell House，麦克斯维尔咖啡	Good to the last drop	滴滴香浓，意犹未尽
35	Clairol，伊卡璐	Does she or doesn't she	是她或者不是她
36	Aston Martin，阿斯顿·马丁	Power，beauty and soul	力量、美丽和灵魂
37	Burger King，汉堡王	Have it your way	任意调配你的汉堡
38	Visa，维萨卡	It's everywhere you want to be	尽享自由和安枕无忧
39	M&M，玛氏巧克力	Melts in your mouth, not in your hands	只溶在口，不溶在手
40	Jaguar，捷豹	Grace space pace	外观美、空间大、速度快
41	Kentucky Fried Chicken，KFC，肯德基	Finger lickin'good	美味到会舔你的手指
42	L'Oreal，欧莱雅	Because you're worth it	你值得拥有
43	United Airlines，美联航	Fly the friendly sky	飞向友好的天空
44	Metropolitan Life,中美大都会	Have you met life today	你今天遇见生命了吗？
45	ebay Ebay，易贝	Buy it. Sell it. Love it	一买一卖，爱上买卖
46	Twitter，推特	What are you doing	你正在做什么
47	Du pont，杜邦	The miracles of science	创造科学奇迹
48	The National Lottery，国家乐透	It could be you	可能属于你
49	Energizer，劲量电池	Keeps going and going and going	永续之力
50	GE，通用电气	Imagination at work	梦想启动未来

从上述众多知名口号中，我们可能会产生一种感觉：品牌需要"基于内而见于外"。也就是说，品牌要有内在价值，并通过良好的语言实现表达。

可以说，如果没有内在，光有外在，口号就会显得很空洞，说得再好也和你没啥关系。如果有内在而缺乏外在，则等于没有内在，因为你已经丧失了让别人听见、看见的机会。

好的口号确实价值百万。假如你投资了上千万甚至上亿元来打广告，如果缺乏好的口号，这笔钱可能就被浪费了。一旦有口号，也许不用打广告，都可以做到家喻户晓。

什么叫品牌？被人记住的就叫品牌。为什么要有口号？就是为了要别人记住你。我们前面曾提到过"等号哲学"，这个世界上最赚钱的公司都是与某事物"画等号"的公司。"画等号"就是要学会定位，即在客户的脑海里留有一个位置，口号是建立等号关系的最简单的办法。

比如，汽车行业竞争异常激烈，但为什么奔驰和宝马会卖得很好？当一个人有钱的时候、想体现自己身份尊贵的时候，他会买什么车？奔驰。因为奔驰的定位是尊贵。有钱人想体验驾驶乐趣的时候，他会买宝马，因为宝马的定位是驾驶乐趣。中国人有句话叫"开宝马坐奔驰"，这几乎成了彰显身份的一种最直接的表达。可见，好的口号能够让你跟顾客的某类需求或者某种价值满足画等号。当年，所有功能饮料推出来时卖得都不是很好，但是红牛推出来时提出了一个口号——"渴了困了累了，喝红牛"，一句话奠定了红牛在功能饮料中的地位。

还有一个有趣的例子。长城作为北京久负盛名的旅游景点，借毛主席的《清平乐·六盘山》中的一句诗"不到长城非好汉"威武了好几十年，至今仍超具号召力，一句话使游客来京必到长城。它的下句是"屈指行程二万"，能记住的却寥寥无几。于是，全聚德创作了下一句"不吃烤鸭真遗憾"。从此，来北京"游长城、吃烤鸭"变得顺理成章，一句口号就带来了巨大的经济效益。

工具 品牌口号的 5 个标准和 6 条法则

1．优秀品牌口号的 5 个标准

好的品牌口号具有 5 个标准：言简意赅，以点带面，深入浅出，抛砖引玉，感同身受。

（1）言简意赅

沃尔沃的定位是安全，所以它的品牌口号很简单，"for life"（关爱生命，享受生活）。口号切忌太长，因为人类脑细胞的短期记忆功能有限，很难在短时间内记住很多字。

"只溶在口，不溶在手"，这句口号言简意赅、朗朗上口，一语道破糖衣巧克力带给消费者的独特利益：不脏手。不会在手上留下黏糊糊的巧克力渍。

（2）以点带面

口号只是一个点，客户群却是一个面，好的口号能够通过一个点精准瞄向广泛的客户群。比如，王老吉的口号是"怕上火，喝王老吉"，一个"怕上火"就网罗了大量目标客户群。中国人往往把身体不舒服、未知的病症都统称为"上火"，"上火"在中国民间具有广泛的认知基础，但是真要"上火"了，喝啥饮料都不管用。王老吉定位为预防"上火"的饮料，一个"怕"字就把王老吉变成了老少皆宜的产品，成功地扩展了顾客基数。

（3）深入浅出

"深入"讲的是对消费者的把握要很深入，必须明白"谁是我的顾客"，同时理解他们的需求和喜好。"浅出"讲的是口号必须用消费者能够理解的语言，而不是商家的语言。

比如，针对妈妈担忧孩子不愿意吃饭的状况，娃哈哈 AD 钙奶提出了一个口号，"喝了娃哈哈，吃饭就是香"。这个口号很通俗，效果却非常好。它不仅牢牢地吸引了孩子们的眼睛，更牢牢地抓住了家长们的心，很多妈妈拿它作为奖励孩子吃饭的必备饮品。这个口号就体现了对消费者的深刻洞察，同时用孩子和母亲常挂嘴边的语言表达出来。

（4）抛砖引玉

口号抛出来的是几个字组成的一两句话，但引出的应该是核心价值或者品牌诉求。有一个例子能恰如其分地诠释这一点。有人问耶稣："凭什么让我追随你？"耶稣答道："信我者升天堂，不信我者入地狱。"一句话让众人如梦初醒，蜂拥而至。直到今天，如果向基督教徒抛出同样的问题，我们也会得到同样的答案。换个角度看，耶稣不经意的一句话，成就了基督教最经典的品牌口号。

这个口号之所以有如魔咒一般的力量，关键在于其中包含了巨大的利益诉求——"升天堂"。

品牌也是一样的，红牛的口号是"渴了困了累了，喝红牛"。这则口号凸显了这种复合维生素功能饮料的核心价值——既能提神醒脑，又能补充体力。所以，口号的价值不在于"砖"，即词汇精美，而在于"玉"，即利益和价值。

（5）感同身受

好的口号要能够激发消费者的共鸣，有共鸣还得有行动。比如，中国移动动感地带的口号是"我的地盘我做主"，就是抓住了年轻人自我、叛逆的这种心理。这个冲击力很强的口号让无数年轻消费者一下子就牢牢记住，不仅让主要消费群体——中学生、大学生、年轻工薪族等乐于购买动感地带卡、充值服务等，更凭借周杰伦的广告演出和一首"我的地盘"广告曲，让品牌"年轻、倔强、霸气"的理念响遍了大江南北，深深地影响着青少年的心。

同样，当年台湾山叶钢琴的一句口号也颇为流行——"学琴的孩子不会变坏"。它没有像其他品牌一样围绕产品实体本身做文章，而是以购买行为的决策者——孩子的父母为诉求对象，采用攻心策略，讲述学钢琴有利于孩子健康成长。

当时台湾地区的许多儿童沉迷于电子游戏，这引起了家长们的担心和不安。而许多人觉得学钢琴是一件十分高雅的事。于是，山叶钢琴这个口号做了一个移花接木，它让学琴与孩子健康成长形成了正向关联。其实，山叶钢琴做这款广告时，它在台湾地区的市场占有率极高，而做广告的目的并不是为了在市场占有率上进行竞争，而是希望更多的人来学钢琴、买钢琴，从而引导和开发这个还不甚饱和的行业消费市场。

结果，这则口号抓住了"为人父母的受众对孩子健康成长的关爱"这样一种宝贵情感，针对客观存在的现实情况，"虚构"了一种解决问题的现实可能性。这句口号犹如一股柔和的春风，极大地引起了家长们的共鸣，对家长们的心理产生了极大影响。

此口号向消费者传递了这样的信息：买山叶钢琴，不仅能让孩子增加一项技能、提高艺术修养，更能保证孩子有个健康光明的未来。试想一下，为人父母，谁不想让自己的孩子健康快乐地成长？而这句口号正是从心理层面引起了广大父母的共鸣，山叶钢琴的畅销也就水到渠成。

2. 品牌口号创作的 6 条法则

常见品牌口号一般遵循以下 6 条创作法则。

（1）运用动词，可以增加诉求效果，促进消费行动，如耐克的 "just do it"。

（2）运用字词联想，可以产生出其不意的效果，如联想的 "让世界一起联想"、中国移动的 "沟通从心开始"。

（3）运用日常用语，可以恰到好处地表现一种产品特征，如 "盼盼到家，安居乐业"。

（4）运用时尚话题，可以引起公众注意，如 "送长辈，黄金酒"。

（5）改造俗语，可以旧瓶新酒朗朗上口，如 "车到山前必有路，有路就有丰田车"。

（6）运用流行语，可以流传迅速，如 "北极绒保暖内衣，地球人都知道"，当当网的 "网上购物（响）想当当"。

遵照上述法则，创作适合企业、对顾客有利的广告之后，剩下的只有一个工作，就是重复传播。

重复是记忆之母，一个好的口号如果不插上重复传播的翅膀，定会淹没在信息的海洋中。口号要发挥效力，企业必须聚焦营销资源，集中力量向目标客源市场传递那些能够激发人们来访的主要信息。只有将营销资源集中起来，向外传递那些质朴而令人心动的信息，而且要一遍又一遍地反复传递，才能使成功的机会增至最大。

案例：品牌口号的重点是卖货

某鞋品牌正在召开口号策划会，它想集合众人之力策划一个新口号。会上，有人提出："不管是一大步，还是一小步，都是人类前进的脚步。"

老板听后很有感觉，发短信给我，问怎么样。

我告诉他："有感觉不等于卖货。你们公司现阶段的广告口号需要的是赤裸裸的卖货吆喝声，千万别拿纯情当饭吃。"

当然，除非你已经达到了一种境界，要么是世界上最贵的鞋，要么价格定位在最高端。

比如世界上最贵的鞋 Berluti（佰鲁提），它的宣传口号是"When shoes have a soul"（当鞋有了灵魂）。这句话体现出超凡的境界，已经可以上升到哲学层面。

我记得印度哲人奥修在其所著的《当鞋子合脚时》一书中写道："当鞋子合适的时候，脚被忘却了。"这句简单的描述道出了"鞋子哲学"的精髓——唯有鞋子与脚达成舒适的默契时，脚才能得到真正的自由。这正是鞋子的黄金价值，也是鞋子的美学顶点——这双鞋有了灵魂。

既然佰鲁提是最贵的鞋，它就需要支撑"最贵"的元素，这当然少不了艺术气息，品牌口号也成为撑起品位的关键。这时就要拼命拉高，越悬越好，普通人看不懂没关系，鞋不是卖给他的。因为高档品牌讲究的是品位，即使目标消费者看不懂，也没关系，不求看懂，只求意境。

所以，高价品牌或奢侈品牌玩虚有理，不能太实。

而普通二三线品牌就不能玩得太虚。

如果让达芙妮说"当鞋子有了灵魂"，则让人感觉有点不伦不类，所以达芙妮的口号是"喜欢自己，表现到底"，并且请"奶茶"刘若英做代言人，很贴切，也很务实。

回到前面那句话——"不管是一大步，还是一小步，都是人类前进的脚步"——这跟鞋品牌有多大关系？想达到强化认知的效果，将品牌渗透到消费者的心智并转化为长期记忆，我看不是很容易。

这则口号相比耐克的"Just do it"（想做就做）复杂很多，同时缺乏个性表现。

最后，我告诉这位老板，在激烈竞争的红海市场，口号是最小的传播单位，它的好坏直接决定你的传播成本，所以请谨慎应对、精心琢磨。

目前，很多企业宁愿花费数百万甚至上千万元请一个明星做广告，却在品牌口号和创意上吝啬万分。这实际上是本末倒置的做法。

有句话说，**在黑暗中划亮一根火柴，它会比白天里点燃的一根蜡烛更明亮。明星好比白天的蜡烛，而好的口号和创意才是黑暗中的火柴。**孰轻孰重，需要仔细掂量。

最后，我向这位老板强调，无论何种口号，关键要能清晰地反映品牌的定位或者核心价值，以关键性的诉求打动潜在顾客，所以，可以从品牌定位的角度构思口号的创作。

表 15-2 为品牌定位做了一个分类。

从表 15-2 中可以看出，无论何种定位，好的口号都应该紧随定位，并能够不断强化这个定位，这样才有助于产品的销售。

表 15-2　针对定位的品牌口号

	分　类	要　点	例　子
1	产品功能导向定位	企业把产品功能抽象化，寻找可被消费者接受的信息进行定位	鹤舞白沙，我心飞翔——白沙集团 传递价值，成就你我——芙蓉王实业
2	行业性质导向定位	归纳总结行业存在的使命和价值，寻找消费者最关心的信息进行定位	健康成就未来——海王药业 科技以人为本——诺基亚
3	经营理念导向定位	根据企业的经营方式、价值观念等进行定位	真诚到永远——海尔 创新生活每一天——康佳
4	消费者观念导向定位	定位元素来源于消费者某种固定思维或传统价值取向	人类失去联想，世界将会怎样？——联想 一切皆有可能——李宁

第16章
品牌故事：源远流长

"人们以故事的形式思考，有开头，有过程，有结尾。"

——电影导演　埃洛尔·莫里斯

所有的知名品牌都有它们起家的故事。品牌故事赋予品牌以生机，增加了品牌人性化的感觉，也把品牌融入了顾客的生活。

品牌故事，实际上是将品牌植入故事中，这是品牌高效表达和传播的一种方式。人类历史很好地证明了成语的影响和圣经的力量：绝对不要低估一个好故事的能量。

1. 故事的传播威力和价值

以中国的三国故事为例。三国故事在中国可谓家喻户晓，妇孺皆知。不管识字不识字、文化程度如何，绝大多数人都能对三国故事道出个一二三来。以三国故事为背景的汉语成语极大地丰富了汉语的表现力，如空城计、借东风、愿打愿挨、乐不思蜀、走麦城、纸上谈兵、三顾茅庐、桃园结义……这些三国故事已经深深地融入了中华民族的文化之中，影响极其深远。

同样，《圣经》作为全世界最受欢迎、销售量最多、影响力最大的一本书，里面也包含着许多寓意深刻、易于传播的故事，唯其如此，它才能够广为流传，展现强大的生命力。

不论你的企业是有100年的历史还是刚诞生100天，都有必要让大家知道你是谁、从何处来、崇尚什么或者能给顾客提供什么价值和利益，这就是信赖的基础。故事无疑是传递信息的最好方式。

曾有人说，世界上最容易的赚钱方式就是"**在家编故事，出门讲故事，见人**

卖故事"。

英国的 J. K. 罗琳是一个其貌不扬的女子，离过一次婚，带着一个孩子，靠低保生活。一次偶然的灵感乍现，她开始提笔写作，撰写了一个少年魔法师成长的故事，创作出风靡全球的儿童文学巨著《哈利·波特》。如今，《哈利·波特》系列小说在全球以 7 种语言出版发行，累计销量超过 4.5 亿册，仅次于《圣经》和《毛泽东选集》；根据该书改编的电影票房收入更高达 70 亿美元，成为电影史上最卖座的系列影片。这一系列的商业奇迹为罗琳本人带来了惊人的财富。据说，她所赚的版税超过了史上有作家这个职业以来所有作家的总收入，她也一举从躲在爱丁堡象屋咖啡馆里写作的单身母亲变成了全英国最富有的女性之一，身价甚至一度超过英国女王。

这就是故事的威力和价值。

还有一个大家耳熟能详的例子。2002 年，当中国移动受到中国联通 CDMA 的低价攻击时，中国移动召开了一次持续 24 小时的会议，讨论如何应对联通的低价策略。中国移动不想低价跟进，不想玩价格战。最后经过讨论发现，联通的广告不怎么样。中国移动需要做的是从感知价值上略胜一筹，于是它把焦点放到了消费者身上。随后，中国移动拍了一个广告：一艘船在海上出事了，就是因为一个乘客带着"全球通"，通过"全球通"发出求救信号，结果全船的人都得救了。

打通一个电话，就能提供最高的价值——生命。

所以，广告语也说："关键时刻，信赖全球通。"这个广告归根结底就是在讲述一个故事，表述全球通信号好甚至能够拯救生命的优势，这是对竞争对手"信号差"的绝地反击。

2．成功的品牌都拥有故事

任何著名的品牌，我们似乎都可以讲出与之相关的故事。

我们可能记不住它的品牌口号，记不全它的品牌价值，搞不清它的品牌定位，但似乎可以大概讲出它的品牌故事。

比如，法国的波尔多盛产红酒，一提到波尔多，公众就会联想到红酒。当地的红酒为什么闻名全世界？除了酒品质本身外，法国波尔多区顶级的 5 大酒庄都在讲一个故事：为了酿最好喝的葡萄酒，它们可以连续 10 年把所有葡萄藤砍光，只为让根部深扎土壤，这样才能长出最香甜的葡萄；有的酒庄甚至为了让葡萄藤成为"老藤"，还要连续砍上 20 年，只为采收一次。这就是故事和价值观营销。这才是最具杀伤力的营销手段。

可以说，一个成功的品牌一定拥有一个或多个品牌故事。

以 Interbrand 2011 全球最佳品牌 100 强的冠亚军为例。排名第一的是可口可乐。可口可乐的故事可以说多如牛毛。首先，可口可乐的发明就是一个药水的故事，后来销售到全世界又得益于其第二次世界大战期间与美国士兵的故事。

排名第二的是 IBM。IBM 也有很多故事，如人机大战。当时，IBM 正面临着品牌历史上的最大亏损。IBM 的产品线广泛，涵盖了高、中、低各个层面的软硬件产品，却给了外界一个保守的品牌形象，一些竞争对手纷纷以创新等理念对其进行攻击。IBM 最初并没有特别重视公司的品牌建设，广泛的产品线不仅使消费者缺乏对 IBM 品牌核心理念的认识，也加大了营销成本。

1996 年，IBM 启动了人类历史上第一次人机大战，由世界棋王卡斯帕罗夫对垒"深蓝"计算机。这把 IBM "勇于创新"的品牌形象推到了极致，成功扭转了 IBM 的品牌颓势，带动了 IBM 持续多年的增长。秉承"以价值观打动人"的品牌营销理念，人机大战成功地把 IBM 这样的高科技品牌转变成了大众品牌，并向人们宣传了其创新、智慧的品牌理念。

为什么品牌要和故事产生关联？因为品牌在某种程度上是一种信仰，而几乎所有的信仰都源自一个故事。故事是把信息丰富化及深入化的好方法，也是我们赋予产品或品牌实际意义的好方法。但故事不是大企业、大品牌的专利，小企业、小品牌乃至个人销售都需要通过故事发挥威力。

北京大学门口曾经有一个老太太在卖项链，也不知道是玻璃的还是水晶的。有个路人问她："这个东西叫什么？"她说："小伙子，你不懂了吧，上面缀一个玻璃坠子，这叫'情人的眼泪'。大学生谈恋爱谈崩了，买一条可以纪念一下。"

看，这个老太太就是在通过讲故事的方式进行营销。故事能够让她的产品与众不同，产生说服力。

品牌故事意味着企业自觉或不自觉地、主动或被动地将品牌个性、文化、定位、价值、愿景等品牌内涵故事化，最后以品牌故事推动营销以达到目的。这是个很有趣的过程。成功的品牌故事就像砸向消费者心窝的重磅炸弹，它越过了理性筑成的森严防线，直捣黄龙，最终成功地俘获消费者的心。

就像前面提到的 IBM，在品牌形象与陈旧、传统形成关联的时候，如何通过传播突出自身的高科技形象？人机大战就是一个最好的引子，它将智慧、创新的品牌价值巧妙地推销给了公众。

3. 品牌故事的魅力

一颗钻石，本来只是一种稀有的矿产，作为贵妇人用以点缀的装饰，一旦经济不景气，人们会马上将它遗忘。一天，一个不甘心被轻视的钻石商开始给人们讲故事：沧海桑田，斗转星移，世上并没有永恒的东西，唯有钻石。"The diamond is forever"（钻石恒久远，一颗永流传），所以，只有钻石才能见证永恒的爱情。如果他永远爱你，他就会送你永恒的钻石。

天底下的女人都被这个故事迷惑了，玛丽莲·梦露曾经代表女人宣称："手上的一吻多么令人陶醉，可是只有钻石才是姑娘心中的至爱……"很快，钻石由非必需品变成了必需品，因为女人活着就需要爱情，而且爱要与生命同在。从此，钻石商人的财源便滚滚而来。

故事成就品牌价值，也传播品牌价值。故事的魅力在于，人们在故事里能轻易地实现他们的梦想，即便那只是感觉。

可口可乐讲述的是一个神秘药水的故事。1886 年，一个美国人在自家后院调配出了一种"神秘配方"，随后，它成为全球 50 亿人的饮料。

HP 讲述了两个大学生在车库创业的故事。1939 年，两个刚从斯坦福大学毕业的年轻人，在车库以"rules of garage"精神创立 HP，他们是第一代硅谷英雄。

海洋拉娜讲述的是毁容博士恢复容颜的故事。1964 年，一位全脸被灼伤的博士，靠着海底深处的海藻嫩芽，重新恢复昔日模样。

Zippo 讲述了产品的故事。一个打火机与无数美国勇士产生了关联，于是无数有着勇士情结的男人将 Zippo 作为随身之物。

LV 讲述了企业成长的故事。一个小皮匠的作品成为皇家专宠，进而为大众所拥戴，于是无数渴望尊贵的人们为其一掷千金。

Levis 讲述的是西部淘金客卖帆布的故事。淘金客灵光一闪，将卖不出去的帆布缝制为淘金客的长裤，带动了一个世纪的流行。那是一个穿着 Levis 牛仔裤的性感男人与美女的故事，于是时尚达人说："衣柜里没有一条 Levis，就别跟我们谈时尚。"

故事要能调动情绪，而情绪是传播的助力器。

顾客可以拒绝你的产品、你的服务，但是不会拒绝你的关怀。

顾客可以不喜欢你的长相，但是不会拒绝你的微笑和贴心的问候。

感动能够让顾客难忘，更能助力营销。因为感动会产生故事，故事能快速传播，感动与故事产生化学反应就足以使品牌升华。

所以，故事关系着一个品牌成功与否。在这个注意力稀缺的时代，故事显得尤为珍贵。

4．品牌故事的动态演变

负责星巴克（Starbucks）营销的史考特·贝伯瑞（Scott Bedbury）认为，每个品牌都是一则永远不会完成的故事，它总是随着时间的推移而不停演变的。

星巴克最初只是一个名字而已，后来变成了人们口口相传的第三空间，最后演变成我们熟知的知名品牌。它的故事还在不停演变。

（1）名字的故事

"星巴克"这个名字来自美国作家麦尔维尔的小说《白鲸》中一位处事极其冷静、极具性格魅力的大副。他的嗜好就是喝咖啡。麦尔维尔在美国和世界文学史上具有很高的地位，但麦尔维尔的读者数量并不算多，主要读者是受过良好教育、有较高文化品位的人士，没有一定文化教养的人是不可能去读《白鲸》这本书的，更不用说去了解星巴克这个人物了。

从星巴克这一品牌名称上，我们就可以明确其目标市场的定位：不是普通的大众，而是一群注重享受、休闲、崇尚知识、尊重人本位的富有小资情调的城市白领。

（2）第三空间的故事

星巴克有句口号颇为流行——"我不在办公室，就在星巴克；我不在星巴克，就在去星巴克的路上"。星巴克的这句经典广告语已为绝大多数时尚小资所熟知。星巴克卖的是一种品位。也许有人不怎么习惯喝咖啡，但这里的气氛非常适合商务人士进行交流，是介于家和办公室之外的第三空间。在这里，人们能够尽情地品味闲适、自在的生活。

为了营造"第三空间"这个概念，星巴克在选址上非常注意靠近目标商圈，一般在写字楼集中的商务区域、休闲娱乐场、繁华的商业区等。采用美式风格的装修，暗红与橘黄的色彩，加上各种略带暖色的柔和灯光及体现西方抽象派风格的一幅幅艺术作品，再摆放一些流行时尚的报纸杂志与精美的欧式饰品、一些诸如"咖啡是你一辈子的情人"等温馨的标语，营造出一种亦真亦幻并富有亲和力的氛围。店内经常播放爵士乐、美国乡村音乐及钢琴独奏等舒缓、优美的轻柔音乐。这正好迎合了那些时尚、新潮、追求前卫的白领阶层，使他们沉醉其间，增强了第三空间的美好体验。此外，星巴克经常为顾客开设咖啡讲座，主要内容是咖啡的相关知识，如怎样自己泡制咖啡及器具的使用等。讲座形式十分灵活，将咖啡和知识一起卖，客观上起到了培养顾客群和拓宽消费市场的作用。

（3）人心的故事

不论进入哪个市场，星巴克都不在媒体上打广告。星巴克靠的全是员工做营销，这是非常罕见的。

所以，要成为第一就得创新，一味地靠跟进模仿是不行的。星巴克的老板说："星巴克没有高科技、没有专利，成功完全建立在员工与企业的关系上。"

星巴克营收的 85% 来自与消费者面对面接触的门市，员工与消费者的每次互动是品牌印象的最大决定因素。如果员工士气低落，就会影响消费者感受到的品质。难怪有句话说，**企业最大的成本就是未经过培训的员工**。讨好你的员工，你的员工就会讨好顾客，而顾客就是利润的来源。

所以，星巴克把员工当成第一层顾客来讨好，把广告、营销资源都放在员工身上，给予员工很多教育训练，让每个员工都有能力成为星巴克的咖啡大使。更与众不同的是，星巴克给予所有员工广泛的医疗保险与股票期权（他们将自己的股票称为"豆股票"），以便让大家享有更多的照顾与拥有感，兼职员工也不例外，他们也能在星巴克体会到主人的感觉。星巴克给按工时计酬的兼职员工股票，这是翻遍企业规章与管理书籍都找不到的创举。

虽然实际上许多员工在拿到股票之前就离职了，但是这种一般只给科技新贵的股票激励，对占星巴克员工总数 2/3、收入按时薪计算的兼职员工还是很有鼓舞作用的。美国《商业周刊》报道，20 世纪 90 年代中期到后期，星巴克员工流动率是餐饮与快餐业中最低的。

星巴克真的成功了。它不以卖咖啡而以卖第三空间的定位打开市场，以注重与员工的关系的策略培养出忠诚的员工，员工靠服务获得高度忠诚的客户。高盛分析师指出，星巴克有1/10的客户一天上门消费两次，这在零售店中是相当惊人的成绩。这才是星巴克的真正优势，让它几乎没有对手。

现在，星巴克正在积极拓展，将同行远远地甩在了后面，甚至已经有人用"来一杯星巴克"取代"来一杯咖啡"了。星巴克已经成了咖啡的代名词，做到了品牌的最高境界。而这一切成就不是靠打广告得来的，而是靠真实地关注员工的利益得来的。这是从内部关系展开的人心营销。当这些转化为公众和媒体津津乐道的故事时，星巴克又何须打广告呢？

与之相比，有的公司扛着以人为本的大旗，喊着人本管理的口号，却面对着越来越高的离职率，无奈地说着人心不古之类的话，它们应该做的也许是向星巴克学习，从经营人心开始。

5. 品牌故事的双重作用

品牌故事具有对内和对外的双重作用。

（1）对内是一枚指南针

对于企业内部，品牌故事就像一枚指南针，以其导向性约束、引导员工的行为。比如，麦当劳经常讲一个故事。麦当劳创始人雷·克罗克一次到某分店巡视，看到餐馆地上有水，马上拿起拖把把地抹干净。身为一个亿万富豪，他却没有那种高高在上的气势，也不嫌弃做一些琐碎的工作。克罗克的故事给麦当劳所有店长提供了一种示范作用，提醒着他们无时无刻不注意店内卫生，并且随时随地打扫。

沃尔玛的总裁山姆·沃尔顿，尽管曾经是世界首富，但他不喜欢驾名车，生活很节俭、低调，出差和同事住一间房，打印纸双面使用，领导人的这种节俭自然促成了沃尔玛的节俭文化。

企业推崇一种品牌文化时，不妨从故事入手，通过故事提升传播力、建立共识、激发共鸣。当年，海尔提出新的作风——迅速反应，马上行动。那么，海尔是如何表现的呢？海尔有一个故事，讲的是曾经有一个法国的经销商，要求海尔在3个月内开发16个冰箱品种，结果海尔用一个半月的时间开发出24个冰箱品种，让该经销商来选择。这个经销商看完 24 种冰箱之后，又要求做出一些调整，然后就去崂山旅游了。两天之后，经销商回来了，海尔早就按照他的要求把东西做好了。海尔的这个故事强调"迅速反应，马上行动"，绝对不跟市场说"不"。这个故事在企业内部起到了极大的导向性作用，激励着每名员工快速做出反应。

（2）对外是一面旗帜

好的故事能够较好地传播品牌的核心诉求或品牌声誉，使得人们能在通过多渠道、多手段传播故事的同时感受到故事中所植入的品牌价值。

可口可乐一直以无所不在的渠道及超级品牌影响力而闻名世界，这一信息被编排成了幽默小故事，使得读者在领略幽默的同时感受到可口可乐强大的品牌力。

故事是这样的。

一位商人去拜访教皇，声称只要教皇改口一句话，就给 10 万美元。教皇摇摇头，没答应。

"100 万美元可以吗？"商人态度恳切，教皇依然摇头。

"1 000 万美元可以吗？"商人充满期待，教皇挥手制止。

随侍一旁的主教不解地问："1 000 万美元可以干许多大事呀！他究竟要的是哪一句话，您态度那么坚决？"

教皇冷笑着说："他要教徒们祷告完毕之后，不要讲'阿门'，而讲'可口可乐'。"

这则笑话一出，立刻不胫而走，媒体大肆传播，民间口耳相传，可口可乐的"上口率"更高了。

这相当于可口可乐的植入式广告。可见，可口可乐不光是在强势媒体大规模投放广告，它同样善于"小创意，大传播"的玩法。简单的一则幽默，让众多消费者津津乐道，可口可乐所倡导的"欢乐"也在故事中得到了强化。

6. 品牌故事的 3 个层次

品牌故事有 3 个层次，它们分别关注钱、脑、心。

第一种品牌故事关注"钱"。这种品牌故事突出利益，强调帮助顾客省钱或者赚到好处。比如，沃尔玛喊着"天天平价"，那么如何使得消费者相信天天是平价？用故事来支撑就显得顺理成章。山姆·沃尔顿的节俭一直被媒体津津乐道。作为昔日的世界首富，山姆住在一座小镇上的普通房子里，平时开一辆旧车，穿着工作服，像一名普通工人，生活过得非常节俭。

当年，山姆·沃尔顿的继任者麦道克搬入总裁办公室时，他惊奇地发现，他即将使用的办公桌仍然是当年沃尔玛创始人山姆·沃尔顿曾经使用的那张。在沃尔玛，随处可见打着补丁、贴着胶条的办公家具、桌椅，只要不散架，它们就会一直被用下去。沃尔玛有一个规定，高级管理人员出差只许乘坐二等舱，住双人间，沃尔顿本人也不例外。当公司总资产达到 100 亿美元时，他出差依然住中档饭店，与同行人员合住一个房间，只在廉价的家庭饭馆就餐，还常常亲自驾驶货车把商品送往连锁店。在沃尔玛，打印纸要求双面使用，做广告从来不请明星助阵，而是邀请员工或员工的孩子。光是这两项，每年节省的资金就不下百万美元。

这些故事就是"天天平价，为顾客节省每一分钱"的充分理由。

第二种品牌故事关注"脑"。这种品牌故事更加精细化和量化。它试图用清晰的方式向客户说明各种商品性价比的优势，如通过提供一些数据、方法、途径来证明自己的优势——某个市场中的客户同比增长数据、行业排名等。这种品牌故事的最终目的是要告诉目标客户：你买我的东西，就对了。

比如，国内奶茶领军品牌之一的香飘飘，它一直走领军路线，通过一系列不断动态演变的广告诠释着品牌领先的故事。

2004 年，香飘飘的广告词："香飘飘每年可卖出 3 亿多杯，杯子连起来可绕地球 1 圈。"

2009 年，香飘飘的广告词："香飘飘每年可卖出 7 亿多杯，杯子连起来可绕地球 2 圈。"

2011 年，香飘飘的广告词："香飘飘每年可卖出 10 亿多杯，杯子连起来可绕地球 3 圈。"

通过持续的数据呈现，香飘飘表达了其"杯装奶茶开创者，全国销量领先"的老大地位。对于消费者而言，他们倾向于选择第一，所以，香飘飘通过这一系列广告所陈述的销量故事巩固了消费者认知、强化了市场地位。

第三种品牌故事关注"心"。这种品牌故事很"走心"，更加关注消费者的情感需求，并且负责向客户提供不同层次的情感体验。

一般来说，品牌的主要目的就是用情感和相关性将企业产品或服务和消费者联系起来，为消费者创造一种迷人的、令人愉快的和难以忘怀的消费体验。而在企业的品牌发展战略中加入讲故事的策略，能够让品牌建设更加有效。

德芙巧克力就是一个入心层面的品牌，它在人们心中已经成为独一无二的巧克力经典品牌。它独具魅力的丝滑口感与香醇回味，征服了众多消费者的心，同时也成为人们传递情感、享受美好瞬间的首选佳品。其背后所蕴藏的一段真挚感人的爱情故事，让德芙品牌在人们心中烙下深深的印记。

1919 年的春天，卢森堡王室后厨的一位厨师莱昂与善良的芭莎公主偶遇，芭莎展现出了对莱昂的关心。因为芭莎是王子的远方亲戚，地位很低，没有资格品尝王室稀罕的美食——冰激凌。于是，莱昂每到晚上就偷偷溜进厨房，为芭莎做冰激凌，两人总是一边品尝一边谈论往事，芭莎还教莱昂英语。情窦初开的甜蜜萦绕在他们心头。不过，在那个尊卑分明且保守的年代，由于身份和处境的特殊，他们谁都没有说出心中的爱意，只是默默地把这份感情埋在心底。

后来，为了与比利时联姻，卢森堡准备把芭莎公主嫁过去。一连几天，莱昂都没有见到芭莎公主，他心急如焚。终于在 1 个月后的一天，芭莎出现在了餐桌上，然而她已经瘦了一大圈，整个人看起来很憔悴。在准备糕点时，莱昂在芭莎的冰激凌上用热巧克力写下了几个英文字母"DOVE"，这是"DO YOU LOVE ME"的缩写。他相信芭莎一定能猜透他的心声，然而芭莎发呆了很久，直到热巧克力融化。几天之后，芭莎出嫁了。1 年后，忍受不了相思折磨的莱昂离开了王室后厨，带着心中的隐痛悄然来到了美国的一家高级餐厅。这里的老板非常赏识他，还把女儿许配给了他。时光流逝，家庭的安宁，事业的平稳，儿子的降生，这些都没能抚平莱昂心底深处的创伤。他的心事没能逃过妻子的眼睛，两人开始无休止地争吵。最后，莱昂愤怒地离开了。

此后，莱昂一直单身，带着儿子经营他的糖果店。1946 年的一天，莱昂看到自己的儿子在追一辆贩卖冰激凌的车，记忆的门顿时被撞开。自从芭莎离开之后，莱昂便再没有做过冰激凌。这次，莱昂决定继续以前没有为芭莎完成的研究。

经过几个月的精心研制，一款富含奶油，同时被香醇巧克力包裹的冰激凌问世，并被刻上了 4 个字母。儿子天真地问莱昂，"DOVE"（德芙）是什么意思？莱昂轻轻地说那是冰激凌的名字。德芙冰激凌一经推出就受到了消费者的好评。此时，莱昂收到一封来自卢森堡的信，信是一个同在御厨干活的伙伴写给他的。

莱昂从信中得知，芭莎公主曾派人到处打听他的消息，希望他能够去看望她，但是得知他去了美国。

由于受到第二次世界大战的影响，这封信到达莱昂手里时已经整整迟到了 1 年零 3 天。莱昂经历千辛万苦，终于见到了芭莎公主。芭莎和莱昂此时都已经老了，芭莎虚弱地躺在床上，曾经清波荡漾的眼睛变得灰蒙蒙的。莱昂扑在她的床前，眼泪无法自抑地滴落在她苍白的手背上。芭莎伸出手来轻轻抚摸莱昂的头发，用近乎听不到的声音叫着莱昂的名字。芭莎回忆在卢森堡时，她非常爱莱昂，曾以绝食拒绝联姻，因此被看守了 1 个月。但她深知自己不可能逃脱联姻的命运，何况莱昂并没有说过爱她，更没有任何承诺，而在那个年代，女子要同整个家庭决裂是要付出很大代价的，所以她最终只能向命运妥协，条件是能回卢森堡再吃一次下午茶，因为她想在那里与莱昂做最后的告别——她吃了莱昂送给她的巧克力冰激凌，却没有看到那些融化的字母。

听到这里，莱昂泣不成声，过去的误解终于有了答案，但一切都太晚了。3 天之后，芭莎离开了人世。莱昂听佣人说，芭莎嫁过来之后整日郁郁寡欢，导致疾病缠身。在得知莱昂离开卢森堡且已经在美国结婚之后，她就一病不起。莱昂无比悲伤——如果当年冰激凌上的热巧克力不融化，如果芭莎明白他的心声，那么故事的结局一定截然不同。

如果那巧克力是固体的，那些字就不会融化了，他就不会失去最后的机会。莱昂决定制造一种固体巧克力，使其可以保存更久。经过苦心研制，香醇可口的德芙巧克力终于研制成功，而且每块巧克力都会被牢牢地刻上"DOVE"字样。莱昂以此来纪念自己和芭莎这段被错过的爱情。它苦涩而甜蜜，悲伤而动人，如同德芙的味道。如今，德芙巧克力已有数十种口味，每种爱情都能在这个巧克力王国中被诠释和寄托。世界上越来越多的人爱上因爱而生、从冰激凌演变而来的德芙巧克力。情人们在送出德芙时，就意味着送出了那轻声的爱意之问——"DO YOU LOVE ME"。这也是创始人在提醒天下有情人，如果你爱她，就让她知道，并记得深深去爱，不要放弃！

从此，德芙巧克力与爱产生了持久的关联。德芙=DOVE：D=DO 的首字母；O=YOU 的第二个字母；V=LOVE 的第三个字母；E=ME 的最后一个字母。

它们连起来就是 DO YOU LOVE ME。这就是德芙的品牌故事。

7．讲品牌故事的技巧

故事要怎么说，才能打动消费者？

故事营销要成功有 4 个关键点：告诉消费者"你是谁"；帮助消费者找出"他们是谁"；讲故事时别忘了让场景更具"真实感"；让消费者参与故事发展。

（1）告诉消费者"你是谁"。把文化、心理甚至神话中常出现的角色和品牌联系起来。耐克的诉求是英雄，从最早的飞人乔丹到老虎·伍兹，甚至以残障运动人士为主角的广告，耐克要传达的是"努力，就是英雄"。所以，耐克的广告语是 Just do It（想做就做，台湾翻译为"放胆做"）。索尼标榜自己是让人心想事成的"魔法师"。

（2）帮助消费者找出"他们是谁"。呼唤埋藏在消费者心中的记忆，找到一种情景，一种角色，给消费者一种身份。比如，奔驰定位为"尊贵"，购买奔驰的族群自然就是非尊即贵的人群。

（3）讲故事时别忘了让场景更具"真实感"。消费者缺乏时间、注意力和信任度，他们要的是"真实感"。举个例子。一个盲人在街头拿着写有"我是瞎子"的纸板乞讨，却少有人同情。一个广告人经过，帮他把文字改成了"现在是春天，而我是瞎子"，过往行人无不为之侧目，他们仿佛感受到了一个凄凉的故事。

（4）让消费者参与故事发展。经营北京烤鸭的百年老店"全聚德"在客人用餐结束时，会送上一个内有一串数字的信封。客人走出餐厅时，门口的电子广告牌就会显示那串数字，告诉客人所吃的是全聚德开张以来的第几只烤鸭。于是，消费者就不只是过客，更是百年烤鸭老店历史的一部分。

当然，撰写品牌故事时，企业还可以参照一些优秀的品牌故事或者其他故事，看它们是如何流行且被更多人所转载、所传播的。比如，《读者文摘》中有很多动人的故事，企业可以参照其故事的写作手法来编撰自己的品牌故事。

《读者文摘》的写作思路一般是这样的：

（1）描述一个悲惨的开头；

（2）突然有一天，发生了一个"意外"；

（3）主人公获得了"逆转性"的变化；

（4）从中得出"感悟"。

在撰写品牌故事时，这个思路屡试不爽。很多关于创业精神的故事，都是这个思路。

总之，在这个"随便扔一个物件，都能砸到与广告有关的东西"的时代，品牌想要传播，如果不穿上故事的外衣，就像个裸奔的孩子，人们就会把你堵截在记忆之外。

这是一个物质丰盈的时代，人们没有太多理由专注于你的产品，但他们愿意倾听你为他们打造的品牌故事，并为之埋单，只因为故事里蕴藏着他们的梦想。在这个时代，生产出产品只是走完了品牌生产线的一半路程，企业还要学会如何为品牌制造一个好故事。品牌建设不只是给有需求的人生产一种物质产品，更重要的是给有梦想的人找一个实现梦想的故事。

品牌故事就是最好的软广告。没有故事的品牌是平庸的品牌，甚至无法称为品牌，只能代表一种标识、一种符号、一个名称……永远无法从激烈的市场竞争中脱颖而出。因为消费者对你没有遐想，更无从知道你的与众不同。

工具1 **品牌故事构思要素**

故事是把信息丰富化及深入化的好方法。

故事的要素构成包括时间、地点、人物、事件、结果。这5个要素基本上把何时、何地、何人、何事、何故讲清楚了，展现了故事的完整性，使得故事更加饱满。

时间："何时"的表述要开门见山，警示性地引起听众注意。注意，不要用模糊的概念，如"好像1980年"。模糊的概念会转移听众的部分注意力，也会削弱故事的真实性，确切的时间会让你的故事显得更有说服力。

地点："何地"的表述要尽快进入场景，这样才会突出你想表达的主题。地点的描述要和时间一样清晰，才能展现故事的真实性。

人物："何人"的表述要有名有姓。有名有姓才显得真实，更使得故事脉络清晰。

事件："何事"的表述应注意具体化、描述细节化，通过一定的逻辑提高吸引力。

结果："何故"的表述要令人信服且紧扣故事的主题。

如何讲故事？讲故事要有结构、角色、悬念、情绪、细节 5 个要素。

结构：好的故事应该具备一个结构。一个故事应包含诸多元素，如事件、背景、环境、人物、情节、线索、悬念、节奏、表述方式等；诸多元素应该和谐、完美地统一在一个结构框架里。好的结构能让故事产生让客户"读得进、记得住、讲得出、传得开"的效果。

角色：我们拿足球比赛来比喻角色的意义。假设你今天看球赛，A 队和 B 队中没有一个球星是你认识的，相信你是很难看下去的。原因很简单，你不知道帮谁加油，不知道为谁呐喊。如果把球赛双方换成中国队和日本队，那就不一样了。所以说，好的故事中一定要有角色。

悬念：故事没有悬念可以吗？你愿意看知道比分的实况录像吗？一般情况下，球迷肯定不愿意，他们一定要看现场直播。

情绪：毛主席有句话"人定胜天"，说起来很有气势，但这句话如果说成"人有时是胜天的"，你还认为好吗？少了情绪，力道也会减弱。

细节：故事要描述生动，主要看细节，即要有能够凸显戏剧化的情节、要有细腻的描述。

下面讲两个著名的品牌故事：一个是海尔的品牌故事；一个是乔布斯的品牌故事。我们来看它们是如何进行故事演绎的。

1. 海尔的品牌故事

张瑞敏做冰箱的时候，中国已有五百多个厂家在做冰箱，差不多每个地级市都有一个生产冰箱的厂家。但是到现在，冰箱只剩下五六个著名品牌，连北京、上海都没有一个冰箱的生产厂家能够存活。为什么海尔能够"剩者为王"？看看海尔的品牌故事，你就会知晓答案。

1985 年的一天，张瑞敏的一位朋友要买一台冰箱，结果挑了很多台都有毛病，最后勉强拉走一台。朋友走后，张瑞敏派人把库房里的四百多台冰箱全部检查了一遍，发现有 76 台存在各种各样的缺陷。张瑞敏把职工们叫到车间，问大家怎么办。多数人提出，不影响使用，便宜点儿处理给职工算了。当时中国还处于"产品为王"的时代，是典型的卖方市场，哪怕是门合不上的冰箱都能卖出去，因为冰箱供不应求，买冰箱甚至要去找厂长、求关系。当时一台冰箱的价格是八百多元，相当于一名职工两年的收入。

张瑞敏说："我要是允许把这76台冰箱卖了，就等于允许你们明天再生产760台这样的冰箱。"

在这样一个以"产品为王"的时代，张瑞敏展现了难得的前瞻性眼光——重视质量。虽然当时产品供不应求，但他仍然十分重视口碑，所以他宣布将那些冰箱全部砸掉，谁生产的谁来砸，并抡起大锤亲手砸了第一锤。很多职工砸冰箱时都流下了眼泪。在接下来的一个多月里，张瑞敏发起和主持了一个又一个会议，讨论的主题非常集中——"如何从我做起，提高产品质量"。3年以后，海尔人捧回了我国冰箱行业的第一个国家质量金奖。

张瑞敏说："长久以来，我们有一个荒唐的观念，那就是把产品分为合格品、二等品、三等品及等外品，把好东西卖给外国人，劣等品出口转内销供自己用。难道我们天生就比外国人贱，只配用残次品？这种观念助长了我们的自卑、懒惰和不负责任，难怪人家看不起我们，从今往后，海尔的产品不再分等级了，有缺陷的产品就是废品，把这些废品都砸了，只有砸到心里流血，才能长点记性！"

就因为他砸了一次冰箱，海尔品牌才在消费者心中建立了一座丰碑。

我们从故事的要素来看海尔的品牌故事。

时间：1985年。地点：车间。人物：张瑞敏和工人。事件：砸冰箱。结果：提高了质量，获得冰箱行业第一块国家质量金奖。

结构：发现次品，解决问题；海尔转变。角色：张瑞敏和质量意识尚未养成的工人。悬念：次品冰箱怎么处理。情绪：观念上的觉醒——难道我们天生就比外国人贱，只配用残次品？细节：这些冰箱要全部砸掉，谁生产的谁来砸，并抡起大锤亲手砸了第一锤；很多职工砸冰箱时都流下了眼泪。

海尔砸冰箱的故事从1985年讲到现在，不仅砸出了海尔的美誉度，同时为国内其他企业树立了榜样。从此，海尔人对"有缺陷的产品就是废品"有了刻骨铭心的理解与记忆，对"品牌"与"饭碗"之间的关系有了更切身的感受。

2. 乔布斯的品牌故事

当今世界上最风靡的品牌是什么？相信很多人的答案都是苹果。苹果公司能够成为世界上市值最高的公司和家喻户晓的品牌，苹果的创始人乔布斯功不可没。乔布斯本身也是一个品牌，而且是一个具有传奇色彩的品牌。关于乔布斯的故事很多，乔布斯本人也是一个善于讲故事的人。下面是他在斯坦福大学毕业典礼上的讲话。他用3个真实故事贯穿他的演讲。这是乔布斯基于生命体验的演讲——无华丽之色，却真诚动人，让听众听得如痴如醉。

这个演讲中的结构很简单——3个故事。乔布斯的故事中有时间、地点、人物、事件和结果。

第一个故事开篇提到时间——是在他17岁的时候，地点是大学，人物自然是乔布斯，事件是退学，结果是旁听了书法课，后来才有了苹果的出众设计。

同样，每个故事都有结构、角色、情绪、悬念和细节。比如，第二个故事的结构是，先成功，即白手起家把苹果公司做大，然后被苹果公司扫地出门，之后再创业，后来重回苹果公司，属于跌宕起伏型结构。角色包含了他和苹果公司联合创始人沃兹、他和后来的职业经理人，以及他和他的妻子。情绪上，他被公司解雇了，他心力交瘁，从事业的高峰跌入谷底，让人感同身受。悬念是他怎么会被自己聘请的职业经理人解雇，被炒鱿鱼对他来说为什么是最好的事情。细节是他离开苹果公司后的5年开了两家公司，爱上了一个女人，其中Pixar公司（该公司现在仍旧是全球最成功的动画制作室）推出了世界上第一部用电脑制作的动画片《玩具总动员》，他与所爱的女人组成了幸福的家庭。

因为包含了这些要素，乔布斯的生命故事显得丰富饱满、娓娓动人、耐人寻味。

总之，人的一生是在故事中度过的，故事的本质是要通过情节感动人，戏剧是故事的高度提炼和表现，在品牌故事中注入戏剧性元素将使品牌在必要的时候能像戏剧情节那样曲折、激动人心或引发共鸣，让消费者在故事中被感动，最终记住品牌。

任何产品，不管历史长短、经历如何，都有着与生俱来的故事。我们要根据市场需求和品牌核心价值挖掘或虚构积极有益的"故事情节"，而不能盲目编造。例如，海尔的砸冰箱事件向消费者传达了海尔精益求精的态度，赢得了消费者的信赖；乔布斯的故事展现了其特立独行、追逐自己内心、不断创新的创业精神。

工具 2 延伸阅读：乔布斯的演讲——3 个故事震撼世界

以下是乔布斯的演讲全文。

今天，我非常荣幸来参加你们的毕业典礼。我自己没有从大学毕业，所以今天应该是我距离毕业典礼最近的一次。我今天只想给你们讲发生在我生活中的 3 个真实故事，仅此而已。没有什么长篇大论，就 3 个故事。

第一个故事是关于把点连成线的。

17 岁的时候，我进了大学。当时我很天真，选了一所学费几乎和斯坦福大学一样昂贵的学校，当工人的养父母倾尽所有积蓄为我支付了大学学费。读了 6 个月后，我却看不出上学有任何意义。我既不知道自己这一生想干什么，也不确定大学是否能帮我弄明白自己想干什么。所以，我决定退学。当年做出这个决定的时候心里还有点打鼓，但现在往回看，那是我有生以来做出的最好的决定之一。从退学那一刻起，我就可以不再选那些我毫无兴趣的必修课，而开始去旁听一些在我看来更有意思的课。

当时，我所在的学校的书法课大概是全美国最好的。校园里所有的公告栏和每个抽屉标签上的字都写得非常漂亮。我退学后不用正常上课了，所以我决定选一门书法课，学学怎么写好字。

当时我并不指望书法在以后的生活中能有什么实用价值。但是，10 年之后，我们在设计第一台 Macintosh 计算机时，之前学的书法一下子浮现在我的眼前。于是，我把这些东西全都设计进了计算机。这是第一台有这么漂亮的文字版式的计算机。要不是我当初在大学里偶然选了这么一门课，Macintosh 计算机绝不会有那么多种印刷字体或间距安排合理的字号。要不是退了学，我也不会碰巧选了那门书法课。当然，我在大学里不可能把当时的点向前延伸，连成一条线，但是现在回过头来看，那条线却无比清晰。

你们现在同样不可能从现在这个点上连出通向未来的那一条线。只有当你回头看时，才会发现这些过去的点其实已经画出了那条线。所以，要相信每个点迟早都会连接到一起。

第二个故事是关于好恶与得失的。

幸运的是，我在很小的时候就知道自己喜欢做什么。我在 20 岁时和沃兹在我父母的车库里办起了苹果公司，我们干得很卖力。10 年后，苹果公司就被我们两个人从车库里发展成为一个市值 20 亿美元、拥有 4 000 名员工的大企业。而在此之前的一年，我们刚推出了 Macintosh 电脑，当时我刚过而立之年。后来，我被解雇了。你怎么会被自己办的公司解雇呢？的确是这样。随着苹果公司越做越大，我们聘请了一位我认为非常有才华的人与我一起管理公司。开始的一年多里，一切都很顺利。可是，我俩随后对公司前景的看法开始出现分歧，最后我俩反目，那时董事会站在了他那一边。所以在 30 岁那年，我离开了苹果公司，而且这件事闹得满城风雨。我成年后的整个生活重心都没有了，这使我心力交瘁。

一连几个月，我真的不知道应该怎么办。这次失败弄得沸沸扬扬，我甚至想过逃离硅谷。但是，渐渐地，我开始有了一个想法——我仍然热爱我过去所做的一切。苹果公司发生的这些风波丝毫没有改变这一点。于是，我决定从头开始。

虽然当时我并没有意识到，但事实证明，被苹果公司炒鱿鱼是我一生中碰到的最好的事情。尽管前景未卜，但从头开始的轻松感取代了必须保持成功的沉重感。这使我进入了一生中最富有创造力的时期之一。

此后的 5 年里，我开了一家名叫 NeXT 的公司和一家名叫 Pixar 的公司；我还爱上一位了不起的女人，后来娶了她。Pixar 公司推出了世界上第一部用电脑制作的动画片《玩具总动员》，它现在是全球最成功的动画制作室。世道轮回，苹果公司买下 NeXT 后，我又回到了苹果公司，我们在 NeXT 公司开发的技术成了苹果公司这次重新崛起的核心。我和劳伦娜也建立了美满的家庭。

我确信，如果不是被苹果公司解雇，这一切绝不可能发生。这是一剂苦药，可我认为苦药利于病。有时，生活会当头给你一棒，但不要灰心。我坚信让我一往无前的唯一力量就是我热爱我所做的一切。所以，你一定得知道自己喜欢什么，选择爱人时如此，选择工作时同样如此。工作占据生活中的一大部分，让自己真正满意的唯一办法是做自己认为有意义的工作；做有意义的工作的唯一办法是热爱自己的工作。如果你们还没有发现自己喜欢什么，那就不断地去寻找，不要急于做出决定。就像一切都要凭着感觉去做的事情一样，一旦找到了自己喜欢的事，感觉就会告诉你。

第三个故事是关于死亡的。

17 岁那年，我读到一段话，大意是"如果你把每一天都当作生命的最后一天，总有一天你的假设会成为现实"。我记住了这句话。从那时起，33 年过去了，我每天早晨都对着镜子扪心自问："假如今天是我生命中的最后一天，我还会去做今天要做的事吗？"如果一连许多天我的回答都是"不"，我就知道自己应该有所改变了。

大约在 1 年前，我被诊断患了癌症。那天早上七点半，我做了一次 CT 检查，结果清楚地表明我的胰腺上长了一个瘤子，可那时我连胰腺是什么都不知道。医生告诉我说，几乎可以确诊这是一种无法治愈的恶性肿瘤，我最多还能活3~6 个月。

我整天都想着诊断结果。到了晚上，我做了一次组织切片检查，医生让一个内窥镜通过喉咙穿过我的胃进入肠子，用针头在胰腺的瘤子上取了一些细胞组织。当时我用了麻醉剂，陪在一旁的妻子后来告诉我，医生在显微镜里看了细胞之后叫了起来——原来这是一种少见的可以通过外科手术治愈的恶性肿瘤。医生给我做了手术，我现在好了。

这是我和死神离得最近的一次，我也希望它是今后几十年里最近的一次。有了这次经历之后，我现在可以更加实在地和你们谈论死亡，那就是谁都不愿意死。即使那些想进天堂的人，他们也不会愿意为了进天堂而去死。然而，死亡是我们共同的归宿，没人能例外。我们注定会死，因为死亡很可能是生命最好的一项发明。它推进了生命的新陈代谢。现在，我们就是新的，但在不久的将来，我们也会逐渐成为旧的、也会被淘汰。

我们的时间都有限，所以不要按照别人的意愿去活，否则就是浪费时间。不要让他人观点的聒噪声淹没自己的心声，最主要的是要有跟着自己的感觉和直觉走的勇气。无论如何，感觉和直觉早就知道你到底想成为一个什么样的人，其他的都不重要。

✎ **案例：爱购眼镜的品牌故事**

朋友经营一个眼镜电商品牌"爱购网"，我曾经结合顾客的经历为其创作了一个品牌故事，并将故事做成了两个版本。

1. 简单版

青梅竹马的他们，高中时相爱，但不懂爱。每天一起上学，一起嬉戏，课上同戴一副眼镜，同学们视他们为情侣，老师把他们看作早恋。他们已经成为彼此生活的重要部分。

直到高考结束，女孩去了上海，男孩去了北京。女孩泪流满面，男孩悲痛异常。对男孩来说，这是他有生以来唯一一次刻骨铭心的悲痛；但在随后的成长过程中，他忽视了这种感觉。他没有体会到他爱得有多么强烈。

女孩送给男孩一个礼物——一副饱含秘密的眼镜，他们在课堂上共同戴过的眼镜。然而，男孩却没有洞察到这个秘密。

俊男靓女在大学面对着种种诱惑，女孩坚守着高中时埋下的爱的种子，男孩在大学找到了女友并以为自己找到了真爱。女孩为了不影响男孩，假装承认自己也在谈恋爱，于是俩人渐行渐远。

后来，男孩留在北京，女孩到国外念书。戏剧性的是，男孩的大学女友毕业后与男孩分手，也来到美国，并成为女孩的师妹。

一天，女孩在师妹脸上看到自己曾经送给男孩的眼镜，心碎不已。但是，她还是将眼镜要了回来，并寄给男孩。

经过一番探究，男孩终于找到了眼镜中的秘密，并重新设计了新的秘密，奔赴美国，找到了让他魂牵梦绕的真正爱人。

一副眼镜事关两个人，事关一段爱，这才有了"爱购"——有爱才足够。

2. 生动版

一个男孩和一个女孩，眼睛都无比漂亮，人称 eye 哥哥和 eye 妹妹。他们住在同一个小区，青梅竹马，一起上学，一起放学，形影不离，很多人认为他们无比般配。他们的近视度数都是一致的。男孩大大咧咧，平时总忘戴眼镜，上课时经常与同桌 eye 妹妹共用一副眼镜。

同学们常取笑他们，叫他们小夫妻、小情侣。连老师都以为他们早恋，多次开家长座谈会向双方家长提到。双方家长并没有过于担心，反倒觉得他俩要是能成，只要不影响学业，也是美事一桩。

而 eye 哥哥和 eye 妹妹，因为当时还小，主要以学业为重，两小无猜的他们没有想到"早恋"这个词汇，一直视对方为最好的知己。直到高考结束，男孩去了北京，女孩去了上海。

男孩要先入学，女孩与男孩亲属一起到车站送男孩，男孩要离开这座城市。女孩随后也要离开这座城市。

男孩内心有些酸楚，有种想哭的感觉，既有对家人的牵挂，更有对女孩的眷恋和不舍。男孩此刻感受到了一种强烈的失落感，有种丢魂的感觉。他一想到将来每天见不到 eye 妹妹那漂亮怡人的脸庞和晶莹剔透的大眼睛，嗅不到她身上那芳香迷人的少女气息，就有些不知所措。

他突然想对 eye 妹妹说点什么，但当着所有亲人的面，他只吐出了一句话：回头我去上海看你。（没想到这句诺言一直都没有兑现。）

此时，他注意到 eye 妹妹早已满脸泪痕。eye 妹妹用力地点了点头。eye 哥哥为了不让大家看到自己即将掉下的眼泪，提着包跳上了火车，没有回头。

火车驶出了这个城市……

eye 哥哥打开包裹，取出 eye 妹妹送给他的礼物，打开包装盒，是那副他们一起戴过的眼镜。

盒中有一张小纸条，上面写道：

"我们曾用同一副眼镜学习，看世界，打量彼此。

以后，我不在你的身边，我想你还会需要它。

所以，我想让你戴着它，相当于我跟着你，一起看你的新生活、新世界。

我会想念你的。

——eye 妹妹"

此时，eye 哥哥已经抑制不住情绪，泪水奔涌而出。

　　校园生活是新鲜的，很快冲淡了 eye 哥哥对 eye 妹妹的思念。位于两地的二人，开始的时候每天打电话、聊 QQ，后来逐渐降低了沟通频率。优秀帅气的 eye 哥哥身边有了很多仰慕者，靓丽清纯的 eye 妹妹也有着大把的追求者。

　　有人说，距离产生美。但更多时候，空间的距离会使人们之间的关系疏远，让别人有机可乘。

　　大二下半年的时候，eye 哥哥谈恋爱了，女朋友是学校的校花，既漂亮又时尚。

　　男孩没有告诉 eye 妹妹，他隐约怕她伤心。

　　他们彼此之间有了莫名的距离感。

　　一天，eye 妹妹无意中在人人网上看到 eye 哥哥为女友庆祝生日的照片，其中有其同学拍下的俩人的热吻镜头。eye 妹妹哭了，哭得好伤心。

　　eye 妹妹一夜没睡。

　　连续几天，eye 妹妹情绪低落，总是望着自己的眼镜发呆。

　　周末的一天，eye 妹妹突然接到 eye 哥哥的电话。eye 哥哥问 eye 妹妹："怎么好几天不见你上线，忙什么呢？"

　　eye 妹妹解释说功课忙，然后询问 eye 哥哥的生活。

　　eye 哥哥说最近学生会活动多，也非常忙。（因为自从交到新女友，eye 哥哥怕女友误会，很少给 eye 妹妹打电话。大部分时间，他都和新女友在一起。）

　　eye 妹妹小心翼翼地问："哥，你有没有女朋友啊？"

　　eye 哥哥一愣，顿了一下："没有啊。为什么问这个？"

　　eye 妹妹："没什么，只是很多人大二时都谈恋爱了。"

　　eye 哥哥："你谈恋爱了吗？"

　　eye 妹妹："我……我谈了一个。"

　　eye 哥哥顿时有种重锤击胸的感觉，同时有些如释重负。（她谈了，我也谈了，俩人扯平了，以后就没有必要隐瞒了。）

　　eye 哥哥："谈了也不告诉一声，亏我一直把你当妹妹。回头把照片发给我看看。"（心里想的是，得看看到底有多帅，能够吸引 eye 妹妹。）

　　eye 妹妹："不发了，他很普通，见不得人。"

数日之后，eye 哥哥告诉 eye 妹妹，他最近也恋爱了，还戏称受了 eye 妹妹的影响。

eye 妹妹苦笑。从此，她把所有精力都花在学习上，假期也没有回家。

eye 妹妹与 eye 哥哥渐行渐远。

后来，eye 妹妹成功申请到美国一所高校读硕士。

eye 哥哥考上了北京的公务员。因女友想出国，二人和平分手。

奇怪的是，eye 哥哥没有感受到分手的撕心裂肺。那种感觉只出现了一次，就是当初坐火车离开 eye 妹妹的一刹那。

不知为什么，eye 妹妹总是出现在 eye 哥哥的梦里。当初，eye 哥哥以为是自己内心愧疚才出现的情形。但与女友分开后，eye 妹妹仍是 eye 哥哥梦中的主角。

eye 哥哥不解。

第二年，在美国读书的 eye 妹妹迎来了一个师妹。eye 妹妹感觉对方似曾相识，后来一问方知，她来自 eye 哥哥那个学校，而且是 eye 哥哥的前女友。

eye 妹妹问她："知不知道 eye 哥哥，他是我的老同学。"对方很惊喜，说："这个世界太小了，他是我的师兄兼前男友。"然后，她很淡定地描述了 eye 哥哥的境况，以及他们因为志向不同而分手的事实。

eye 妹妹小心地问："你爱过他吗？"

师妹笑道："姐姐，这是什么年代了。大家喜欢就在一起，不喜欢就分开，什么爱不爱的，没到那份儿上。"

eye 妹妹很是愕然。从此，她的内心又萌生了一个牵挂。eye 妹妹与师妹的每次聊天都会聊到 eye 哥哥。从师妹身上，她仿佛看到了 eye 哥哥的校园生活。这弄得师妹曾取笑她："你不会是 eye 哥哥的初恋情人吧。他可是和我说过初恋情人是我的。"

最后这句话刺痛了 eye 妹妹，她的心仿佛在滴血。

但更大的伤害还在后面。

一天，eye 妹妹去找师妹，看见她在房间里戴了一副眼镜，她一下惊呆了。这是当初她送给 eye 哥哥的眼镜，这是他们高中时一同戴过的眼镜，这是包含她和 eye 哥哥秘密的眼镜，怎么会戴在师妹脸上。

她有些失控，直接问师妹："这眼镜是……"师妹很诧异，她似乎从师姐苍白的脸色中看出了什么，连忙摘下来说："是 eye 哥哥送给我的，因为这副眼镜旧了，恰好和我的度数相近，我就索性当作备用的，在宿舍用时偶尔戴戴。"

eye 妹妹大脑一阵眩晕，强行挺住，说道："可不可以把这副眼镜送给我，回头我给你一副新的。"

师妹似乎看出 eye 妹妹才是眼镜的真正主人。当初她和 eye 哥哥住在一起，俩人常在出租的房内看电视，自己总忘戴眼镜，eye 哥哥就拿了一副女式眼镜给她，说："这是我的一个妹妹的，你先用着。"之后，眼镜就变成她的备用眼镜。

师妹很知趣地把眼镜给了 eye 妹妹，并说了一句："你应该就是 eye 哥哥嘴里常提起的表妹吧。"

eye 妹妹没有回答，拿着眼镜，默默地走回自己的房间。

过了几天，正在北京上班的 eye 哥哥收到一份国际快递包裹，来自前女友那个学校。打开一看，是自己曾经送给前女友的旧眼镜。

eye 哥哥心想："这家伙和我玩恩断义绝啊。"

恰好某日，eye 哥哥在 QQ 上遇到前女友在线，便问她："把眼镜寄回来给我是啥意思？"

前女友说："不是我寄的。我在美国遇到了你的'表妹'，她是我师姐。她把这副眼镜要走了，肯定是她寄的。"

前女友还调侃地说："看来你早就有一个青梅竹马的表妹，而且表妹很爱你呀。"

eye 哥哥辩解说："别扯淡，eye 妹妹早就有男友了。"

前女友说："她是出了名的剩女。大学期间无数人追，到美国依然如此，但至今没谈过一次恋爱。据说很早的时候受过伤，坊间流传说她在高中就早恋了。不是和你吧？"

eye 哥哥说："不会啊，她上大学时亲口和我说她谈恋爱了。"

前女友说："懒得理你。她有一个日志，题目叫'同一副眼镜'。你自己当福尔摩斯去吧。"然后，她发给 eye 哥哥一个链接。

eye 哥哥迫不及待地打开链接，看到 eye 妹妹写于不同时期的优美文字。最近有篇文章如是写道："你曾经送给最爱一个礼物，他又把它送给他的最爱，而这却不是爱的传递。"

在更早的日志里，eye 哥哥又看到："他有了女友，没有告诉我。我知道，他可能怕我伤心。我的确很伤心，但我看到他很快乐。为了成全他的这种快乐，我想我可以很坚强，别让我成为他快乐路上的障碍。"时间与他们最后一次电话日期恰好吻合。

eye 哥哥一夜没睡，看了 eye 妹妹写的所有日志。从很多篇日志里，他都能够感受到 eye 妹妹对自己的眷恋和感情。

其中还有一篇日志提到，eye 妹妹有一个亲戚在北京，当年假期去北京走亲戚时，eye 妹妹来到潘家园的阿勇眼镜店配了眼镜。

之所以来这家店，就是因为高考结束后，她来北京配镜，不仅配到如意的眼镜，关键是老板满足了她的一个额外请求，即给原来的旧眼镜刻字。

为了满足客户的需求，眼镜店的老板找了专门的师傅按照 eye 妹妹的要求做了设计。

后来，eye 妹妹每次来北京，都会去阿勇眼镜店配一副眼镜，同样要求刻上字。她和眼镜店老板成了非常好的朋友。

同时，她还会来到 eye 哥哥的校园转一转，但没有告诉 eye 哥哥。她知道 eye 哥哥很快乐，她不想给他增添烦恼。

eye 哥哥看了好久，一个大男人，当天晚上流了好多好多泪水。

一直看到第一篇日志。

他看到了 eye 妹妹的文字记载：

"哥哥走了，带走了我的眼镜。

我会伴随着他，看大千世界，看多彩生活。

当他看美女时，我还可以监视。哈哈。

空间的分开，冲不淡我们彼此的牵挂。

希望有一天，我们能够继续坐在一起，用它看电视、看彼此、看未来。

这副眼镜属于我们，永远。"

eye 哥哥慌忙拿出眼镜，重新审视，原来眼镜架内侧刻有小英文字母和数字。

Igg19850123，ILY20030829。

先前没有留意，以为是编号。

重新解读才知道：

igg 即 eye 哥哥，后面的数字是他的生日。

ILY 是 I love you 的首字母缩写，后面是 eye 哥哥离开家乡去上大学的日期。

eye 哥哥懂了。

不，应该是醒了。

他唯一想做的就是把 eye 妹妹拥在怀里，向她说一句当年想说却没有说的话："I love you。"

第二天，eye 哥哥开始办签证，同时去了趟潘家园，找到阿勇眼镜店，配了一副眼镜，然后拿出一副旧眼镜，让服务人员刻了字。

Imm19851117，ILY20111105。

眼镜的老板，即爱购眼镜网站的 CEO 认识这副眼镜，似乎也揣摩出了其中的故事。

服务人员把眼镜上的字刻好后，老板亲手把眼镜交给 eye 哥哥，并对他说："eye 妹妹不错，不能再错过了。被刻上字的眼镜，就是一种契约。这副眼镜只属于你们，祝你们幸福。"

eye 哥哥很感动，道谢后离开了。

2011 年 11 月 5 日，eye 哥哥出现在美国某校园，拿着一大把鲜花来到 eye 妹妹所在的实验室楼前。

颇为戏剧性的是，前女友先出现了，她很惊讶。

前女友"哇"的一声，扑了过来。

eye 哥哥紧急叫停，说是来找 eye 妹妹的。

前女友有些失落，指着一个门说，师姐在那里，说完就走了，中间还回头说了一句："eye 哥哥，你是不是成心气我啊，你觉得有必要吗？"

eye 哥哥苦笑，说了一句话："我只是来找真爱的。"

前女友听后愤恨地走了。

eye 哥哥走到门前，轻轻敲门。门开了，一个无比熟悉却又有些陌生的 eye 妹妹出现了。她已经不是高中时的那个模样了，清纯、靓丽依旧，只是多了更多的妩媚、性感。eye 哥哥的心跳得好快。

eye 妹妹不敢相信自己的眼睛，但是眼前这个高大的帅哥就是自己日思夜想的白马王子。

二人对视一眼，然后就相拥在一起，喜极而泣。

晚上，eye 哥哥把眼镜交给 eye 妹妹，深情地说："以后我的眼睛就属于你。我陪你看美国、看世界、看人生。"

作为 eye 哥哥和 eye 妹妹的共同好友，爱购眼镜网 CEO 蔡庆勇先生受他们的启发，推出了爱购眼镜品牌。

爱购，有爱才足够。

眼镜很普通，但有了爱，就有了境界。

有一部关于青少年爱情的电影——《怦然心动》，非常好看。影片就讲述了一个男孩和一个女孩两小无猜却相知过晚的故事。

影片中，爷爷说过一句话："如果遇到像彩虹一般的她，你一定要抓住并珍惜！有些人浅薄，有些人金玉其外、败絮其中，但是总有一天，你会遇到一个绚丽的人。"

同时，Everly Brothers 演绎的片尾曲《Let It Be Me》的歌词写得很好：虽然我不相信永远，不过如果我可以和相知的她在一起，那么我希望是永远。

爱购，一生有爱才算够。

因为一副眼镜，青梅竹马、两小无猜的绝配佳人才重新走到了起点，一起看生活，一起品味人生境界。

后来，爱购网把故事做成小卡片送给客户，大家都很感动。爱购眼镜关于爱的品牌价值又进一步得到了升华。

第17章

品牌形象：过目难忘

"物品必须成为符号，才能成为被消费的对象。"

——法国社会学家及哲学家　鲍德里亚

"每一件事物，都使人思考物体与它的再现影像之间的关系。"

——比利时超现实主义画家　马格利特

品牌识别是品牌与消费者建立关系的重要桥梁，相当于给品牌拟定一个"长相"，使品牌形象成为一个可知可感的"人物"。

品牌形象是品牌构成要素在人们心里的综合反映。比如，品牌价值、商品属性、品牌标记等给人们留下的印象，以及人们对品牌的主观评价，这些都是品牌形象。品牌忠诚、品牌资产、品牌价值等，最终必须经过消费者这一关键步骤才能实现。消费者心里对品牌的反映从根本上影响着消费者的行为，并最终决定着品牌资产的真正价值。因此，"品牌形象"是"品牌"概念族中非常重要的子概念。

有句话说，**时间可以让熟悉的事物变得陌生、让陌生的事物变得熟悉。**当一个品牌具有足够强的品牌形象时，它就很容易瞬间建立心锚，转化成消费者心智中的深层记忆。相反，如果没有独特的品牌形象，品牌就很容易随着时间的推移而被削弱或遗忘。

1. 品牌形象的组成

品牌形象包括品牌本体和品牌外显两个部分。

（1）品牌本体，代表的是自我形象和理想的市场形象。

（2）品牌外显，代表的则是消费者特有的实际形象。

品牌本体通过多种手段展现品牌形象、品牌商标、品牌色彩和品牌象征物。这种品牌本体最终将演变成为消费者的品牌印象，并将演变成一种心智防伪。

通过本体的自我表达，以及与消费者的互动，品牌形象完成了顾客化的过程，衍化成品牌外显。比如，我们对很多品牌的商标都很熟悉，这本身就是一个品牌形象顾客化的过程。麦当劳的招牌有着显眼的金黄色双拱门"M"标志，象征着欢乐和美味；站在门口的麦当劳叔叔，作为品牌象征物，和蔼可亲、笑容满面，深受大家喜爱。肯德基的桑德勒老爷爷给人一种亲情的印象。沃尔沃安全带似的标志恰如其分地体现了其核心价值——安全。

成功企业的品牌标识都能让人一目了然，同时能够抽象到足以涵盖弦外之音，引发诸多正向的联想，达到吸引注意力、展现价值的目的。

当然，这些品牌标识与设计有关。我们这里提到的品牌形象是全方位的，不仅仅是标识，而且是产品给顾客的综合印象。

2．品牌形象的深度体验

我们要知道，品牌建设，特别是企业品牌建设不只是品牌形象的创建、管理与传播推广，还是企业经营管理围绕品牌核心价值进行全面、深度品牌化的持续过程。

我一直认为，为促进品牌形象在顾客头脑中完成识别，企业应该在 6 个方面进行强化。

（1）产品体验。产品体验涉及企业研发、采购、生产、质量管控等完整制造链过程。比如，麦当劳除了自身的产品创新之外，其产品的生产过程清晰可见。麦当劳餐厅不仅使用统一造型的餐桌椅，而且光线明亮，餐厅里外干干净净、整整齐齐，给人一种宾至如归、很舒服的感觉。

（2）服务体验。服务体验涉及企业营销、配送、培训、维护、配件供应等完整服务链过程。比如，麦当劳向顾客提供快捷、准确的服务，排队不超过 2 分钟，专门为小朋友准备了漂亮的小礼物，服务人员彬彬有礼、服务周到。

（3）营销体验。营销体验涉及企业产品定位与组合、定价策略、渠道组织、竞争策略、销售推广等方面。

（4）人员体验。人员体验与企业所有客户接触人员密切相关，涉及员工管理、人员培训、人力资源与企业文化建设等方面。对于消费品行业来说，人员体验的主体主要是与顾客直接进行沟通的销售人员或服务人员，以及终端经销商的销售人员；对于工业品行业来说，人员体验更为重要，因为其品牌形象与消费品最大的不同在于它的建立主要不是依靠广告、终端、主题促销等手段来实现的，更多的是通过人员沟通和营销行为来实现的。

（5）媒介体验。媒介体验涉及企业经营行为、传播行为、员工行为等一切可能主动或被动成为媒介内容的信息。例如，企业录制的文化宣传片、客户的评价、权威专家的证言等，通过官方网站及播客进行传递。

（6）文化体验。文化体验涉及企业的各种文化活动，如客户沟通、公益慈善、环境保护、社会主张等。随着时间的积累，品牌渐渐形成了文化象征，产品与服务所代表的意义可以浓缩在象征里，一个品牌存在越久，品牌的象征就越有丰富的内涵。

总之，品牌是消费者灵魂、心理、审美态度、生活态度的直接反映。这些方面的良好体验都有助于品牌形象的深刻植入。因此，可以说，品牌形象建设是一个涉及企业经营管理几乎所有方面的系统性、综合性、长期性的工程。它的工作必须内外并举、虚实结合，绝不是简单地做一个 Logo、建立品牌 VI 系统之后就万事大吉了。

良好且多元的品牌体验会加深并丰富品牌形象，使企业产生持续的品牌效应，同时给消费者一种安全感和信赖感。

3. 品牌形象的表达

我们知道，一个品牌的力量在于它有影响购买行为的能力，但包装上的品牌名称和消费者心目中的品牌名称并不是一回事，真正好的品牌形象一定扎根于消费者的心中。

除了品牌体验，品牌形象也有一些直观的表达途径，对于强化品牌在顾客心智中的印象至关重要。

（1）包装表达

好的包装比较容易渗入顾客的心智。当众多品牌在相同购买环境中进行竞争时，包装将变得比以往更为重要。事实上，醒目的包装是强调品牌的一个好方法。

英国的果汁饮料公司 Innocent Drink 的包装设计的目的就是让人发笑，却也聪明地推广了品牌。它的标签总是坚持一点——从一段传闻逸事开始，以强调产品的新鲜和质量结束。同时，公司风格化的奶牛火车和站在绿地上的奶牛汽车也足够引人注目，从而达到推广其品牌的目的。

（2）产品表达

企业通过推出具有冲击力的产品强化品牌印象，或者通过产品不断升级换代展现品牌不俗的实力。比如，吉列公司每年都会投入数百万美元用于产品研发，以保证其剃须刀技术的先进性；通过不断推出子品牌及改进的产品，引起人们对改进产品技术的注意；通过长期主题广告"成为优秀的男人"创造了一种连续的、无形的产品优势，刻画了反映时代特征的工作和娱乐中的男性形象。这种产品升级的形象表达，能够持续巩固吉列在剃须刀领域的霸主地位。

（3）代言人表达

品牌需要正面的形象化感受。这种形象化感受有时可借助已经被公众所熟知的相关名人或明星来强化，实现情感转移或者心灵共振。比如，提到耐克，我们的脑子里会想到什么？除了那个象征着挑战性的对钩，也许还会想到空中飞人乔丹。这就是长久的传播和代言人捆绑给我们留下的最深印象，而乔丹的体育精神和神话般的赛场传奇也给耐克的品牌形象带来了一层光环和魅力。

（4）虚拟物表达

选择好的代言人确实能够快速帮助品牌获得知名度，并且转嫁好感和信赖。但是，人总有弱点，尤其是一些明星常与绯闻相伴，很有可能给品牌带来负面影响。此外，选择代言人势必要花费一笔不菲的费用。于是，很多企业开始用虚拟的人物或动画卡通形象来辅助品牌的传播。比如，提到脑白金，除了"今年过节不收礼，收礼只收脑白金"这句家喻户晓的口号外，我们还会联想到卡通老头、老太太的形象。当时，保健品市场监管十分严格，电视广告中不允许使用消费者形象、专家形象、医生形象、外国人形象、孩子形象……最后，史玉柱发现，只有采用"卡通形象"才能不违规，所以他就创造了不同版本的卡通老头、老太太、儿童等形象，在电视广告中摇摆运动，给人留下深刻印象。同样，海尔的"海尔兄弟"形象也是一个成功的创意。海尔学习和借鉴了日本企业出资拍摄动画片的做法，拍摄了广告片"海尔兄弟"，在社会上产生了广泛的影响，使"海尔兄弟"

成为中国家电行业最为亮丽、最具人性化和最具国际化审美风格的品牌形象。

（5）企业家形象表达

企业家最重要的一个职责是给公司打上自己的烙印，然后传递正确的企业领袖形象，这也不失为快速提升品牌形象的方法。当下，很多企业都开始重视这种通过企业家形象来表达品牌形象的方式。尤其在品牌成长期，企业形象和企业家形象是与品牌紧密相连的。

品牌是一个综合指标，企业形象和企业家形象是企业品牌的重要标志。有调研机构调查显示，一个企业的品牌形象价值中，其领袖（CEO）的个人品牌形象价值占 40%。美国公关专家唐·米德伯格在《成功的公共关系》一书中说："最简单的创造品牌财富的方法就是创造一个辉煌的个人效应。而无论你想到哪一个成功的企业，你都会发现它有一个很成功的企业领袖。"

国外的企业中，微软有比尔·盖茨，通用电气有杰克·韦尔奇，沃尔玛有山姆·沃尔顿。

中国的企业中，海尔有张瑞敏，联想有柳传志，TCL 有李东生，招商银行有马蔚华，万科有王石，他们都是企业领袖形象的佼佼者。

多数企业对于其领袖的宣传，早期可能是无意识的，但后期都是经过包装策划的——大到企业领袖管理思想的提炼，小到企业领袖回答记者的一个提问，都需要精心策划。

企业领袖形象的宣传不能完全是本色的，但又必须整合媒体资源，使其宣传最接近本色，并与企业的品牌形象进行融合、互动。通常而言，领袖的人格魅力=品牌承诺；领袖的故事=品牌故事；领袖的管理思想=基业长青；领袖的行为直接作用于品牌，并将产生长期且深远的影响。

（6）办公环境形象表达

办公环境形象会让人产生更直观的品牌联想，即联想到品牌的实力、规模、可信赖的程度等。

比如，我一直认为海尔在美国纽约曼哈顿建立海尔大厦（The Haier Buiding）是非常好的策略，但有些人可能认为不划算。实际上，当老外看到这个大厦时，他们会把 haier 与 higher 联系在一起，这就起到了品牌传播和增强品牌信心的作用。

办公场所本身就具备形象见证力效应。华谊兄弟的王中军开始创业的时候，他把办公室设在北京国际饭店，很多人都不理解，认为这会花很多钱。这是普通人的思维。试问，如果你过分关注花钱，是不是就没有多余精力放在赚钱上了呢？这个我们不得而知。但有一点是可以肯定的，那就是资源只有在会利用和会算计的人手中才有力量。

王中军每天骑着自行车上班，每天都第一个到、最后一个走。员工看不到老板的交通工具，但是如果知道他在北京国际饭店办公，肯定会认为他实力不凡。如果在给客户的名片上印着"北京国际饭店"，客户都要刮目相看。而且，王中军当时就舍得花 3 万元做报纸通栏广告，可见他懂得小舍小得、大舍大得的道理。形象力的塑造可以让品牌形成极大的认知价值。

总之，关系到品牌形象表达的因素还有很多，不一而足，但有一个核心原则，即无论是何种形象表达，一定要有益于品牌定位的巩固，以及品牌核心价值被更多人所正确感知。

工具 品牌形象内外建设准则

品牌形象是一个品牌独有的、长期的个性、特征或者态度。

品牌形象的营建，包括企业名称、商标及 CIS 等。它所传递的概念必须与品牌价值相一致，要能表达品牌的真正内涵。

换言之，**好的品牌形象是意义的快速浓缩，能够让人对一种品牌的性质与价值立即产生共鸣**。苹果电脑设计得非常漂亮。人们一进入电脑店，最先吸引他们的肯定是苹果电脑，它的 Logo、设计、功能，加上乔布斯的种种故事及苹果的其他相关产品，综合起来给人们一个全方位的品牌印象，使他们产生一种愉悦感，从而产生购买愿望。

好的品牌形象具有如下 4 个特点。

（1）能够让顾客产生偏好。

（2）在与顾客建立情感沟通时承担着重要角色。

（3）对特征的描述不是冗长而复杂的。

（4）紧紧围绕品牌定位和核心价值。

品牌形象建设要"基于内而见于外"。这里，我介绍一个 MBVES 模型。通过 MBVES 模型，可以构建清晰、独特、富有活力的品牌识别体系，使品牌从定位走向"落位"。

1. 理念识别（Mind Identity，MI）

MI 以客户价值为核心，陈述品牌存在的理由和企业一贯的支持与主张，是品牌发展历程中唯一超越时间、空间、环境而不变的根本信条。其重点展现品牌的核心价值，是品牌长期遵循的经营信条，是品牌文化的内核武器。

MI 包括品牌使命、品牌愿景及品牌核心价值观，可以理解为品牌之"心"。它是品牌识别系统的精神内涵，是一切品牌识别系统构建活动的理念指导。品牌理念识别中，往往包括品牌愿景、定位、核心价值及品牌口号等。

2. 行为识别（Behavior Identity，BI）

BI 以客户价值为核心，建立企业员工内部行为标准和统一品牌经营理念，使品牌行为趋向一致，从而在行为上形成品牌识别特征。

为实现品牌目标而采取的一切经营活动都是 BI 的内容，它既包括对员工行为的一般性规定，也包括品牌经营体系正常运转所需的组织建设、制度建设、人员配置等活动。BI 是从内部运营体制上保障品牌体系的重要内容。

我们应该意识到，客户价值的实现是一切行为的根本出发点，企业及企业员工的一切行为都应成为一种追求客户满意的服务行为。从这个角度看，BI 可以理解为品牌之"行"，是品牌经营所应遵循的行为准则。

3. 视觉识别（Visual Identity，VI）

VI 是指根据客户价值分析，将与品牌有关的一切可视物进行统一的视觉识别表现和视觉标准化、专有化的建设。它是以标志、标准字、标准色为核心展开的完整的、系统的视觉表达体系，是将品牌理念、品牌文化、服务内容、品牌规范等抽象概念转化为具体符号以塑造独特的品牌形象。一般而言，视觉识别设计最具传播力和感染力，最容易被公众接受，具有重要意义。

品牌 VI 系统使品牌理念具体化、视觉化，是静态的识别符号。其基本特点是可识别性、独特性、系统性、时代性与国际性。

可以说，VI 是品牌之"相"，是从视觉角度构建品牌的外在形象，如品牌

Logo 的设计与应用。

好的 VI 设计需要品牌视觉识别规划。这一规划是指导企业实施品牌视觉形象设计、应用与管理的基础性规划，必须遵循以下原则。

（1）紧密围绕品牌核心价值。品牌设计、传播评价的首要标准就是传达品牌核心价值的忠诚和准确程度，达不到该首要标准则必须实行"一票否决"。

（2）注重内外形象一致。品牌内外形象一致主要体现为品牌聚焦和品牌传播方向的高度协同，即"说"和"做"的一致。

（3）突出品牌差异个性。品牌形象设计与传播需要突出品牌的个性化特征。

（4）注重保持品牌活力。在坚持核心价值不动摇的前提下，品牌要不断丰富设计元素，持续实施创新传播，以保持长期活力，始终吸引、鼓舞目标受众。

一般而言，从企业品牌未来形象与传播应用需要出发，VI 系统设计应包含以下内容。

（1）品牌 VI 基础系统完善，包括 Logo 与品牌物化组合设计、品牌文化符号设计等。

（2）办公环境系统设计，包括前台形象墙品牌识别设计、洽谈室品牌识别设计、办公环境其他品牌识别设计等。

（3）内宣系统设计，包括内刊品牌识别设计、OA 系统品牌识别设计、其他内宣用品品牌识别设计等。

（4）广告传播系统设计，包括报纸广告品牌识别设计、户外广告品牌识别设计、杂志广告品牌识别设计、其他广告品牌识别设计等。

（5）其他应用系统设计，包括画册规划设计、品牌文化手册设计、网站规划设计、礼品设计、DV 专题片规划、文体活动形象设计等。

4. 体验识别（Experience Identity，EI）

EI 以企业员工及直接接触企业品牌信息的外部客户的体验为核心，通过接触的视觉环境、空间环境、展示环境和听觉环境，形成内外部客户的行为感受和心理感受，组成完整的体验过程，从而实现品牌体验。

EI 是品牌之"感"，品牌的最终目的是为客户带去最佳体验，从而实现长期可持续的销售。因此，无论是内部还是外部人员，他们在真实场景中感受到的品牌体验都是至关重要的。

5. 社会识别（Social Identity，SI）

SI 是指对于与企业产品、服务、业务等毫无直接利益关系、不发生任何交易行为的社会大众，通过各种媒体、社会交往等不同途径得到的信息，所产生的对企业及品牌形成的认知。

相当数量的社会大众对企业及其提供的相应产品和服务虽不一定有直接的体验，但他们的认知和评价却可以对企业及企业内外部客户产生磁场般的辐射作用，因而可以对企业品牌形象产生相应的上拉和下扯作用。

SI 的间接宣传和传播可以对企业的资源汇集及客户选择产生非常强烈的作用。比如，知名企业更容易招纳到优秀的人才，更能让客户放心。SI 管理的要求是，能使企业外围客户获得对品牌的一致性感知，从而确立品牌的统一形象。

SI 是品牌之"知"，是企业客户以外的人（普通公众、媒体、政府及公共组织等）所感知的企业社会地位的要素，对品牌提升具有强大的社会拉动效应。

总而言之，上面提到的 5 种识别体系中，MI、BI 是面向以经营主体为主的基本识别要素，VI、EI、SI 是面向以外部客户为主的集成识别要素。其中，MI 犹如企业的心，是企业的基本精神、灵魂及运作的原动力；BI 是规范企业内部管理、教育、员工行为及外部一切经营活动的根本；VI 要注意对外形象的统一规范、标准化；EI 要通过种种体验让顾客感受到品牌核心价值和诉求；SI 则主要来源于企业与社会信息的广泛互动。经由多种识别共同作用，品牌形象才能不断得到加深和强化。

案例：美国通用电气的品牌形象

通用电气公司的历史可追溯到大发明家托马斯·爱迪生的时代。爱迪生于 1878 年创立了爱迪生电灯公司。1892 年，爱迪生电灯公司和汤姆森·休斯顿电气公司合并，成立了通用电气公司。通用电气是世界上最大的多元化服务性公司，同时是高质量、高科技工业和消费产品的提供者。从飞机发动机、发电设备到金融服务，从医疗造影、电视节目到塑料，通用电气公司致力于通过多项技术和服务创造更美好的生活。

随着业务的拓展和公司的发展，通用电气的品牌定位也在不断地调整和优化。

20世纪30年代至60年代，通用电气的品牌定位是电器公司，口号是"电器让生活更美好"。当时的美国进行了规模最大的基础设施建设，兴建了很多电厂、道路、汽车、工厂，刚经历过一场难以置信的工业革命。通用电气"电器"的品牌形象，明确表达了产品利益，与那个时代的主旋律相呼应，符合当时的市场状况。

20世纪60年代至80年代，通用电气以不断向社会提供新产品来表现自己非凡的创造力和旺盛的增长势头。跨行业经营的通用电气，已经变成了一个集团品牌，所以必须摆脱行业特征和产品属性。此时，集团品牌定位上升为品牌精神的表达，当时提出的口号为"进步是我们最重要的产品"，通过价值观的诉求进一步提升了品牌的内涵，通用电气的品牌形象也开始向集团品牌、多元架构过渡。

20世纪80年代到2003年，通用电气多元业务已经形成比较大的规模。自1981年杰克·韦尔奇入主通用电气起，经过短短20年，他将一个弥漫着官僚主义气息的公司打造成了一个充满朝气、富有生机的企业巨头。在他的领导下，通用电气的市值由他上任时的130亿美元上升到了4 800亿美元，排名也从世界第十提升到第一。他所推行的"六西格玛"标准、全球化和电子商务几乎重新定义了现代企业的概念。2001年9月退休时，他被誉为"最受尊敬的 CEO""全球第一 CEO""美国当代最成功、最伟大的企业家"。通用电气旗下曾经有12个事业部成为其各自市场上的领先者，有9个事业部入选《财富》500强。韦尔奇带领通用电气，从一家制造业巨头转变为以服务业和电子商务为导向的企业巨人，使拥有百年历史的通用电气成为真正的业界领袖级企业。

此时的通用电气提出的品牌口号是"通用电气带来美好生活"，俨然从自身的诉求转变为客户诉求，从自身价值观转化成一种理性追求。

伴随着这个品牌口号，通用电气此时的品牌形象是一个致力于服务人类美好生活的公司，它的业务和人们的生活息息相关，但这种品牌形象的通俗表达也有一定的局限性。2002年秋天，通用电气对消费者、雇员、客户、投资者进行了调查，发现人们对通用电气的品牌印象局限于照明和家用电器这些生活用品。但事实上，通用电气的服务远不止这些，因为它已经不再是一个以提供日常消费品为主的品牌企业，而是一个多元化企业。当时，通用电器的整个品牌核心已经不再是家用电器所体现的内容，所以它又开始进行品牌形象的重新梳理。

2003 年之后，通用电气启动了"梦想启动未来"（imagination at work）的品牌定位，这个新品牌形象就是整合全公司的主线。因为自 2001 年伊梅尔特上台之后，通用电气的战略从资本收购转向创新。他的目标就是重新连接通用电气根基，表达通用电气在各领域的创新特征，向公众传递通用电气致力于通过创新的方案和精神解决世界上一些最难、最复杂的问题的信息（如能源的短缺、水的短缺、医疗服务、金融服务的问题等），最终用创想解决问题。于是，经过调查和反复测试，通用电气将曾是内部主题的"梦想启动未来"作为广告语，以此体现通用电气新时代的核心精神和价值观。通用电气的品牌形象便从理想追求转变为行事风格，将通用电气创新的行事风格推广给公众。

我们通过前面提到的 MBVES 模型做出通用电气的品牌形象素描，如表 17-1 所示。

表 17-1　通用电气的品牌形象素描

识别项	核心描述	备注
MI（理念识别）	梦想启动未来 绿色创想 健康创想	"绿色创想"体现了通用电气的以下承诺：在确保公司实现利润增长目标的同时，致力于对未来进行投资，以创造解决环境问题的创新解决方案，并为客户提供有价值的产品与服务； "健康创想"是通用电气做出的新的承诺，立志发展可持续性健康事业。其超过 100 项创新技术重点聚焦于降低成本、关注生命与提升品质 3 大关键需求，势必引领医疗保健行业的全新思维
BI（行为识别）	提倡企业公民责任 诚信热线	提出在 4 大领域承担企业公民责任，发挥领导作用； 公开诚信热线，强化与外界沟通，接受公众监督

续表

识别项	核心描述	备　注
VI（视觉识别）	通过严格的品牌使用规范使通用电气在全球都保持统一的形象	通用电气对 Logo 和标语的使用方法、字体和颜色的选择等做出了明确的规定。为表达创新的理念，通用电气大胆打破以往黑白两色的局限，采用了新的表达方式，即用蓝色取代黑色成为使用最普遍的 Logo 颜色，丰富的颜色代表了通用电气广泛的业务集合，比较容易为公众接受
EI（体验识别）	通过多种体验活动强化创想理念	通用电气启动"健康创想挑战赛"，面向全球广大企业、企业家、创新人士和在校学生征集具有突破性的创意和解决方案，强化互动体验
SI（社会识别）	以社会公益活动践行企业社会责任	每年发布环境报告，发起集思广益、节水节能的举措和活动，有效建立其社会公民形象

通用电气通过多种形象识别，传递出创想理念、企业公民形象，表达了其多元业务和解决复杂问题的能力。这一系列动作让通用电气的品牌变得更加栩栩如生。

通用电气的一位高管有这样一句话："我最担心的是我们这个企业不再有趣。"让品牌变得有趣，也许是通用电气作为 B2B 品牌向公众展现的最大特色。

第18章
品牌制度：固本清源

"不以规矩，不能成方圆。"

——《孟子·离娄上》

中国有句老话："不以规矩，不能成方圆"，讲的就是制度。作为万科集团的老总，王石能悠闲地去爬山，是因为他的公司有一套制度在运行。维珍品牌创始人理查德·布兰森能去航海、开飞机、玩滑翔，也是因为制度的建立。

好的品牌建设要有好的品牌管理制度，因为制度是固化品牌规划成果的根本。

换句话说，品牌的背后是企业管理制度小心翼翼地操控着品牌的表达方式。

品牌管理制度是伴随着品牌的建立而产生的。为加强企业的品牌管理，确保品牌资产保值和增值，塑造企业良好的品牌形象，保护企业和产品的信誉，现代企业就必须通过制度提供保障。没有管理制度的保驾护航，再好的品牌规划和实施方案，在执行时都难免会打折扣，进而降低企业的品牌效力。

高效的品牌管理制度要在企业品牌战略指导下，搭建合理的品牌管理组织架构，明确各层级的品牌管理职能，建立切实可行的品牌管理流程及高效有序的品牌评估与监控体系，同时规范主品牌、业务品牌及产品品牌的使用规则，给予员工培训和指导，确保品牌战略的顺利实施。

大部分国际品牌企业的制胜之道，究其根本都是一种模式的胜利、一种制度创新的胜利。建立品牌管理制度可按如下步骤进行。

（1）建立品牌管理部门并明确职责

这一步的主要任务是提出未来品牌管理的重点，并明确划分维护企业品牌的管理架构和相关人员的职责。比如，华侨城集团在品牌组织上确立了三级管理模式，主要由品牌决策委员会、品牌管理执行委员会、执行委员会办公室 3 个部分构成。这也是比较常见的品牌组织模式。品牌决策委员会主要由集团的领导和各子公司一把手组成。品牌管理执行委员会由集团总部各部门的一把手和子公司分管品牌工作的副总裁组成。执行委员会办公室由各子公司专职人员组成。

三级管理机构有利于协调集团品牌与旗下子品牌的关系，避免集团总部越俎代庖，避免旗下公司喧宾夺主。

在华侨城集团总部的统一管理下，集团组织统一、大规模的推广活动，旗下的子公司则根据这个大的主题做一些相关的推广。涉及集团品牌推广的活动，主要由集团来推广；单个品牌的推广则由旗下企业自己进行，费用也独立核算。

（2）制定品牌组合及各品牌的管理内容和流程

这一步的主要任务是制定品牌组合的管理内容及各品牌的管理内容，同时制定品牌管理的业务流程，通过对业务流程的改进使品牌战略管理更顺畅地运行。

（3）确立科学的品牌管理模式

这一步的主要任务是在组织内部建立强有力的、品牌导向的品牌管理模式，使公司品牌化。这个过程就需要建立以品牌为导向的业绩管理，通过导入业绩管理体系，将品牌战略管理贯彻到每个人每天的工作中。

（4）建立品牌监控与评估体系

这一步主要制定内外部品牌认知监控评估体系。评估的周期、主体、对象、方法和原则如表 18-1 所示。

表 18-1　品牌评估管理说明

品牌评估管理		品牌评估原则	
品牌评估周期	每年开展一次	可衡量	各项评估指标能够被量化
品牌评估主体	由品牌管理部门负责组织和执行，其他部门配合	低成本	获取各项评估指标的监测结果较容易，且获取成本较低
品牌评估对象	集团品牌、业务品牌或产品品牌	持续性	评估方法能够长期使用，并适合进行长期跟踪和分析
品牌评估方法	综合评估法（具体的评估方法将在工具中说明）	可剖析	评估内容易于分析品牌各方面的发展情况，利于深度开展比较分析和综合分析

（5）建立品牌危机管理体系

建立品牌危机管理体系尤为重要，它不仅能帮助企业防患于未然，更能在危机出现之后及时化解危机、引导事态朝着降低损害品牌价值或使品牌转危为安的方向发展。相反，假如之前缺乏品牌危机管理体系或机制，每次危机都是一次伤心活动（伤及顾客之心），也是对品牌价值的一次损耗。

比如，从 2012 年上半年的毒胶囊事件中可以看出，中国很多品牌并不懂得危机公关。2012 年 4 月，央视曝出国内 9 家药企的 13 种产品采用了铬超标的空心胶囊，这条消息在国内引起轩然大波。很多制药企业被卷进来，但涉事药企表现出的行为，着实让人大失所望。中国某些行业内主流企业的集体不成熟令人担忧，集体价值观沦丧让人痛心。

"毒胶囊"被曝光后，被曝光药企最先忙的事情都是撇清责任，把自己摆到"受害者"的地位，向公众诉苦，而非第一时间公开道歉和召回涉"毒"药物，这不仅说明中国药企品牌不懂得危机公关，更说明中国一部分企业与具有社会责任感的优秀企业之间还有一定距离。

伟大的公司不仅要创造利润，更要创造社会价值。这个社会价值首当其冲体现在顾客价值上。几乎所有企业都把顾客价值天天挂在嘴边，而当产品出现问题时，企业为了顾及利润而选择逃避、推诿、狡辩甚至漠然处之，不仅缺乏商业道德，更缺乏基本的商业良知。这就导致企业在危机公关上丑态百出，一步步错失补救良机，葬送了企业通过经营和传播苦心营造的声誉，几乎在瞬间就失去了广大消费者的信赖。

其实，良好的危机公关应把消费者利益作为底线，以坦诚和关爱作为回应的主要基调，通过正确的举措化危机为转机，为企业谋求新的进步和发展。

尤其在互联网日益发达的今天，信息透明度日趋提高，负面信息传播范围更大，负面信息的有害系数呈指数级增加，对消费者的心理伤害也会更大。这就要求企业洞悉危机公关的关键。

对于此次事件牵扯的药企而言，正确的做法应该是以下 4 步。

（1）及时道歉。第一时间向消费者道歉，积极配合相应部门的抽检工作，对已经发现问题或者疑似问题的产品进行召回，展示把消费者利益放在第一位的态度。

（2）坦诚应对。成立危机公关领导小组，强调把消费者利益置于首位，按照这一信条，统一口径和行动，积极应对媒体，公布事实真相而非进行狡辩。

（3）高效行动。及时公开问题药品批次及相应的抽检结果，以负责任的行动解除消费者的顾虑和担忧。

（4）妥善处理。接受问题药品购买者的换药、退药工作，设立咨询热线，回答顾客的疑问，真切地关注、关怀消费者。

这种危机公关建立在尊重消费者利益和坦诚沟通的基础之上。如果哪家企业能够率先做到这一点，它将在整个行业起到表率作用，引领行业风气，展现企业的基本责任，它还能够在危机中重塑品牌，重拾顾客信赖。

遗憾的是，大多数企业宁愿选择在唾弃中不了了之，也不愿意损失一点利润洗净企业的灵魂。过去，这样做也许可行，但现在乃至未来，这种做法一定行不通。企业一定要铭记，**一味追求利润的企业终有一天会没有利润的**。肆意践踏消费者权益的企业，唯一的结局是被消费者遗弃，这也是品牌短命的根本原因。所以，企业应预先建立品牌危机管理机制，为品牌健康良好发展真正起到保驾护航的作用。

工具 品牌管理制度建设六步法

1. 品牌管理部门架构

通常，品牌管理架构由品牌管理委员会、品牌运营办公室、职能部门品牌化领导小组三级组织构成。

（1）品牌管理委员会，由企业领导、相关部门负责人组成。它是品牌管理最高的决策组织，主要负责品牌战略制定、品牌定位审核、品牌管理体系和品牌传播体系审核，以及重大项目审定，对品牌管理执行委员会的工作进行战略指导，确定企业品牌管理和运作的指导方针和原则，制定企业品牌管理的中长期目标和计划。

（2）品牌运营办公室，由相关专业人员组成，主要负责企业品牌的各项具体管理工作，以及品牌计划制订与实施。

（3）职能部门品牌化领导小组。抽取相关部门的员工作为品牌协助管理和推广人员，具体参与、支持品牌的管理和推广工作。

美国的通用电气、惠普、3M 公司都成立了品牌管理委员会，主要职责就是建立整体的品牌战略，确保各事业部品牌之间的沟通和整合。

2. 品牌管理内容确定

品牌管理内容涉及品牌战略、架构、资产、传播、预算和风险管理 6 个方面。

（1）品牌战略管理包括品牌内外部战略环境研究、品牌战略举措落实督导、重大决策品牌影响评估、业务和产品品牌战略实施指导等内容。

（2）品牌架构管理通常包括新业务、新产品品牌架构方案评估、兼并收购业务品牌架构方案评估等内容。

（3）品牌资产管理通常包括品牌综合识别管理、品牌内外授权管理、品牌档案资料管理、品牌价值评估管理等内容。

（4）品牌传播管理主要传播计划与活动的策划，实施业务或产品品牌传播管理，对业务或产品品牌的传播策略进行指导。

（5）品牌预算管理主要负责公司品牌预算的执行工作。

（6）品牌风险管理主要涉及品牌风险防控与危机管理等内容。

3. 品牌管理流程描述

（1）明确品牌定位和价值。首先在内部达成共识，明确品牌核心价值和定位，能够用精练的语言描述这一价值和定位，便于向外部开展一致的传播。

（2）计划和执行品牌营销活动。整合相关品牌元素，制订品牌营销活动计划，使得消费者认知品牌，产生强有力的、独特的品牌联想，建立消费者对品牌的依赖和忠诚。这里，品牌元素是指名称、标识、象征物、口号、音乐、颜色等。

（3）评估和诠释品牌业绩。评估和诠释品牌业绩对于了解品牌营销计划的效率非常重要，便于有效改进品牌工作。

（4）保持和提升品牌资产。品牌资产管理涉及的活动比较多，包括多品类品牌管理、品牌延伸管理、品牌多层级管理等。

4. 品牌管理绩效考核

这一步的主要内容是建立与品牌管理要求相匹配的绩效考核指标，完善激励与约束机制，将品牌管理工作落到实处。

比如，星巴克在员工的行为规范中提到一条："为客人煮好每一杯咖啡。"对此如何检验？星巴克建立了一系列考评机制，尤其以"神秘顾客"最有特色，即除了通常的理论知识考察和实际操作考察外，他们委托某个具有考察能力的公司，派人扮作顾客，来到各星巴克咖啡分店进行消费，其间对员工的服务、技能、环境氛围等进行全方位考察，然后结合业绩综合考量，以此判定某店的服务质量如何、某店员能否升迁等。

5. 品牌资产评估

尽管目前国内外品牌评估方法多种多样，但归结起来主要有3种类型，其优缺点各有不同，如表18-2所示。

表 18-2　品牌评估方法

方　　法	定　　义	优　　点	缺　　点
客户认知评估法	通过市场调查的方法评估客户对品牌的知晓度、态度、联想和忠诚等，把客户看作品牌评估的焦点	比较贴近市场，具有良好的诊断性，并可用于预测品牌潜力	主要基于市场调查，需要付出一定调查成本
产品市场评估法	该方法将品牌资产与其市场表现相结合，认为品牌资产的价值应体现在品牌的市场表现中，如品牌的溢价、市场占有率等	较为全面，可以反映各种品牌特性的价值增加值总和	基于客户在假设情况下的主观判断，而客户的实际购买行为可能与其主观判断不符，导致市场指标发生变动的原因可能与品牌因素无关
财务数据评估法	该方法主要从公司的超额利润或公司市值中分离出品牌价值，比较适合上市公司的品牌评估	在评估品牌现状的情况下，同时考虑未来的品牌收益	造成公司超额利润或增值因素复杂，很难将品牌因素与其他因素进行区分

具体评估时，企业可根据品牌资产的内容设计相应的衡量指标，如表 18-3 所示。

表 18-3　品牌资产评估

品牌资产细化	评估自检	指　　标
认知度	客户是否听说过××品牌	未提示情况下的知名度 提示情况下的知名度
考虑	××品牌是否被理解，对客户是否具有吸引力	相关性 差异性 情感联系性
尝试	哪些客户会尝试	不同地区的尝试率
满意度	我们是否履行了品牌承诺	客户满意度 运营绩效
重复购买	哪些客户再次购买，什么时候再次购买	重复购买率，根据地区和购买周期
忠诚	客户对××品牌有多大的承诺	需求份额 品牌溢价
推荐	客户是否在宣传××品牌	推荐与认知 客户挽留率 获得新客户

6. 品牌风险防控机制规划

企业应该建立健全品牌风险防控机制，在品牌危机发生之前及时预警、发生之时灵活恰当处理、发生之后客观追溯总结并妥善处理。本项工作的重点在于"危机预警和后危机管理"。

（1）品牌危机预警系统

通过成立品牌危机管理小组，加强品牌危机管理培训和品牌资产评估管理，逐步建立并完善集团品牌危机预警系统。品牌危机管理小组成员至少应包括企业高管、品牌经理及危机管理相关部门负责人。企业每年至少由品牌经理负责组织开展一次品牌危机管理培训，强化品牌危机意识；同时加强品牌资产评估管理，监督和检查品牌危机信息，及时发现和捕捉品牌危机征兆。

（2）品牌危机处理流程

品牌危机出现时，应按以下流程进行处理。

①出现品牌危机事件时，自发现之时起 24 小时内由品牌经理负责协调各机构及时组建品牌危机管理小组，召开品牌危机管理会议，商量对策。需要重点强调的是，危机发生后的头 24 小时是关键中的关键，因为外界对事件的看法形成很快。一旦看法形成，改变起来就会十分困难，企业能否控制局面将在一天之内见分晓。

②品牌经理负责做好面向大众的公关工作，必要时提请品牌危机管理小组委派公司代表或指定新闻发言人出面做好社会和媒体公关。

③针对具体情况，对受害者及时做好沟通和赔偿工作。

④对于假冒商标和品牌的行为，应根据事件的严重性，首先由品牌经理代表公司向对方提出异议和警告；然后，根据实际情况，搜集相关证据并及时向法院提出诉讼。

⑤对品牌危机管理事件进行总结、分析，对相关责任人做出奖惩处理。

（3）后品牌危机管理

在恰当应对品牌危机之后，企业还需要做好善后工作，防止危机再度发生，并尽快恢复企业声誉与品牌形象，使企业重新取得社会、客户、政府部门等利益相关方的信任。

①在品牌危机消除之后，品牌危机管理小组应该及时分析危机发生的原因，总结危机处理过程中的经验，有效避免类似危机的再次发生。

②品牌委员会应该针对品牌危机过程中暴露出来的问题，对品牌监测和评估系统进行进一步完善与补充，确保有类似危机苗头时可以早发现、早预防，把危机消除在萌芽状态。

③做好危机后品牌的正面宣传工作，重新建立企业利益相关者对企业的信心，采取积极的、实质性的措施维护企业品牌形象。

④对外加强与主要媒体的战略性合作伙伴关系，确保未来危机处理的及时性和有效性；对内恢复组织成员的士气，确保早日恢复正常工作。

案例：宝洁的持续创新机制

谈到宝洁，我们大多数人都不会陌生，因为大多数家庭里都或多或少能够找到正在使用的宝洁产品。正如宝洁公司的使命"亲近生活，美化生活"，这家创立于 1837 年的百年企业一直在践行这个使命，走进千家万户，美化人们的生活。在 2015 年世界 500 强榜单中，作为全世界最大的日用消费品公司，宝洁排名第 100 名。在 interbrand 2018 年品牌百强榜单中，宝洁公司的两个品牌进入百强榜单，包括吉列和帮宝适。

宝洁品牌之所以这么强劲，关键在于宝洁品牌创新的能力。在快速消费品领域，从所谓"10 亿美元俱乐部"成员的数量来看，宝洁拥有 26 个 10 亿美元销售额的品牌；其他快速消费品公司，可口可乐公司拥有 15 个，卡夫拥有 12 个，而同属日化行业的宝洁的老对手联合利华也不过拥有 12 个——不足宝洁的一半。通过长期对宝洁公司的品牌运作进行动态观察，我总结出宝洁品牌创新的"一二三"秘诀，对于大型企业的品牌建设具有一定的借鉴意义。

"一"是指宝洁品牌的一个核心原则。

宝洁的品牌有一个核心原则，那就是创新。这个看似不稀奇，似乎所有企业都强调创新。但是理念好讲，口号好提，难的是关键的行动和能够具体落实的工作方法与文化。

宝洁在内部推崇"消费者就是老板"的理念，使得这家公司的文化和工作方式发生了根本性的变化，即从技术推动转变成消费者拉动。从某种意义上讲，宝洁在管理上的突破在于把消费者当作老板，并在此基础上把创新看作一个完整的流程并据此开展创新。

在品牌原则的指导下，宝洁的创新已经牢固地嵌入了宝洁的目标和战略选择、资源分配、评估体系及关键人员甄选、晋升和奖励等重要事务中，这保证创新融入了整个组织的文化之中，并变成了组织 DNA 的一部分。

众所周知，品牌就是承诺，意味着产品在性能、品质和价格等方面与众不同，胜人一筹。品牌就是能对品质、性能和价值一以贯之的保证。在变化速度日益加快的时代，如果没有创新精神、创新意识和创新行为，一个公司就很难结出创新硕果，品牌最终可能就会走向老化，直至枯萎。

"二"是指宝洁品牌的两个关键时刻。

关于品牌，有一个重要的概念，那就是品牌资产。品牌资产也称品牌权益，是指只有品牌才能产生的市场效益，或者说产品在有品牌时与无品牌时的市场效益之差。品牌资产就是让消费者觉得这个品牌与其他品牌有所不同，使得品牌成为企业与消费者之间的重要连接点。某种意义上讲，品牌资产就是品牌的 DNA，来自消费者的信任。

宝洁竭尽心力去建立、经营与消费者之间的关系，建立品牌忠诚度，让消费者对宝洁品牌另眼相看且情有独钟，创造品牌与竞争品牌之间的差异。为了创造这种差异，宝洁在两个关键时刻让消费者感到欣喜：第一个关键时刻是消费者购买产品的时刻；第二个关键时刻是消费者使用产品的时刻。

为了更好地掌控关键时刻，2002 年，宝洁创建了一些具体的接近消费者计划。其中有一个计划叫作"在生活中体验"，它的内容是让员工住在消费者家里，与他们同吃同住，生活在一起，并且陪同他们购物，通过消费者的眼睛观察世界，这样就能亲身体验消费者金钱和时间的多寡、与社交圈子打交道的方式、买哪些产品、怎么使用那些产品，从而寻找开发新产品的机会。另一个计划叫作"在工作中体验"，它给员工在一个小店站 1 小时柜台的机会，让他们了解顾客购买产品的理由，同时了解自己的产品存在的一些不足。

据说，宝洁有 70% 的高管参加过至少一个计划。所有宝洁的新人都必须参加接近消费者计划，以便所有员工能够深刻理解消费者就是老板这一原则，在各种消费情境中花费更多的时间，深入消费者的居家生活，陪同他们一起购物，成为他们生活的一部分，从而更好地开展品牌创新。

宝洁坚信，所有员工只有高度重视这两个关键时刻，才会有更多消费者购买和使用宝洁的产品，并且重复购买和使用，最终提升自己的品牌资产。

"三"是指宝洁的三个品牌运营和管理机制。

一是以品类聚焦为轴心的决策机制。

宝洁是一个由使命引领、由价值观驱动的公司。全世界数十亿人都希望便利地得到一些物美价廉的产品和服务，从而让自己的生活变得更加美好。宝洁的使命就是不断提供性能、品质、价格胜过任何竞争对手的品牌和产品，用细微但有意义的方式美化消费者每一天的生活。

　　基于这种使命，宝洁第一个品牌运营机制就是品牌的决策机制。这个决策机制有一个主要纲领，那就是品牌聚焦。宝洁的品牌战略是一种聚焦战略，一种有所为有所不为的战略。既然宝洁要以创新为中心原则来思考，那就要评判哪些业务可以做到持续创新并保持领导者地位。

　　以这一原则开展战略选择，宝洁最终锁定了 4 项核心业务，分别为织物护理、头发护理、婴儿护理和女性护理，以及销售额至少达到 10 亿美元的众多领先品牌。

　　为了践行品牌聚焦战略，把资源和精力锁定在产出最大的业务和品牌上，宝洁退出了大部分食品和饮料业务，尽管这些业务仍能盈利，但宝洁经过分析认为这些业务没有通过创新实现成长的潜力，也不具备长期的竞争优势。于是，它选择果断退出，腾出的资源就可以投到成长更快、利润更高、资产效率更高的美容、健康和个人护理业务之中。

　　二是以品牌为单元的品牌管理机制。

　　宝洁有一项闻名退迩的品牌管理制度，即品牌经理制度。宝洁以品牌为中心进行运作，每个品牌就像一个小公司，品牌经理如同一个公司的总经理。他将决定品牌的市场定位，做品牌的长期规划，从品牌近期的市场策略到推出什么产品、打什么广告、做什么促销，事无巨细地负责到底。

　　品牌经理制中，品牌经理是品牌管理业务的主要负责人。他负责协调企业各职能部门，以及职能部门与市场、消费者之间的关系，具体任务包括：

　　①分析研究消费者、竞争对手和市场环境，制定品牌管理的具体方案。

　　②制订品牌年度营销计划、预算和销售额预测。

　　③确定广告和销售代理商，共同策划广告方案和宣传活动。

　　④激励品牌的销售队伍和经销商，获取他们的兴趣和支持。

　　⑤不断收集市场上有关客户、经销商、竞争者等方面的信息，不断寻找新问题和新机会。

　　⑥组织产品的改进和创新活动，以适应不断变化的市场需求。

　　曾经有人用幽默的方式诠释宝洁：宝洁好比一头"猪"（宝洁的英文名是"P&G"），市场部门是"猪脑"，而其他部门就是猪腿、猪身、猪嘴，全身必须一起动起来，"猪"才可以活蹦乱跳。

　　这里，作为"猪脑"的品牌经理经常扮演着"万金油"的角色，他要负责解决这个品牌的所有问题，包装、生产、广告、销售等方面都要涉及，还要和销售、财务、人力资源、生产、采购等各个部门打交道并不断地沟通。

　　这样就为总经理腾出了时间和精力，也大大提高了管理效率，有助于进一步提升品牌资产。

　　三是以共同创造为特色的开放式创新机制。

　　前面提到宝洁的核心原则就是创新。那么，宝洁有什么样的创新机制能够保持品牌持续创新呢？我认为其中的核心就是开放式创新机制。

　　事实上，在2000年之前，宝洁一直坚持传统创新模式：以研发基础设施为中心，创新必须来源于公司的四面高墙之内。这也是目前我国多数企业采用的模式。

　　然而，面对飞速变化的市场需求，传统创新模式渐显疲态。一方面，品牌的增多拓宽了消费者的选择范围，创新产品的生命周期大大缩短，同时意味着失败概率的增加；另一方面，研发生产力水平下降，越来越多的研发费用带来的却是越来越少的回报。

　　当时，新任CEO雷富礼2000年上任后力排众议，提出"开放式创新机制"，即将宝洁的心脏——研发（Research & Develop）扩展为联发（Connect Develop），即打开公司围墙，联合外部松散的非宝洁员工组成智慧群体，按照消费者的需求进行有目的的创新，再通过技术信息平台让各项创新提案在全球范围内得到最优配置。

　　联发最大的特点就是，所有宝洁人都愿意抱着开放的心态，认真考虑源自任何地方的新思想、新想法，从而建立一个真正开放、真正全球化的创新网络。同时，雷富礼提出，要让50%的创新想法来自公司外部。

　　这样的措施有效地解决了内部的过度竞争问题，同时把目光投向了外部的世界。创新方式多种多样。我曾将宝洁的开放式创新总结为"六个一工程"。

　　第一个一是一个创新网。宝洁有一个"创新网"，将分散在全球各地的研发、设计、市场研究、采购等方面的人员连接起来，进行交流。

第二个一是一个职位。宝洁特地设立了所谓"技术创业家"的职位。宝洁拥有近百名技术创业家，他们分布在全球各地，主要职责是了解世界各地的不同创新能力，把握创新趋势。他们有某些重大创新时，会优先卖给宝洁。

第三个一是一个栏目。宝洁的内部网还设立了"Ask Me"（问我）栏目，涵盖世界各地 10 000 名技术人员，谁在研发过程中遇到困难或有什么需要，就可以把问题贴在网上，然后问题会被转给有相关专业经验的人，而且在 24~48 小时内就可以找到能够提供答案的人。网上还有各种技术专业社区，供人们讨论交流。

第四个一是一个团队。宝洁内部的 Future Works 事业部是一个独立的创新团队，它不隶属于任何部门，也不受既有典制的约束，由一名总经理领导，来自各种学科小组的人聚集在一起，搜索能够创造新消费的机会。

第五个一是一个小组。在每个业务单元里，宝洁还有一些"嵌入式"的小型创新小组。宝洁公司还有一个小组叫作外部发展组织，它起到了创新的"中介"作用，既可以把外部的创新通过技术转让为宝洁所用，也可以将宝洁的一些技术和专利转让出去。

第六个一是一个社交网络。宝洁的研究人员会为每一个新产品搭建一个社交网络，邀请顾客对他们的新产品提出意见。加入这个社区的都是来自各个行业的消费者。研究员在社区不断地发布自己的计划和阶段性研究成果，然后听取社区成员的意见并完善产品。网络社区的大规模讨论，让各种可能的失败只发生在研发的初级阶段，把研发失败的机会成本降到了最低。

通过开放式创新，宝洁不仅降低了研发费用和失败的概率，缩短了从发现市场机会到获得收益的时间，更能有效地亲近消费者，整合外部有才华的人与宝洁进行共同创造，使得宝洁的品牌创新展现了盎然生机。

总之，宝洁在一个核心原则——创新的指引下，通过聚焦自己能够更好体现该原则的品类，以品牌经理制开展高效的品牌管理，结合开放式创新提供保障，最终成功抓住两个关键时刻，做到亲近消费者，美化他们的生活，造就世界上最多的 10 亿美元品牌，提升了品牌资产。

第 19 章
品牌计划：有条不紊

"有可能出错的事情，就会出错。"

——墨菲定律

墨菲定律提到："有可能出错的事情，就会出错。"这就需要企业做出合理的计划和安排，让工作能够有条不紊地开展，减少差错。

企业每年都要结合品牌的发展现状和目标设定明确的计划，便于品牌工作的顺利开展。所谓"用兵之道，以计为首"，**任何品牌规划，不是在计划中成功，就是在计划中失败。**

计划是推广的基础，是策略执行的指南针。一个好的品牌推广计划能够减少推广过程中的不确定性，做到将推广活动及效果了然于心、胸有成竹，从而保证计划的顺利实施。

这里，我们主要介绍制订品牌推广计划的步骤。

1．外部环境分析

任何品牌的任何活动都是在一定的客观环境下进行的，主要包括人口、经济、自然、技术、政治和社会环境。企业分析这些环境的目的是在品牌推广的过程中有效利用积极因素，消除和克服不利因素，做到审时度势、趋利避害。

外部环境分析还要聚焦于微观，做竞争对手分析。在详细调查的基础上，企业要划分出不同类型的竞争者，并对他们区别对待。竞争品牌的分析内容如表 19-1 所示。

表 19-1　竞争品牌分析内容

竞争品牌	销量和销售额	市场占有率	产品优缺点	市场区域	品牌定位	传播策略	定价策略	销售渠道
A								
B								
C								

2. 内部环境分析

内部环境分析主要看企业各部门与管理层之间的分工是否科学，协作是否和谐，能否精神振奋、团结一致、配合默契。这些都会影响品牌的推广。通过发现自身内部的优劣势，做到充分利用优势，构建品牌的核心竞争力；同时积极主动面对劣势，寻求办法，创造条件，变不利为中性、变中性为有利。

图 19-1 是对内部环境与资源进行分析的一个示意图。企业可以通过对内部环境和自身资源的分析，找出优劣势，挖掘核心竞争力的源头，然后聚焦核心竞争力，全力打造强势品牌。

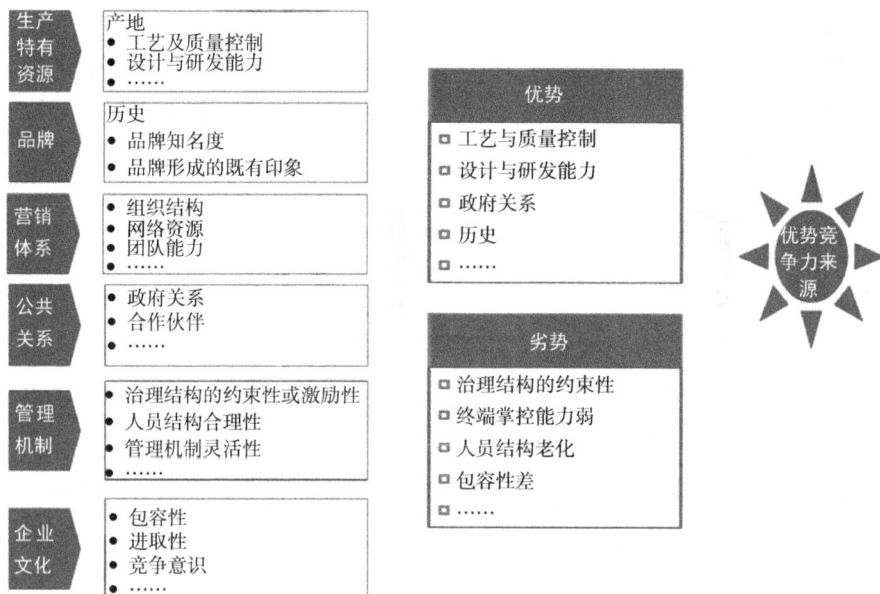

图 19-1　内部环境分析

3. 目标消费者分析

企业产品要满足所有消费者的需求是不可能的，因此企业必须在对消费者需求进行充分了解的基础上，将不同类型的消费者归为不同的细分市场，然后结合自身的优势界定企业产品，以满足顾客群体的需求，并有针对性地制订不同的品牌推广计划。

在制订广告策略及计划的过程中，关键要确定首要和次要的沟通对象，这将直接影响品牌推广信息和推广计划的发展，以及上市先期的重点投入和媒体安排。因为沟通群体的不同决定了我们所要传递信息的方式会有所不同。

4. 确定品牌推广目标

目标是行动的未来目的地，是品牌推广活动所要实现的结果。

5. 制定品牌推广预算

企业资源是有限的，品牌推广又是极其繁杂的，而企业不可能无限制地投资，因此有必要对企业的品牌推广费用加以分类，然后制定合理的预算。一般而言，企业的推广预算可以分为媒体广告推广预算、PR 公关活动预算、促销活动、代言人推广等，每一种又可以分为不同的子项。

6. 选择合适的品牌推广策略

企业需要根据目标的不同及各个阶段的具体情况选择合适的策略组合，同时针对不同的对象设定不同的传播策略和推广手段。比如，针对合作伙伴和分销商的传播计划，可以组织相关人员参观工厂；针对特定对象，可以安排专门的发布会等。针对媒体、客户、投资者的沟通，不外乎使用媒体广告（如平面广告、户外广告）、新的企业形象发布会、公关软文、企业网站的及时更新和可能的赞助活动等传播手段。无论何种推广策略，实施过程中都需要结合实际目标，监控品牌推广的落实情况，实施过程管理，及时分析原因，找出差距并进行修正。

工具　年度品牌推广计划常用模板

年度品牌推广计划是阶段规划的分解。一年中，企业要根据不同的时间、目标客户、消费场所、消费特点确定推广节奏，进行整体规划。企业要明智与合理地制订和使用营销计划，一般先要做好如下工作。

（1）了解企业的经营状况，根据品牌发展阶段性规划，确定新一年度的品牌发展目标，如表 19-2 所示。

表 19-2　品牌推广计划总表

品牌与产品系列	目标客户群	推广目标	核心策略	活动安排与计划		
				第一季度	第二季度	……
品牌 A						
品牌 B						

（2）根据年度品牌发展目标，设计本年度品牌推广策略与计划，包括公司品牌和产品品牌，线上和线下推广的计划安排，以及推广受众、推广目的、推广内容、推广方式/媒介形式、推广时间等要素，懂得在被证明已经成功的方面或因素上进行投入。

（3）根据年度品牌推广计划，估算所需的资源。

（4）明确产品推广的重点，针对重点品牌进行重点设计，并聚焦公司资源。

（5）召集企业高层和相关人员，就品牌定位和规划，以及新一年度推广执行方案进行沟通和研讨，并根据沟通结果进行局部调整。

（6）将总表进一步分解到每个季度，制定相应的目标和策略，并做出对应的预算，如表 19-3 所示。

表 19-3　品牌预算表

某季度活动	品牌	时间段	目标人群	目的与策略	媒体	费用	预算小计
活动 A							
活动 B							
活动 C							

（7）根据已完成活动进行相应的评估，以便及时了解品牌推广活动的开展情况，做到及时调整，如表 19-4 所示。

表 19-4　品牌推广活动计划

部门/下属单位：			编号：品牌推广宣传活动评估号		

品牌推广宣传活动评估

活动效果评估

序号	项目	内容	项目	内容	实际情况
1	部门/下属单位年度总体品牌推广目标		本季度推广活动目标		
2	年度推广活动计划目标公众		本季度实际目标受众		
3	年度推广活动费用预算		本季度实际费用		
4	年度推广活动预期传播媒体		本季度活动实际传播媒体		

传播效果数据评估内容

序号	项目	数据	序号	项目	数据	序号	项目	数据
1	发送的信息数量		2	被采用的信息数量		3	信息采用率	
4	新闻稿件数量		5	专题报道数量		6	图片数量	

问题记录

序号	项目	内容
1	项目活动中出现了哪些预想不到的问题？	
2	这些问题中有哪些处理不当？	
3	如何采取措施补救？	
4	如何预防下次活动发生同类问题？	

总结说明：

评估小组意见：

评估时间：

✎ **案例：某企业的品牌计划**

　　某企业品牌总监刚刚走马上任。因为原企业先前的品牌工作缺乏规划，所有的传播活动都是应急性的事务，并没有主动进行有效的管理，所以他来到企业后发现工作毫无头绪，不知从何处下手。后来，在咨询公司的帮助下，他首先明确了企业的品牌理念、愿景、定位、核心价值、口号等基础性内容，然后实施了两个计划：内化计划和外化计划。

1. 内化计划

　　内化计划是指将企业新的品牌理念有效地传递给员工，让员工能够快速掌握这些品牌理念、统一认识企业的品牌核心价值、对品牌定位达成共识、牢记企业的品牌口号的计划。因为每位员工实际上都是品牌有效的接触点，员工的行为就代表公司的理念，传递一种品牌价值。

　　品牌总监把内化过程分为 3 个阶段：规范化和普及化、生动化和具象化、制度化和常态化。

　　（1）品牌理念的规范化和普及化

　　①加强全员学习。全面地组织全体员工学习，集中地、分阶段地宣传品牌新理念。学习的方式主要是专题培训学习。要求各级部门至少组织一次培训学习，由负责人或部门主管负责，并逐层推进；专门学习材料由品牌部组织统一的文本材料，用于各级培训。此外，学习要与推广相结合。品牌总监要求各部门将培训现场录制成视频，优选剪辑后作为员工培训的统一教学资料。这样做的目的是在各级管理人员中普及集团品牌理念并形成规范化教材，用于以后在内部的持续宣传。

　　②内部宣传引导。利用企业内部宣传媒介和沟通渠道强化、促进全员对品牌理念的学习、领会和根植。宣传的具体途径主要是通过企业内部刊物和内网连续宣讲、传播企业的新品牌理念；要求各级领导在各类会议中示范性讲谈企业品牌理念；要求各级部门定期组织对员工的相关培训，并由上级单位抽查考核。这样做的目的是将企业品牌理念宣传、学习推向全面化、全员化。

③深入研讨交流。组织各级业务单位从品牌理念角度研讨业务经营和日常工作，并进行广泛交流。具体措施主要包括：组织部门研讨、讨论如何按照品牌理念提升经营实践；组织关键业务岗位员工研讨、讨论如何按照品牌理念优化日常工作；通过内部媒介传播交流上述内容并形成总结性成果。这样做的目的是将品牌理念的宣传、学习引入与经营实践、日常工作相结合的新阶段。

（2）品牌理念的生动化和具象化

①品牌文化的奠基。由企业内刊依照品牌理念收集、筛选历年积累的突出的经营实践和员工先进事迹，同时由品牌部汇集整理各级部门的研讨、学习成果，结合二者进行加工提炼、图文编辑后形成《品牌文化手册》和影视专题，最后由公司主要领导题写序跋后出版，作为公司品牌长期培训的重要素材，同时用于对外宣传。

②文化氛围的营造。通过企业内部媒介持续宣传符合品牌理念的业务实践、服务故事、典型案例，使全体员工对品牌理念与主张的认知进入感性、具象层面。同时，表彰一批践行品牌理念的模范单位和先进个人，为各级单位和员工树立学习标杆和行为标准，并将部分典型事例与模范推向外部社会，进行宣传推广，使之成为明星，以推动品牌文化的践行和发扬，形成良好的品牌文化氛围。

（3）品牌理念的制度化和常态化

①宣导研讨常态化。内部媒介应将品牌宣导作为主要日常工作之一常抓不懈。各级部门应定期（季度）结合自身经营研讨品牌理念践行情况并形成总结上报。企业对各项总结进行研讨、提升，择优推广优秀做法，让公司品牌理念渗透到各级部门经营实践和全体员工日常行为之中，并在制度与文化的约束、引导下进入不断优化、持续提升的良性循环。

②文化创新持续化。持续挖掘来自一线市场和公司基层、体现集团品牌文化的鲜活亮点和感人事迹；持续收集来自顾客及社会各界对集团品牌文化的反馈评价；持续对外推广品牌文化新内容、新故事，并定期（2 年）更新《公司品牌文化手册》。

③学习培训制度化。品牌理念的学习、培训必须制度化。新进员工、后备干部等培训必须包含品牌理念、文化等内容；培训师资方面，由品牌总监牵

头，从各部门抽调相关人员组成，并进行考核评优，结果纳入绩效考核；培训教材和形式应不断优化、创新。

品牌理念的制度化、常态化，可以使品牌理念深入渗透到各级部门经营实践和全体员工日常行为之中，并在制度与文化的约束、引导下进入不断优化、持续提升的良性循环中。

2. 外化计划

企业内部对品牌新理念达成共识之后，就要开始外化计划，以便更多外部客户能够感受新的品牌理念。

外化计划中，首先按照客户忠诚度对客户群进行细分。通过对消费者的调查，先把客户分成 3 类：一类是形象客户；二类是忠诚客户；三类是潜在流失客户（买完以后不满意，以后不再买了）。同时，把竞争对手的客户分成两类：一类是虽然买了竞争对手的产品，但对本企业很喜欢的客户，这是潜在流入客户；二类是终结客户，即既买了竞争对手的产品，又不喜欢本企业的东西，这部分客户可以忘掉。

对于形象客户，企业要重点把控。与这类客户合作会对公司业务起到有效的推动作用，因而需要企业集中优势资源进行把控。

对于忠诚客户，本计划将其归为 A 类客户。企业要继续通过人员拜访、定期电话回访、品牌 DM 等强化手段对忠诚客户进行品牌宣传和情感沟通；在产品研发和改进上，要让客户参与建议和试用；让忠诚客户因高满意度和情感依赖度成为企业的品牌口碑宣传推广代言者。

对于潜在流失客户，本计划将其归为 B 类客户。对于这类客户，企业要排查原因，了解以下几个问题：是什么让企业的客户离开？是产品不好还是服务不好？是企业的推力将客户推走的，还是被竞争对手拉走的？如果是推力，那么是什么原因造成的？如果是拉力，企业应该怎样采取更好的营销措施？回答问题的过程本身就是一种举措。

对于潜在流入客户，本计划将其归为 C 类客户。对于这类客户，企业要做到充分调研，弄明白以下问题：客户为什么喜欢我们的产品？客户特别看重我们哪些产品特性？客户喜欢什么样的媒体？这同样是带着问题想举措。

基于客户分类，企业应该实施不同的传播策略，形成有效的沟通计划；同时，建立客户分级管理体系，针对不同层级客户提供不同服务组合，以实现资源优化配置和"高适用"性。针对不同客户的不同沟通方式如表 19-5 所示。

表 19-5　客户分类沟通表

客户类型	服 务 内 容
形象客户（可按照全国性形象客户和区域性形象客户再分类管理）	更优惠的销售政策和价格政策支持
	企业考察接待服务
	厂家 DM、礼品赠送
	同等条件下的产品优先供货制度
	更长时间的品质保障、退换、保险赔付承诺，客户损失厂家先行赔付
	同等条件下的售后服务优先处理制度
	公司高层定期上门拜访
A 类客户	书面资料介绍产品、服务、企业
	企业考察接待服务
	同等条件下的产品优先供货制度
	更长时间的品质保障、退换、保险赔付承诺，客户损失厂家先行赔付
	同等条件下的售后服务优先处理制度
	公司高层定期上门拜访
B 类客户	高效准确的配送、运输服务
	新产品技术指导
	更长时间的品质保障、退换、保险赔付承诺，客户损失经销商先行赔付
	公司中层人员定期上门回访
C 类客户	书面资料介绍产品、服务、企业
	厂家 DM
	通常的行业惯例和竞争对手的品质保障、退换、保险赔付承诺
	高效及时的配送、运输服务
	电话回访与沟通

　　基于客户的类型及对应的分类服务管理，通过不同的销售阶段梳理品牌接触点，实施有针对性的沟通传播，如表 19-6 所示。

表 19-6　品牌接触点沟通表

销售阶段	品牌接触点
售前服务	书面印刷资料介绍产品、服务、企业 公司网站宣传与推广 行业应用会议 行业应用 DM 形象客户宣传与推广 专业化品牌形象宣传与推广
售中服务	企业考察接待、沟通 电话热线咨询 招投标管理的沟通与接洽 营销人员上门专业推广与介绍
售后服务	日常售后服务内容 优于行业惯例和竞争对手的品质保障、退换、保险赔付承诺 高效准确交货、配送服务 产品质量事故的及时处理 定期回访，包括实地回访或电话回访

　　通过制订详细的品牌传播计划，该品牌总监理顺了企业的品牌管理工作，品牌脉络一目了然，具体任务也能够及时派发给相关人员，品牌与外界的沟通变得有序、顺畅。

　　总之，品牌计划是为指导创造、设计和传播特定品牌内涵而制订的详细实施方案。它决定了品牌的特性或风格基调能否有效传达，品牌承诺能否先内化再进一步外化，企业资源能否有效整合、聚焦，使得品牌被更多顾客群体所感知。

第 20 章
品牌策略：独树一帜

"我从事营销工作 20 年。我认为在电脑软件方面，我们最大的竞争
对手并非技术突出，而是营销功力高人一等"。

——IBM 前总裁　郭士纳

有句话说，"产品贵在质量，品牌贵在传播。"

品牌策略主要是指品牌传播策略，即有了一系列品牌规划后，品牌该如何传播。常规的方法无非是按照宣传内容，通过媒体或其他渠道进行传播。

简言之，一个品牌的传播最应该关注 3 个方面：传播内容、传播渠道和传播活动。

传播内容是指传播什么，即什么样的内容最能打动想要打动的人。

传播渠道是指怎么传播，即什么样的方式和渠道最能接触到想打动的人，并且成本最优、给人印象最深。

传播活动是要建立属于品牌的标签式特色活动，从而让受众产生直观联想，提到活动就会想到其所属的品牌。

1. 品牌传播策略的步骤

制定品牌传播策略，通常遵循以下几个步骤。

（1）确定目标受众的利益需求与传播策略制定

企业可以通过利益相关者定位图进行分析，明确各利益相关者对品牌的利益需求，如图 20-1 所示。

通常来讲，政府机构、股东、投资者、媒体和社会公众是企业品牌建设需要关注的常见重点受众。

图 20-1　利益相关者权利利益矩阵（利益相关者定位图）

　　通过分析主要利益相关者的利益关注点，企业可以针对性地设计不同的传播策略，如表 20-1 所示。

表 20-1　主要受众利益与策略评价

目标受众	利益关注点	应该采取的传播策略
股东投资者	透明诚信、回报股东	实力展示、双向沟通
政府	守法经营、社会责任、创造财富、可持续发展	全方位的公关策略
媒体	透明诚信、主动沟通	媒体关系管理
社会公众	公众利益、社会责任、优质服务	扩大知名度、树立社会形象

　　通过对不同群体实施差异化的策略，企业能够在短时间内运用产品价值理念在对政府部门、金融机构等有影响力的客户进行重点开发时形成市场突破，并利用这些客户的示范效应迅速打开一般客户市场。比如，某大型国有企业将其重点利益相关者称为"战略性群体"（它是企业身后一股不可忽视的力量），并针对这些群体提出不同的品牌诉求，制定差异化的沟通策略，如表 20-2 所示。

表 20-2　战略性群体沟通策略

序号	战略性群体	主要诉求	沟通策略
1	政府主管部门	大局意识，安全稳定，高效运营，可持续发展	加强汇报交流，以主流媒体报道和内参方式开展传播
2	媒体及意见领袖	诉求多，关注信息广，涉及所有有新闻价值的方面	加强沟通，主动引导舆论，积极借助第三方话语权提升传播公信力
3	行业伙伴	利益格局的影响	加强沟通，增进理解
4	重要组织客户	安全使用，优质服务	听取意见，改进服务

我曾经在一个葡萄酒论坛上告诫企业家群体要区别对待顾客，尤其是媒体这种客户。我当时指出高端葡萄酒或酒庄在营销过程中的一个误区，即认为酒或酒庄地产的消费群体是企业高层、政府官员和社会地位高的人群。其实，这里没有考虑不同顾客的价值。记者或者一些媒体从业者可能不是酒庄酒的经常消费人群，但属于表 20-2 中提到的重要意见领袖，应该是酒庄的重点关照人群。因为他们可以通过文笔、语言把酒庄渲染得有意境，在公众之中产生最大化的传播，形成品牌仰慕效应。所以，这部分群体也是企业需要重视的。

他们以往经常邀请企业主群体到酒庄体验，但传播力很有限，我建议他们对不同的人群进行配比，在邀请企业主的同时也邀请相关的媒体意见领袖，因为企业主很少会帮你写文章，但是媒体的意见领袖却具备这方面的能力和资源，通过组合式参与，让他们了解酒庄的生活方式，就可以成为他们笔下的素材，进而形成可供传播的内容，从而放大传播效果。

（2）确定传播方式

品牌传播方式有很多，在给企业提供咨询服务时，我们采用得最多的有 8 种，分别是：公益活动、事件营销、会议展览、企业参观、体育和娱乐营销、企业广告、印刷品和出版物、人际公关。我将其称为传播方式的"八驾马车"。

①公益活动。公益活动以关心人的生存发展、社会进步为出发点，借助公益活动与利益相关者进行沟通，在产生公益效果的同时提高品牌知名度和美誉度。企业参与公益活动可以提高品牌形象，提高企业的经济效益，拉近与利益相关者的关系。公益活动有 3 种理念，如表 20-3 所示。

表 20-3　公益活动与理念

公益形式	公益动机	公益方式
长期投资	增加企业利益，改善企业形象，强化企业竞争力，促进企业长期和谐地发展	关注某些领域，并进行长期投资。比如，英国石油公司在节能环保领域的努力
慈善投资	将企业的公益活动和企业的使命、目标与产品相结合，有效建立品牌形象	短期目标额的捐赠，参与公益活动或社会投资
捐款	通过捐款获得知名度或其他利益	短期的、针对事件的捐赠活动

　　企业开展公益活动的最终目的是实现企业的长远利益，因此公益活动也需要确定相应的定位。国外的跨国企业一般会根据自身的业务领域和发展战略，结合企业品牌建设的需要，提出企业的公益方针。部分跨国企业的公益方针如表 20-4 所示。

表 20-4　部分跨国企业的公益方针

公　司	价值理念	公益方针
微软	通过高质量的软件产品，让人们在不受时空的限制下，通过运用最新的信息科技享受更优质的生活	让信息科技的效益普及更多人；在微软员工居住或工作的地区提供公益团体所需的支持；支持微软员工参与义工或捐赠活动
花旗银行	诚信经营，多样化、正确、忠诚地为客户服务，把客户的需求放在第一位；时刻富有创新和创业精神，营造互相尊敬、互相信任的环境	从与顾客、员工最相关的公益议题着手；适度在教育、艺术文化、慈善等领域进行公益投入。比如，在中国台湾，花旗银行把焦点放在教育及慈善议题上
宝洁	坚持以人为本的原则，为消费者创造更好的生活	选择社会大众普遍关心的妇女、环保议题，作为其全球公益的主要方向
BP	提供可靠的质量和正直诚实的交易，尊敬每个人，为人类进步和共赢而努力	对健康、安全、环保的承诺

　　企业越大，公益越需要常态化，这样才能体现出品牌存在的更大意义。比如，

Facebook 的使命是让人们建造社群，让世界更紧密地联系。Facebook 每年都会举行"Global Causes Day"（全球公益日），让 Facebook 在世界各地的员工以不同形式的活动响应及支持各式各样的公益活动。这些多样的公益活动进一步提升了品牌的美誉度。

②事件营销。事件营销是指企业通过策划、组织和利用具有新闻价值、社会影响及名人效应的人物或事件，吸引媒体、社会团体和消费者的兴趣与关注，以求提高企业的知名度和美誉度，树立企业良好的品牌形象。

事件营销方式具有受众面广、突发性强、成本低、目的性强的特点，能够在短时间内使信息量达到最大、实现最优的传播效果，为企业节约大量的宣传成本。事件营销在中国经历了从无到有、从幼稚到成熟的发展历程，主要通过制造热点事件、突出热点人物、创造新奇概念、挖掘提炼新闻，继而引起媒体的注意，捕获消费者的注意力，达到企业营销和品牌推广的目的。

我们正处于一个传播令人致富的年代，企业可以有条件地利用事件营销，造成新闻效果，提升企业品牌的知名度和美誉度。一般来讲，事件营销可以从造势和借势两个方面开展。

一是造势。造势需要企业主动策划一些具有新闻性的事件。企业可从事件营销成本和传播可控性两个方面考虑，优先选择企业管理事件、领导人事件、行业热点事件、企业重大事件。比如，有的企业会在周年庆的时候邀请媒体做全程跟踪报道，让社会了解、关注公司品牌。"造势"选择与形式如表 20-5 所示。

表 20-5　"造势"选择与形式

事件类型	可采取的形式
企业成功的管理方法事件	企业品牌或领导人获得重大奖项
企业的重大事件	公司周年庆典、重大项目与投资
行业政策趋势等热点事件	迎合行业政策性趋势，企业率先改革
企业领导人事件	上级领导的参观和指导、公司领导的对外交流或其他活动

二是借势。借势是指借助大型活动和事件，吸引公众眼球。借势具有随机性大的特点。企业一方面应重点关注社会公众关注的重大事件和争议性事件，同时及时了解社会重大事件、政府的最新政策、行业的发展趋势，然后出台借势方案，

建立社会重大事件、政府政策、突发性事件的监测机制，由品牌管理办公室设专人负责监测，并及时向主管领导汇报。

事件营销最诱人的妙处在于其"杠杆作用"，就像阿基米德所说："给我一个支点，我将撬动整个地球。"而事件营销成功的关键在于如何策划与执行，所以事件营销需要严谨的思路和全面丰富的知识。

首先，选好一个新闻由头，然后赋予它新闻价值，让新闻界能从中受益，最后"启动新闻"。抓住了事件营销的新闻性，就抓住了媒体的眼球，同时就抓住了受众的眼球。

其次，落点精确，把握好与事件的联想点。事件营销不能脱离品牌的核心理念，必须坚持相关性原则，只有品牌与事件的联结自然流畅，才能让消费者把对事件营销的关注转移给产品。企业要善于把公众的关注点、事件的核心点、品牌的诉求点整合在一起，形成三点一线，贯穿始终。

再次，强调产品带给消费者的利益。这种利益应是消费者可以识别的。无论是以促销产品为出发点还是要树立形象或彰显理念，事件营销都应把企业产品带给消费者的利益进行重点宣传。同时，企业要制定完备的媒介策略。事件营销中，企业要秉承"花一分钱做事，花九分钱宣传"的理念。企业利用事件营销的最终目的是提升品牌的影响力并创造良好的价值，因此做了事就要及时宣传出去。

最后，执行，执行，还是执行。事件营销往往具有新闻时效性，因此，配套的广告如何在最短的时间内发布并随着事件的影响而传播，甚至达到与事件同步传播的程度，就是决定营销成败的关键。与企业管理中的其他职能兑现一样，事件营销的最终成功也需要策划力与执行力的综合匹配，即事件营销力＝策划力×执行力。再好的事件营销构思，如果遭遇很差的执行力，结果也不会令人满意。

关于事件营销，我格外欣赏美国一家短租公司爱彼迎（Airbnb）的做法。他们有一个栏目叫作"奇屋一夜"，就是把原本不用于居住的空间变成酒店。他们曾经邀请广大网友参加比赛，以"跨越文化界限"为题写一篇 500 字的文章，奖品是在中国的万里长城上待一晚。

在他们眼中，长城不单是旅游景点，更可以是酒店。

根据比赛的规则，Airbnb 会为胜出者在长城提供晚餐和"传统中式娱乐"，房间会设有睡床，但是没有天花板。Airbnb 又在网站列出一些住客需要遵守的"规则"，包括要"尊重 13 亿邻居"，也"不能大声放音乐，以免骚扰驻守长城的古时守卫"。

Airbnb 说，比赛的目的是推广在中国的"可持续旅游业发展"，也是保护长城。

计划随即引来网友质疑，除了调侃在长城待一晚会成为蚊子的"晚餐"外，更多人关注活动会否对长城造成破坏。最后活动被官方以"这种活动方式不符合长城文物保护理念"叫停，但 Airbnb 的前期文案以及"长城奇屋一夜"的配图却吸引了各种媒体的眼球，多家平台免费报道，Airbnb 兵不血刃，一分钱没花，收获了巨大的眼球效应，更让其"奇屋一夜"的特色借助长城广而告之。

③会议展览。会议展览是企业传播自身技术、管理、实力的良好机会和场合，是树立企业的形象和了解同行业企业信息的重要机会。会议展览具有受众广泛、可在短时期内快速提升企业形象、展示企业实力的特点。最常见的形式是通过行业和学校两个主阵地开展会议展览工作。

一是行业会展。企业在行业会展方面的受众有行业专家、媒体、决策机构，主要采取企业创新成果参展、行业研讨会、企业领导人演讲等形式，展示企业管理成果和创新成果。为了扩大公司品牌在企业界和行业内的影响力，企业要及时关注各类会展信息，争取公司领导在会展中的发言机会，每年年初制定当年需要参加的主要会展名录，如表 20-6 所示。

表 20-6　企业参与国内主要会展目录（示例）

主 办 方	会展名称	内　容

二是学校会展。企业在学校会展方面的受众有学生、老师、专家，主要采取演讲、招聘会等形式，传播企业文化、用人理念，展示企业形象，介绍行业发展趋势，制造对企业有利的社会舆论。同时，在学校会展上，企业可以发放印刷品和出版物，进一步延展传播。学校会展的形式和内容如表 20-7 所示。

表 20-7　学校会展的形式和内容

学校会展形式	主要内容	备选学校
高校讲坛	企业管理先进经验、品牌理念、行业专题、公益活动等	
招聘宣讲会	传播企业文化、用人理念，展示企业形象，介绍行业发展趋势	

④企业参观。企业参观是指企业有意识地邀请主要利益相关者到企业参观，了解企业的管理、运营状况。这是企业展示自身实力和良好风范的手段。常见的企业参观活动对象和参观内容如表 20-8 所示。

表 20-8　企业参观的对象和内容

企业参观对象	参观内容
• 机构投资者、中小股东 • 政府主管及相关人员 • 高校、研究机构、专家 • 行业协会 • 媒体	• 企业展厅 • 办公场地 • 成果产品 • 文化活动

为了做好企业参观工作，很多企业还专门建立了企业展厅和高校 MBA 实习基地。企业展厅的建立应该以企业文化、企业荣誉、企业发展演变、行业管理等为主题，展览形式包括企业奖杯奖状、沙盘模型、图片、声光电模型、音像资料、文物等；高校 MBA 实习基地的建立需要企业积极与国内知名高校建立长期互惠的关系。

⑤体育和娱乐营销。体育和娱乐营销是按照市场规律，结合企业需要，整合企业优势资源，通过赞助体育、娱乐活动树立企业形象、推广企业品牌，营造良好外部发展环境的手段。体育和娱乐营销具有公益性和可接受性强、沟通对象面广量大、有利于建立或改善企业和受众之间关系的特点。企业开展体育和娱乐营销时必须满足社会性需求，体现企业对社会的回报，通过赞助体育比赛塑造良好的社会公益形象。企业开展体育和娱乐营销的原则如表 20-9 所示。

表 20-9　体育和娱乐营销原则与举例

形　式	原　则	举　例
体育营销	选取健康、积极向上的体育活动	赞助、冠名、协办运动赛事、体育队伍
娱乐营销	选取以社会精英为受众的娱乐节目	财经讲坛、新闻对话类节目、大型文艺汇演

值得注意的是，体育和娱乐营销的投入成本大，企业要根据自身具体情况考虑是否开展此类营销活动。

⑥企业广告。企业广告不同于产品广告，它借助媒体，向公众传递有关企业背景、历史、规模、业绩、重大举措等信息，以达到提高企业知名度和美誉度的目的。企业广告具有覆盖率高的优点；其缺点是成本较高，传播信息的可记忆性、说服性较低，传播的信息量受限制，某些情况下还容易引起受众的抵触情绪。

通常情况下，企业广告应与其他传播方式相结合，如庆典、重大公益活动、其他传播活动等。

⑦印刷品和出版物。印刷品和出版物是企业传播品牌信息的重要渠道，通常有年鉴、年报、企业宣传册、宣传片等形式。除此之外，上市公司还要考虑如何以透明、公开的方式与投资者进行沟通。我国上市公司是经济转轨过程中企业体制改革的产物，一些上市公司经济效益低下，甚至出现虚假报表、非法抽调资金等损害中小股东利益的问题。这些问题严重影响了上市公司的整体形象，因此通过定期发布公司治理报告，让股东、投资者了解企业透明的治理结构，才能与企业建立信任关系；同时，发布社会责任报告，传播企业关注社会公益事业的活动信息，努力建立企业与社会公众和谐、友好的关系，有助于提升品牌的美誉度。

⑧人际公关。古人云："造势，需借势。""势"是一种在消费者或目标受众中业已形成的状态或情势。一个好的公关策划借用得当，切入点找得准，就能将这种 "势"推向极致，发挥"势"的乘数效应。

人际公关是企业与利益相关者沟通的重要方式，主要是指企业的中高层与利益相关者等关键人员要保持长期、友好的关系。人际公关是企业提升竞争能力、营造良好口碑、快速化解危机的重要保障。根据企业品牌建设的需要，企业通常需要重点关注 4 种利益相关者，如表 20-10 所示。

表 20-10　人际公关的主要对象与具体形式

原　　则	主要对象	具体形式
长期原则 双赢原则 诚信原则	主流和重要媒体的资深记者、编辑 机构投资者和证券分析专家 政府相关部门的主要领导 协会、学校等其他有影响力的社会团体人士	联谊会、友谊赛、圆桌会议、酒会、定期拜会等

可口可乐最初的形象是一种饮料、一种棕色的糖水，但后来逐渐转化成为一种美国生活方式的符号。人们之所以会有这样的认知，一部分原因是可口可乐公司自己的市场和广告策略；另一部分原因是可口可乐首先通过美国军人进行传播，然后依靠一些足迹遍至世界各地的美国旅行者的影响，这些人不但为世界其他地区带去了可口可乐，还传播了美国的价值观和生活方式。

（3）传播渠道选择

传播渠道是指公司品牌形象传递给目标受众所使用的途径。需要明确的是，这里谈到的传播渠道不仅指广告的发布途径，还包括公司其他各类形式信息（如公益活动、事件营销等）的发布途径。为了便于分析，我将传播渠道分为 9 大类别，如表 20-11 所示。

表 20-11　主要传播渠道分类

传播渠道	主要优点	主要缺点
报纸	受众面广，时效性强，信息量大，设计灵活	选择对象能力差，信息拥挤
杂志	印刷精美，图文并茂，针对性强，可二次阅读	出版周期长，受众较少
电视	形象表现力强，受众面广，权威性高	制作时间长，费用高，发布时间短
广播	传播速度快，传播面广，费用较低	表达形式单一，有声无形，形象性效果差
户外广告	广告画面冲击感强，展示时间长，可见度高	以平面广告为主，地理位置固定，传递信息量小

传播渠道	主要优点	主要缺点
网络媒体	信息广泛，速度快，覆盖率高，成本低	信息真伪难辨，传播不易控制
公司印刷品	信息全面，目标针对性强	发放数量少，覆盖面小
人际传播	信息接收度高，口碑效应明显	受众面小，影响力小，不易控制
形象展示	信息统一，可控性强	容易控制，受众面小，影响力小

综合以上分析，企业需要制定自己的传播渠道表，如表20-12所示。

表20-12 需要重点关注的传播渠道

渠　道	分　类	名　称
报纸		
电视台		
广播电台		
杂志		
户外广告		
网络渠道		
印刷品、出版物		
人际传播		

续表

渠　道	分　类	名　称
形象展示		
……		

有了传播对象、传播方式和传播渠道，企业的品牌传播工作就可以有序开展了。

当然，上述都是传统的品牌推广手段，我们在这里再重点谈谈更有创意的做法。如何给品牌的传播行为插上创意的翅膀，快速让品牌被受众感知？为此，我总结了品牌传播的五大创新方法。

2．创新品牌传播五大方法

（1）精神营销

《品牌洗脑》一书中曾提到，世界上那些强大的品牌都和宗教有共同点，因为它们都让我们产生一种强烈的、有仪式感的，甚至是福音般的信仰。

品牌的最终和最高境界一定要上升到精神层面。

人生总有起落，精神终可传承。如何通过精神营销，让你的品牌成为一种精神信仰是一项颇具挑战的高级课题。

因为品牌传播旨在赢得社会公众对品牌价值的认同，所以对于企业而言，品牌传播要从目标受众的角度出发，从他们可以感知的精神层面设计传播内容，实现价值观的征服。有了价值观的共鸣和感召，消费者才会更加忠于品牌核心价值与精神，使品牌持久不衰，对长期销售产生有利的影响。

✎ **小案例：麦当劳的励志腕带**

2004 年，麦当劳选用姚明作为其品牌的全球形象代言人和品牌大使，除了在各大媒体投放硬广告进行传播之外，麦当劳更是从精神层面巧妙利用了姚明的价值。麦当劳在 2005 年发起了"励志腕带"促销活动。此次公益促销活动由姚明携手跳水奥运冠军郭晶晶和彭勃、国际象棋世界冠军诸宸、花样滑冰世界冠军申雪和赵宏博、体操世界冠军莫慧兰共同发起，向全社会各界人士呼吁：戴励志腕带，支持"特奥"。

活动期间，消费者只要购买麦当劳巨无霸即可获得免费时尚励志腕带，麦当劳会将部分收益捐赠给 2007 年世界特殊奥林匹克运动会。麦当劳通过此次活动进一步阐释了"永远年轻"的品牌精神，激发了顾客对"我就喜欢"的深刻认同，以手戴鲜艳励志腕带的形式完成了慈善爱心的传递和体育精神的发扬。

通过本次活动，麦当劳借助姚明传递了"别小看自己"的生活态度，以及以励志引领"年轻、时尚、慈善"的潮流。此举也将麦当劳的新口号——"我就喜欢"提升了一个境界，借慈善活动升华了品牌价值。

（2）话题营销

话题营销属于口碑营销的一种。话题营销主要运用媒体的力量及消费者的口碑，让企业的产品或服务成为消费者谈论的话题，以达到营销的效果。

小案例：潘石屹的话题营销

说到话题营销，地产大亨潘石屹绝对是高手。其个人言论、形象、表演和作秀技巧在地产领域无人能及其项背。他具有非常敏锐的嗅觉，不仅能够把握商机，更善于捕捉一切机会推销自己的产品、服务或品牌。

以前有一个广告界的朋友和我说，从潘石屹的 SOHO 那里捞到广告费，比登天还难。老潘的一举一动就是广告，他自己就是公司的代言人，他无时无刻不在推广其公司的品牌。

所以，别的公司搞销售、请明星、想创意文案，SOHO 则会放上一张老潘的大头像——这是明星脸，而且只代表 SOHO。SOHO 虽然在 2011 年中国房地产开发企业 500 强中排名第 17 位，但在消费者心智中，它绝对是位于前 5 位的品牌。

一次，我们在课堂上做考察，让大家写出 5 个知名的地产企业。SOHO 和万科、恒大、保利、万达成为票选最多的房地产企业，其中有学员没记住 SOHO，写了"潘石屹的公司"。这一切都说明一点，老潘会营销。

拿 2011 年火热的潘币事件来说，老潘用的绝对是"借坡下驴，顺杆儿爬"的乘势营销。

①借力微博。潘石屹的微博很火，粉丝数量已经超过 1900 万，老潘在微博里时不时来个 SOHO 的动态，其广告效应相当了得。

仔细观察潘石屹的微博，可以发现它的特点是热点评论较多、与任志强的相互调侃较多、个人动态也不少。在他的微博上摘些片段，几乎就能出一篇新闻稿。

②借力热点。如果想提高微博的热度，就一定要以话题来驱动，这是微博自身的特点决定的。换言之，社会上流行什么话题，有什么热点，你得参与，否则就是 OutMan，潘石屹深谙此道。

2011 年 10 月 6 日，无数人爱戴的乔布斯结束了他一生的传奇。一时间，纪念乔布斯成为当时的热点。

潘石屹也多次更新微博，向乔布斯致哀。

总体来说，前几条微博没有掀起太大风浪。老潘不满足，决定再试。这种热点如果不搞出点创意来，那就不是潘石屹了。一向语不惊人死不休的他在微博上称："'苹果'董事会应该马上做一决定：大量生产售价在 1 000 元人民币以下的 iPhone 手机和 iPad，让更多（人）用上'苹果'，这是对乔布斯最好的纪念。"

此言一出，顿时激起"苹果"粉丝的强烈反应。21 分钟后，网友"唐若丁9983"转发了此微博，并评论说："潘总哪天要是也去世了，也请贵公司推出1 000 元 / 平方米的房子吧，十几亿人民都会纪念您。"此言一出，网友纷纷转发予以支持，一时间评论无数，潘石屹也被网友戏称为"潘一千"。之后，各大新闻媒体都对该事件进行了报道。我最早听到此事是在中央人民广播电台《经济之声》栏目，早上听到一次，晚上又听到了一次。过了几天，潘石屹通过视频回应该事件的来龙去脉，并称冤枉、有口难辩。后来，我又在《经济之声》听到其原声访谈。

其他很多媒体也都把宝贵的时间给了老潘，老潘没有花一分钱，却赚了大把的版面和优质时间段的活体广告。从被戏谑到自嘲，从被讥讽到自我爆料，塑造了一个"向我开炮，我是'火星'我怕谁"的态势。一时间，老潘再次火得一塌糊涂。

③借力话题。热点总有降温之时，老潘事件亦是如此。但是，潘石屹牛就牛在懂得掌握事件的推进节奏。当媒体对于此事的关注趋于平淡之时，他又会爆出新的话题。10 月 25 日，他发微博称将要正式发行"潘币"。他表示，头天晚上与客户聊天时，"一潘""潘币"的话题令大家开怀大笑。"在大家如此大的压力下，人人都能欢笑，我做一次笑料又有何妨。所以，我决定正式发行'潘

币'。敬请期待。"

此举正式吹响潘石屹为了人类幸福勇当"笑星"的号角（注：此处笑星＝笑料星）。

报幕之后，好戏于 10 月 26 日正式上演。潘石屹在其新浪微博上正式推出了"潘币"征求意见版的正反面，希望大家提意见。任志强则调侃称"我是不是该出个'任币'"。二位如同相声演员一样，一唱一和，一个逗哏，一个捧哏，好不热闹。

让我们把目光放在已经设计好的"潘币"上，你会发现，潘石屹做了一个多么牛的广告。"潘币"的正面是潘石屹的大头像，其中上面是 SOHO 中国银行、左下角是 SOHO I00001 钱币编码号，背面是望京 SOHO 的图片。

这不就是图片广告吗？但是他捆绑了话题，捆绑了热点，借力了媒体，无数人、无数媒体心甘情愿地疯狂转播，SOHO 的品牌渗透无处不在。试问，老潘花钱了吗？他做广告了吗？所以，潘石屹才是真正的营销高手。

如果换作他人，因调侃乔布斯而遭遇讥讽、攻击，可能会息事宁人，甚至会进行危机公关。可是，潘石屹却主动出击，借网友的创意顺应民意，及时推出潘币图片广告，体现按需定制，迎合了广大网民、媒体的猎奇需求，结果"勾引"了大众、"勾引"了媒体，大家疯狂传播潘币广告的同时，老潘却在电脑面前笑。

此时，我真觉得搜狐的微博广告语应该送给潘石屹——"来微博，看我"，名副其实。潘石屹的话题营销做到了生动性、卷入性和互动性都强的三重境界。

（3）体验营销

体验营销是指企业通过让目标顾客观摩、聆听、尝试、试用等方式，使顾客亲身体验企业提供的产品或服务、实际感知产品或服务的品质或性能，从而促进顾客对品牌的认知、喜好并购买的一种营销方式。这种方式以满足消费者的体验需求为目标，以服务型产品为平台，以有形产品为载体，生产、经营高质量产品，拉近企业品牌和消费者之间的距离。

体验营销的精髓可以用 3 句话概括：① 最适合的就是最好的。至于什么是"最适合"，就要靠消费者自己去体验。② 体验是在沟通的过程中完成的，体验是一个不断沟通的过程。当然，沟通可以是有声语言，也可以是无声语言。在桔子酒店，有些房间养了一条金鱼，旁边的牌子上写着"我叫 Tina，未来几天，我将和你一起度过。我吃饱了，你不用喂我"等内容，这个房间仿佛因为这条鱼的存在而有了生命，给顾客创造了与众不同的沟通体验，从而强化了顾客对桔子酒店的品牌印象。③ 让产品自动说服消费者。体验是顾客感知产品、感知品牌的重要手段，是顾客自我说服的一个过程。

如今，很多商家意识到了角色的重要性，它们的服务中也增加了角色体验的环节，产生了良好的效果。

我的一个做餐饮的朋友反映，每到过年的时候，客户体验总是不好。因为吃年夜饭的客人多，难免上菜速度慢，容易导致顾客的抱怨。于是，我让他在顾客等餐的环节做了一个额外的设计，即顾客在等待时可以自己动手包饺子，使这段枯燥的时间变得有趣。此外，上菜前，顾客包的饺子将赠送给顾客自己，参与的人越多，得到的饺子就越多，无形中形成了一种竞赛氛围。现场热闹得很，顾客们都很高兴，结果极大地提升了顾客体验，顾客对酒店的口碑直线提升。

在这个案例中，顾客的等待没有变，但通过一种增值体验，顾客原本焦躁的情绪就实现了 180 度的逆转，顾客对该酒店的品牌认知也有了一种情感的依附——快乐。

小案例：迪士尼的体验营销

说到快乐，还有一个企业值得我们学习与分享，它在体验营销方面更是做出了自己的品牌特色，它就是迪士尼。

在巴黎迪士尼乐园，游客可与由演员扮成的米老鼠、唐老鸭、白雪公主等童话人物一起巡游，也有机会成为超级巨星并到电影制作馆参与电影的拍摄工作。

而美国的洛杉矶迪士尼乐园和奥兰多迪士尼世界在 20 世纪 90 年代开发了一项新业务，那就是为游客安排童话式的婚礼，让新人尤其是女孩子有机会实现"灰姑娘"式婚礼的梦想。在迪士尼乐园安排的"灰姑娘"婚礼中，新娘会被打扮成公主的模样，由一辆豪华的马车接到王子——新郎面前，而马夫们戴着灰色的假发、穿着束裤管的裤子，一切就如童话中一样。接着，迪士尼古典音乐作品《有一天我的王子将会来到》响起，新人就在亲友的见证下交换誓约。之后，一位"公爵"穿过两侧站立着婚礼乐团的走廊，把一只水晶鞋放在天鹅绒的枕头上。最后，米奇和米妮一起破门而入，兴高采烈地拉起这对新人跳起舞来。

此项业务推出后，很多国际游客均选择在美国迪士尼乐园完成自己梦想中的婚礼，甚至有些结婚多年的夫妇也带着孩子来"补办"婚礼。现在，每年有大约2 000个婚礼在乐园举行。

通过行动体验营销，迪士尼主题公园让游客从自身行动中真切地感受到了"快乐、梦幻"，从而使他们对乐园的品牌产生高度的认同感，并留下难以磨灭的心灵烙印。

（4）互动营销

随着网络的普及，越来越多的企业通过网络平台开展互动营销。顾名思义，所谓的互动，就是双方之间互相动起来。互动的双方，一方是消费者，一方是企业，二者只有抓住共同利益点、找到巧妙的沟通时机和方法才能紧密地结合起来。相比传统的营销手段，互动营销更为精准，更具个性化和持续性，而且易于产生广告的 N 次传播并会引起病毒式扩散效应。

📝 小案例：互动营销实例

下面介绍3个不同类型的企业互动营销的案例。

①互联网企业。互联网企业应用互动营销手段较多，首先是因为它们有近水楼台之势，目标客户人群主要通过网络渠道进行购物，基于这部分群体的接触点开展主题活动互动营销是个不错的选择。比如，也买酒曾经推出一次重磅人气活动——聚便宜，以"我为人人，人人为我"为主题，以中高端酒款为主打产品，从价格着手，拉动人气。参与活动并购买活动酒品的人越多，酒品的价格就会越便宜。活动之初以高价位买得酒品的用户不仅能享受多倍积分，更能在活动结束后根据结束时的价格得到返还的差额。总体而言，这次活动千人汇聚，降价不停，以人潮的力量推动低折扣，为每位爱好者找到适合自己的那瓶酒，使大家共享葡萄酒的快乐，无论是广大的红酒爱好者还是跃跃欲试却无从选择的初尝者，大家都能有所发现、有所收获。活动以新颖的方式聚集人气，让一群喜爱红酒、了解红酒的人通过这个活动推广酒品，买得越多折扣越大，从而帮助对红酒有兴趣及不了解红酒的人更好地了解红酒的文化及价值。新兴的活动方式更能引起媒体的关注和报道。

②传统消费品企业。当然，互动营销不是互联网企业的专利，很多传统企业

也充分利用互联网技术和手段开展活动营销。比如，泸州老窖曾经做过一个活动——它提供了一瓶"国窖1573"新年限定酒"壹60"在淘宝网拍卖频道进行拍卖。这一瓶酒有一个特别编号20120101，即2012年1月1日，很有纪念意义。成功竞拍到这瓶酒的买家将获邀在新年第一天到泸州老窖亲自取酒，并参观游玩，通过给网友创造"取酒之旅"使传统酿酒企业营销玩出了新意。

③传统服务类企业。消费品企业可能比较容易和消费者进行互动，但服务型企业如何与消费者开展互动呢？链家地产给出了一份满意的答卷。

随着智能手机的普及和移动互联技术的发展，社交化、本地化、移动化成为新的热点，这也催生了SoLoMo的精准营销模式。SoLoMo是Social（社交化）、Local（本地化）和Mobile（移动化）的简称。每个人都是社交人、移动人、本地人。社交代表一个顾客背后更广的用户群，移动代表随时和更广的范围，本地代表静态的落地。2012年，链家地产做了一个线下互动游戏——推出城市"金钥匙"捕捉游戏。活动方统一投放的虚拟钥匙，分布在多家链家店面周边，用户利用App沿着链家店面寻找，收集一定数量的金钥匙，便有抽到大奖的机会。链家以这种方式开展了基于新技术的互动体验营销的新尝试。这种基于互联网、移动智能终端等设备的互动营销将会越来越普遍，因为它能够快速地激发顾客的反应，让消费者在和品牌互动的过程中感受到乐趣，从而进一步了解品牌。

（5）幽默营销

幽默营销是指企业将幽默运用到营销活动中去，大胆开辟别人不屑或不敢用的营销方式，把枯燥无味的营销活动变得生动有趣、引人注目，以幽默的形式传递品牌的信息。

小案例：瑞星杀毒软件的幽默营销

很多人都听过这个幽默故事：老公刚到家门口，突然听到有男人打呼噜的声音，于是在门外犹豫了5分钟，默默离开，然后给老婆发了条短信："离婚吧！"他扔掉手机卡，远走他乡……3年后，他们在另一个城市偶然相遇。妻子流着泪问："当年为何不辞而别？"男人简述了当时的情况。妻子转身离去，淡淡地说："那是瑞星杀毒软件……"

这是瑞星杀毒软件的病毒营销，它把杀毒软件完美地植入了幽默故事之中，让更多人记住了瑞星杀毒软件，同时让瑞星的老用户印象更深刻。用过瑞星的人都知道，瑞星杀毒软件在开启的时候会有一头小狮子在屏幕上睡觉且会发出呼噜声。这就是一种文字病毒，即短小的段子传播，形成一个良好的循环，达到推广品牌的效果。

除了上述五大方法之外，品牌传播还有很多方法。这个过程通常围绕与顾客沟通的接触点来展开，因为"品牌=体验+解决方案+关系"。这意味着品牌完成顾客化需要一个过程，而顾客定义的品牌是对一个产品所有体验的总和，通过接触点开展沟通才能给用户最满意的体验。

品牌通常有 7 个接触点，即品牌认知、接触产品、购买、使用、记忆、重复购买和拥护。在这些接触点范畴，企业可以充分发挥想象，制定创新营销策略。

3．创新营销策略

创新营销方法和策略还有很多，这里不做一一介绍。下面，我对一些经常用到的创新策略做一个汇总，采用微博限定方式，用 140 个字把这些创新策略做一个简单介绍，供读者揣摩和吸收。

①搜索营销。美国一个名不见经传的小文案员，花 6 美元在谷歌做了个线上广告，搜索关键字是纽约广告界的 5 位著名创意总监的名字，当这些总监用谷歌搜索他们自己时，就会看到他的广告，上面写着"你好，××，搜索自己是很有趣的事情，雇我也相当不错哦"。这个 6 美元的广告使他成了 Y&R 纽约的高级文案员。

②图片营销。图片营销讲究创意设计，而不在于图片的强大视觉效果，当然，有能力做到"震撼"更好。更重要的是，以图会意，让人带着幽默心情欣赏营销的艺术。这种直观的视觉营销方式能让人瞬间记住产品或图片所宣传的思想，对其产生深刻印象，进而使人产生传播、分享的冲动，使扩散式影响随机产生。

③软文营销。软文是一个重要的营销手段，作用不可忽视。好软文的第一落脚点是标题，标题不好，一切徒劳。看一个人漂不漂亮，要看她的脸，而看一个人的脸，最重要的是看她的眼睛。"吸睛"是软文最重要的功能。为此，最好的方式是多研究那些点击量在 10 万以上的软文，临摹创作。

④创意营销。我常说，营销生来不平等。其主要根源在于营销策略提出

者——人的思维。一个伟大的创意往往是很难想到的，想到了又要做到自然而然让人愿意去购买或传播。麦当劳宣传它的 24 小时营业时设计出一款薯条灯，完成了一种小创意大传播。你把它买回家，天天看它的广告，估计睡觉都会想着薯条。

⑤背书效应。品牌需要寻找强势背书。曾经听四季沐歌的老总分享他们年销售额 40 亿元、超越竞争对手的秘诀时提到一点——背书效应。他们在尚不知名的时候，首先和北京大学合作，获得北大背书，同时在终端传播，后来又和中国航天合作，就这样不断寻求背书资源，借以提升品牌价值，催化品牌快速成长。

⑥点子营销。点子是不是 out 了？曾有段时间，"你那是点子"可以当成一句骂人的话来理解。有人鄙视点子，崇尚创意。因为创意能登大雅之堂，点子似乎就不入流。分众传媒的江南春就是靠在电梯里放广告的点子，把电梯做成了针对上下班人群的广告直达中心，公司市值一度超过千亿元。

⑦概念营销。新推出的产品必须有独特的差异化概念，可就产品特点、给顾客带去的利益点、与对手的区隔点做梳理，找出能打动顾客的最大卖点。比如，脑白金的独特之处就是"送礼"这个概念，然后形成独特的口号——"今年过节不收礼，收礼只收脑白金"，以及后来的黄金酒——"送长辈，黄金酒"，都让其"送礼"概念深入人心。

⑧创意促销。买赠、抽奖是商家常用的促销手段，但好的企业懂得把促销变成营销。曾经有段时间，瑞星搞了一个促销活动——"冬天不怕冷，怕冷用瑞星"。在大雾频袭的冬季，瑞星购进大批 N95 级消毒口罩，用于真正保障广大瑞星用户的健康。此举与其所崇尚的"安全"暗合，用瑞星送口罩，传递安全的价值，这事还挺温暖人心的。

⑨价格战。价格战就是水中憋气，谁憋不住了，首先探出头来，谁就会被淘汰。以格兰仕为例，价格是它的优势，成本低、规模大是它的门槛。后者保证了它在价格方面的强势，即便海尔也不敢轻易踏入这一领域。价格低，利润少，其他"巨鳄"不进入，格兰仕的日子过得也很滋润，以价格战成就了微波炉霸主地位。

⑩隐性内功。营销活动看得见，营销内功却看不见。麦当劳为了使利润最大化，就要保证顾客就餐时间短。保证举措：① 点餐速度快。麦当劳的经理会听从收银员的吩咐，去干开发票和送鸡翅的工作。② 环境不适宜久坐。麦当劳的椅子

都不舒服，不适宜久坐，这种环境保证了顾客的就餐速度。

⑪迷宫营销。你是否有过这样的经历：去商场买了本来不想买的东西。你觉得偶然吗？这有时是商家设计的必然结果。如今，许多商场和大型超市都逐渐"迷宫化"。在宜家家居，高达 60% 的购买品不在顾客原本的购物清单内，而主要原因就是卖场内像迷宫一样的设计，导致消费者冲动消费。迷宫营销能让顾客不知不觉消费更多。

⑫比附营销。比附是通过与竞争品牌的比较来确定自身市场地位的一种营销策略，蒙牛公司成立之初，在乳制品行业排名第 1116 位，但蒙牛提出了"为民族争气、向伊利学习""争创内蒙乳业第二品牌"等口号，并将这些口号印在产品包装之上。这些广告看似是对伊利的赞赏，同时也把蒙牛和伊利放在了并驾齐驱的位置，在消费者心里留下深刻印象。直到蒙牛后来成为"行业老大"。

⑬炒作营销。2012 年年初，美国有线电视新闻（CNN）旗下的生活旅游网站评选出了全球最丑的十大建筑。沈阳方圆大厦入选，名列第九。CNN 帮它做了一个免费传播。中国唯一入榜的，即成中国第一丑楼。丑但不平庸，沈阳方圆大厦完全可以顺势而为，与 CNN 理论一番，借坡下驴，玩转炒作营销，它却没有这么做。所以我认为沈阳方圆大厦太缺乏营销思维了。

⑭年会营销。年会在一定程度上能体现公司的特色。年会通常会有一个环节：抽奖。有钱可玩大奖，没钱可玩创意奖。某公司年会奖品是一个允许迟到两次的迟到券，被网友评为"年度最具创意年会奖品"。"迟到券"上盖有公司印章，印有有效期限及"本券复印无效"字样。所谓"今年年会不抽奖，抽奖就抽迟到券"。

⑮情感营销。"卖什么吆喝什么"是营销的最原始阶段。而营销的高级境界实际上是"卖什么不吆喝什么"。所谓功夫在诗外。日本一家大型速食连锁店为了吸引主要目标客户——妈妈与小孩对公司的忠诚度与喜爱，它举办了"孩子绘画成就"比赛，并通过创意奖品，完成吸引、感动、锁定顾客三个步骤。

⑯个性化营销。市场怕的是千篇一律，品牌只要有个性，又能说出个性给顾客带去的价值，就会有市场。曾经有家个性化餐厅在进门的地方设计了一个洗脚的池子，客人要先把袜子和鞋子脱掉，洗好脚，穿拖鞋进去，避免你的鞋子带脏东西进去，同时教你洗手，反倒让你印象深刻。

⑰借力营销。乔布斯去世之后，除苹果公司外，很多企业也都借此话题进行

营销。我认为，最成功的当属凡客。通过跨界销售《乔布斯传》，凡客完成了对乔布斯精神内涵的转嫁，更重要的是对这一内涵的持续巩固，即先有仿佛乔布斯代言的"活着就是改变世界"，后有"李宇春生于 1984"等广告继续强化，激发了"80 后"主力消费人群的情感共鸣。

⑱另类天价营销。我们对天价营销并不陌生。根据产品的品质随便打出一个不靠谱的天价，顿时就会惹来关注。但是这个"天价"也不能太离谱，有时需要好的形式进行烘托。顶级红酒一向价格不菲，伦敦牛津街塞尔弗里奇百货公司一层的"神奇吧"推出了论"口"卖红酒的新鲜营销术——52 英镑一口，价值和价格均凸显出来了。

⑲微博营销。微博营销需要玩创意。为了让用户在龙年讨个好彩头，中粮想到了在微博首页模板"我的粉丝"一栏做文章，即每天中午 12 点整，用户头像如果出现在中粮微博首页的"粉丝九宫格"中，该用户就能获得奖品。这样的用户每天 9 名。此举让中粮的微博在长假期间新增近 4 000 名粉丝，获得了广泛关注。

⑳服务营销。只要推出创新服务，顾客和媒体都会帮你营销。海底捞曾推出"海内存知己，天涯共火锅"的活动。它利用华为智真视频会议推出定制服务：远在千里之外的亲朋好友可以通过智真系统，虚拟"围坐"在一张桌子旁，共吃火锅。这一活动刚被推出，《经济之声》就对其进行报道，连本月试用期优惠活动都播出来了。

㉑角色营销。找名人代言，需要花钱。找"嫦娥"代言，只需扮演角色，还可以把美女"炒"红。当然，"嫦娥"不能出现在舞台上，这种没有反差的角色不能吸引公众眼球。但是，让嫦娥卖煎饼就不一样了。当年，九城为了给其网游《神仙传》造势，推出与游戏中造型一致的"嫦娥"，让她下凡间、烙煎饼，顿时掀起一股传播热潮。

㉒元宵传情。我曾经帮助一家餐厅做营销策划，主推"元宵传情"增值服务。元宵被做成 6 种吃法，形成特色礼品，顾客在正月十五之前来酒店吃饭都可选购礼物，只要告知亲朋好友的地址，就可以由酒店将元宵礼品及创意祝福以顾客的名义送到顾客指定的地方。这样，餐厅就获得了额外收益，捕捉了顾客的剩余价值。

㉓趣味营销。夜场白酒一样卖得好。曾经有段时间，二锅头在夜场卖得不错，

这得益于创新搭配。"二锅头混搭黑啤"被称为"小二黑结婚"；二锅头搭配红牛一起喝，被称为"小二放牛"；之后，针对全球金融危机，二锅头搭配红酒的喝法，取名"红星拯救地球"。

㉔剧场效应。心理学上有一个概念叫作剧场效应：人在剧场看电影或看戏时，感情和意识很容易被带入剧情之中。另外，观众互相感染，也会使彼此感情趋于一致。营销人员可以把这种效应带入销售活动中，一边演示，一边解说，渲染一种情景，效果比较好。如果能让顾客进行示范，那你离成功就不远了。

㉕教书效应。对于营销人，最快的学习方法是将所学到的东西付诸实践或教给别人。你教得越快，掌握得就越快；你教得越多，掌握得就越多。分享是一种智慧，不懂分享的人有两种。一种是胸襟不够、怕别人学了超过他的人。对于这种人来说，长时间保密的东西相当于"库存"，到头来都变成了过时的经验。另一种是自己缺半斤、少八两的人，也叫"缺货"，这类人没有能力进行分享。

㉖找到关键性差异。很久以前，制造一辆车需要一群有多种技能的人，花一到两个星期的时间。后来，亨利·福特看到了一个"关键性差异"的策略：只要在一个工作生产线上，按照生产次序安排不同专业技能的人，生产一辆车只需花90分钟！同样，你的营销价值链中也有关键性差异。

㉗体验营销。中粮"我买网"上海站开业时，推出"好好工作，天天'白领'"上海白领见面礼活动。用户在活动指定的600家写字楼之内，成功注册"我买网"的新会员，即可免费领取美食。网友参与并转发活动到自己的微博中还有机会获得幸运大礼，每周产生20名幸运"白领"。顿时，全城礼品热领中，活动吸引了几乎整个上海的白领。

㉘挑战者事件营销。一般人都不相信天上会掉馅饼。曾经，英特尔在几个不同的街区设置了一个玻璃展台，内有一台超级笔记本电脑在不停地旋转，玻璃上写着"敲碎玻璃获得超级本一台"字样，旁边还配有一把小锤子。大胆者敲碎玻璃赢得了奖品。此举吸引了行人和媒体的双重关注。

㉙融入社群营销。企业要学会融入社群，引导顾客开展营销。可口可乐曾经启动过"征途206"活动，由消费者投票选出3位可口可乐形象大使，走访销售可口可乐产品的206个国家的大部分地区，牵头网络对话，探讨是什么让全世界的人们感到幸福的。他们每到一站，都会发布博文，自由分享自身体验。

㉚颜值营销。互联网时代，眼球效应很关键。蚂蜂窝旅游网将西班牙红墙、洛杉矶 Melrose 大道上的 Paul Smith 粉红墙、巴黎蒙马特爱墙、芝加哥火烈鸟墙、德国柏林墙等 13 面全世界最著名的网红墙一起"搬"到了潮流地标北京三里屯太古里，让网友有机会在 1 小时内在线下体验"攻略全世界网红墙"，一个项目火爆了整个冬天。

㉛美女营销。某日，大雾天气下，大连周水子国际机场午间滞留旅客已达 5 000 余人。为稳定滞留旅客情绪，缓解旅客疲劳，机场派出美女啦啦队员跳健美操。该创意不错，找的是美女大学生，通过表演安抚滞留旅客受伤的心。这种人性化服务的方式展现了大连机场的特色。旅客有看点，媒体有焦点。这才是传播新玩法。

㉜品牌联想。奥利奥有一种经典吃法——蘸牛奶吃。一次，美式足球冠军联赛比赛到第三局时，体育场突然停电半小时，数千名观众在一片黑暗中等待，球员也在场上蹲着。此时，奥利奥公司在推特上发文："停电了？没问题！"并附上一篇奥利奥饼干在黑暗中的照片，旁边标语写着"黑暗中还可以蘸蘸牛奶"。短短几分钟，该推文在推特和 Facebook 上实现了数以万计的转发和点赞。

㉝知识营销。如家曾在全国六十多家门店推出"书适如家"活动，让顾客在客房内免费翻阅图书，并随时购买满意的书籍。这一举措看似没什么，但对于图书爱好者却是一种沁人心脾的小清新。"书适如家"的概念很好，拉近了读书人与如家的感情，用书升华了这种情感。

㉞恐惧营销。恐惧营销是指广告利用负面信息带来的恐惧感激发人们的不安全感。人们生来就会感受恐惧，人们喜欢散播谣言。全球的流行病毒如禽流感、SARS 提高除菌洗手液的认知和销量，提高有利于提升人体免疫力的保健品的销量。沃尔玛这样的公司会根据飓风、暴风雪等极端天气，利用人们的紧张心理进行备货。品牌营销者都善于从生活中发现恐惧、激活恐惧、放大恐惧，并利用恐惧再给人们的潜意识以巨大打击。

㉟第一营销。我们与客户沟通的时候常会提出两个问题，那就是你在哪方面可以做到第一、如何使消费者相信你属于这个第一。简单的问题被抛出来后，我们发现客户总能找到属于自己的第一阵地，然后努力放大第一的覆盖率，连续不断地讲第一，强调我是首选，那么你的机会就会"多余"起来。

㊱一块钱捆绑策略。这也叫多加一块钱送套餐策略。一块钱只是一个概念，不一定是真的一块钱。比如，去麦当劳，多加几块钱，单个汉堡变套餐。多加一块钱可以换大杯策略，全世界每家麦当劳的每一个工作人员，见到每一个客户都会问这样一个问题："多花一块钱换大杯可以吗？" 换了大杯冰块多一点，但可乐还是那么多。

㊲临门一挽策略。在客户结完账要出门的时候，服务人员说："你好，王小姐，你在我们这里的消费已经超过 1 万元，我们有个大礼包赠送给你。我们下个月有一个名家设计的围巾，原价 5 000 元，本次 500 元，现在接受提前预订。同时，你下次无论选择哪一款服装，都可以打 7 折。"听罢，顾客又回来了。

㊳数据营销：你的一举一动，他们都在看着。数据挖掘公司不仅知道你的消费习惯，还知道你的种族、性别、地址、电话号码、教育水平、大概收入、家庭情况、宠物名字、最爱的电影，等等，从而创造一个关于"我们的"，被专家称为的"镜像世界"。数据会展现出一个群体的消费偏好，商家据此设计更有效的策略或"圈套"等消费者"入套"。

以上是 38 个创意营销的简单描述，供读者借鉴。

总之，营销就是运用一切手段打动顾客，这就要求企业必须运用好的品牌传播策略。而这一切，往往只需从一个小的创意开始。

工具　品牌资源聚焦策略

荀子曾言："登高望远，臂非加长也，善假于物也。"任何一个策划，要想取得成功，都必须借助外物，善于同媒介打交道，通过大众传媒扩大公关效应，即用广泛的外因促使内因发生质的变化。

但在善假于物、开展品牌传播之前，企业需要掌握一个工具——品牌资源聚焦。

我们知道，任何企业的资源都是有限的，能够在营销或者品牌传播上的投入也是有限的。如何让有限的资源产生最大化的产出，这就需要把相关的品牌资源聚焦在一起，实现最大化、最精准的传播效果。

所谓资源聚焦，就是把企业现有的资源有效地向品牌核心价值方向聚集并优化，让企业目前的有限资源均以树立品牌核心价值和鲜明个性为目标，最终由内而外地树立起品牌核心价值。

品牌资源聚焦具有至关重要的意义，只有通过这一步骤，品牌核心价值才能转化为企业的核心竞争力。没有资源聚焦，品牌核心价值就只是概念式的虚无口号，品牌的传播也无法做到聚焦有力。

表 20-13 列出了品牌建设经过资源聚焦和未经过资源聚焦的差别。这种差别体现在品牌的方方面面。

表 20-13　未经过资源聚焦与经过资源聚焦的品牌差异

品牌建设	未经过资源聚焦的品牌建设	经过资源聚焦的品牌建设
品牌定位	只能落在品牌形象的"秀"、品牌传播的"说"及部分营销环节	由内而外全面落实到生产、管理、营销、传播等每一个环节
品牌形象	与企业实际不统一、不协调，甚至存在"虚"和"假"	最大限度的表里如一、真实可信
品牌传播	主要依赖广告、公关、促销等专门性宣传，高花费未必高成效	任何人、任何物、任何事——所有客户接触都是品牌传播，低成本且高成效
品牌管理	只管形象，不涉及品质、服务、人员等影响品牌的重要方面	以价值为核心管理一切品牌影响因素，即全员、全程品牌管理
客户反应	客户越来越排斥广告，尤其大金额、高风险的工业品采购客户不能也不敢全然相信单向宣传	言行一致、名实相符的累加能赢得客户的信任，直至忠诚
竞争力	美观的形象和动听的口号很难持久，随时会被模仿或超越	凝聚实力给客户以最大满足，必然造就牢固而持久的竞争优势

了解了品牌聚焦的重要性，我们接着探讨怎样进行品牌资源聚焦。一般而言，资源聚焦可以分为内部资源聚焦和外部资源聚焦。很多企业管理人员认为，品牌建设是外事工作，主要是品牌人员进行品牌推广和传播。其实，并不是这样。任何品牌核心价值，若不能得到企业员工的广泛认同和企业资源的有力支持，不能真正落实在经营管理的每个环节，而仅仅停留于传播、宣传层面，则根本无法通过客户的体验和确认，品牌建设只能是虚幻的海市蜃楼。

所以，在品牌前期规划做好之后，企业最好通过资源聚焦将品牌核心价值充分、全面地注入企业行为之中，使这种价值在企业的各个层面都坚实可信、处处闪光。这是品牌从"定位"到"落位"的关键步骤。

所谓外部资源聚焦，是指以一种资源的视角对外部所有传播资源和渠道进行有效的管理。因为不同的传播资源和渠道对于品牌的传播效果是有区别的，所以对于外部资源也要进行有效管理。

之前，营销界有一个比较热门的理论——整合营销传播，其核心思想是将与企业进行市场营销有关的一切传播活动一元化，它实际上体现了一种资源聚焦思维。整合营销传播把广告、促销、公关、直销、CI、包装、新闻媒体等一切传播活动都纳入营销活动的范围之内，然后将统一的传播资讯传达给消费者。这个"先统一，再分散"的传播过程就是将相应的资源进行整合并放大传播效果的过程。所以，整合营销传播也被称为 Speak With One Voice（用一个声音说话），即营销传播的一元化策略。如果没有资源聚焦的前提，企业是难以做到整合营销传播的。

通过品牌资源聚焦，企业实现的是全方位的品牌打造和管理。毕竟，品牌建设不只是品牌形象的创建管理与传播推广，也是企业经营管理围绕品牌核心价值进行全面、深度品牌化的持续过程。

企业可以从表 20-14 所列的几个方面开展资源聚焦的工作，让品牌能够在企业各个环节形成品牌价值增值链，凸显品牌的整体贡献，做到矢量一致。

表 20-14　资源聚焦列表

序号	聚　焦	相关内容
1	产品聚焦	涉及企业研发、采购、生产、质量管控等完整制造链
2	服务聚焦	涉及企业营销、配送、培训、维护、配件供应等完整服务链
3	人员聚焦	与企业所有客户接触人员密切相关，涉及员工管理、人员培训、人力资源与企业文化建设等
4	文化聚焦	涉及企业的各种文化活动，如客户沟通、公益慈善、环境保护、社会主张等
5	传播体验	涉及企业经营行为、传播行为、员工行为等一切可能主动或被动成为媒介内容的信息

序号	聚　焦	相关内容
6	营销聚焦	涉及企业产品定位与组合、定价策略、渠道组织、竞争策略、销售推广等方面

企业要明确，只有持续资源聚焦，才能将品牌核心价值不断转化为企业核心竞争力，成就始终领先、难以超越的优势。这个过程要格外重视以下 3 点。

①保持品牌核心价值要素的确定不移，并全力地进行维护和宣传。品牌建设是长期过程，其间既要抵御短期利益和新鲜创意的诱惑，又要抗拒对手变化的压力。企业要紧紧围绕品牌的核心价值，将一切促销工具与活动一体化，打一场总体战，如同现代战争中将空军（广告）、战略导弹（有冲击力的社会公关活动）、地面部队（促销与直销）、基本武器（产品与服务）等消费者能够感受到的一切武器整合为一体，使企业的核心价值、品牌形象与信息以最快的时间传达给客户。

②始终坚持在品牌焦点上的创新与领先。"好钢用在刀刃上，发光发在塔尖上"，企业要懂得把价值打磨成一把尖刀，让它锋芒无比，这样才能取得关注效应，才能具备领先优势。

③以核心差异为方向，不断聚焦企业资源，强化品牌核心竞争力。企业要走"聚焦—强化—再聚焦—再强化"的可持续品牌建设道路，不断拉大与竞争对手的距离。

只有在这种资源聚焦的前提下，企业的整个传播行为才能形成合力。谈到资源的聚焦管理，《蓝海战略》的作者提到一个增加、创新、减少、剔除的四步动作框架，比较适合企业开展品牌资源聚焦。对于品牌价值增值的环节，或者有助于品牌推广的资源，企业要懂得增加；对于有助于品牌推广的活动，企业要懂得创新；对于投入产出比欠佳的资源企业要懂得减少；企业要剔除可能会伤及品牌价值的环节；最终通过资源聚焦，创造一个让品牌和它的消费者在各个不同接触点的相互影响达到最大化的环境。

总之，资源聚焦反映一个理念：团结就是力量。资源聚焦实际上是在帮助企业动用所有力量（广告、促销、公关等）实现同一目标——发挥聚焦的力量，在消费者心中建立品牌的核心价值。

⚙ 方法：品牌传播体系

产品贵在质量，品牌贵在传播。当企业品牌理念，即品牌的定位、愿景、核心价值、口号等清楚之后，企业就要思考如何通过品牌传播让更多客户和利益相关者能够接收到品牌信息。这个传播过程可以是高效、有序、可监测、可评估的，而打开神秘钥匙的核心就在于品牌传播体系。

然而，当前很多企业在品牌传播方面毫无章法，仅仅靠每年推出一系列主题活动、在有限的渠道做一些广告、在自己可以掌控的媒体进行一些内容发布，把每年的品牌预算花出去，这个品牌传播工作就算结束了。

这种做法，我称之为"交差式品牌传播"。它甚至是为了传播而传播，其最终结果很可能是该做的都做了，但是效果却差强人意。如果要想做到结果导向，让传播指向性清晰可见，就必须建立品牌传播体系。

一个品牌传播体系由 3 个方面构成：**品牌传播的内容，品牌传播的渠道，品牌传播的策略**。

（1）品牌传播的内容

品牌传播的内容是指传播什么，即什么样的内容最能打动想打动的人。这要求传播内容要有针对性，因为品牌对于企业来说是面向顾客做出的独特价值承诺，对于顾客来说是综合印象的总和。所以，企业所传播的内容必须和受众相符。如果内容不是面向顾客做出的，那么自然无法让顾客建立印象、形成烙印，品牌就不会形成。

具体来说，企业可以在以下内容环节进行重点传播：一方面是品牌理念的内容，如品牌愿景、定位、核心价值、口号、故事、形象描述、品牌产品等；另一方面是与企业业务发展相关的内容，如项目签单、重大奖项、领导讲话、企业活动、企业文化相关内容、优秀案例、重要科研或创新成果、企业重大新闻、行业重要事件解读等。

当然，不同企业的内容会有所不同。每个企业都要善于对自己的传播内容进行梳理和规划。

（2）品牌传播的渠道

有了内容，就要构建传播内容的渠道。品牌传播的渠道是指企业品牌形象传递到目标受众中所使用的途径。需要明确的是，这里谈到的传播渠道不仅指广告的发布途径，还包括公司其他各类形式信息（如日常交流活动、企业开放日和公益活动等）的发布途径。当然，企业规模不同、业务不同、产品不同，所采用的传播渠道也不尽相同。

建议所有的企业都建立自己的传播渠道表，并长期对所采用的传播渠道进行效果监测和评比。比如，某企业在渠道监测过程中发现形象展示效果不错。它认为会议展览是企业传播自身技术、管理和实力的良好机会和场合，是树立企业形象和了解同行业企业信息的重要机会。所以，为了扩大企业品牌在企业界和行业内的影响，它格外关注各类会展信息，每次都会争取领导在会展中的发言机会，作为其主力传播渠道。每到年初的时候，相关人员就会制定当年需要参加的主要会展名录。这家企业利用这个渠道，通过行业会展，面向行业专家、媒体、决策机构等传递企业的创新成果、技术、成功案例等，提升了品牌影响力。

（3）品牌传播的策略

建立好内容、梳理好渠道后，就要考虑品牌传播策略。品牌传播的策略是指企业怎么进行品牌传播。一方面，企业要建立传播内容和传播渠道的有效对应关系；另一方面，企业要思考用什么样的方式最能接触到想打动的人并且成本最低、给人的印象最深。这个环节最关键的是创意，即如何让品牌的传播行为插上创意的翅膀，让品牌快速被受众感知。以下是我为某大型央企建立的品牌传播内容和传播渠道的对应关系，如表 20-15 所示。

表 20-15　某大型央企品牌传播内容和传播渠道的对应关系

领导讲话	• 官方网站、官方微博、企业外刊 • 网络媒体
企业活动	• 官方网站、官方微博、企业外刊 • 网络媒体、电视媒体 • 行业期刊

续表

重大奖项	• 官方网站、官方微博、企业外刊 • 网络媒体、电视媒体
重要研究成果	• 官方网站、官方微博、企业外刊 • 行业期刊、专业书籍 • 网络媒体、电视媒体
企业概况和品牌理念宣传	• 官方网站、官方微博、企业外刊 • 百度百科、行业类 BBS 等网络平台 • 行业展会、开放展览
业务组合、标杆项目	• 官方网站、官方微博、企业外刊 • 百度百科、行业类 BBS 等网络平台 • 行业展会、开放展览 • 行业期刊、专业书籍 • 网络媒体
企业重大新闻	• 官方网站、官方微博、企业外刊 • 网络媒体
行业重要事件解读	• 行业期刊 • 网络媒体、电视媒体 • 主题沙龙、名人讲座

　　基于这些内容和渠道的对应关系，企业品牌管理工作人员就可以有计划地搜集相关素材，通过这些渠道开展传播。

　　除了常规传播外，企业更要思考如何有创意地进行传播。比如，作为食品行业的品牌企业，中粮集团发现在社交媒体时代，消费者需求与媒介习惯已经发生了变化。用户的消费轨迹和消费行为是一个多维互动过程而非单向递进过程，所以传统的广而告之的传播方式和说教式的"健康知识"已经无法打动他们，消费者需要的是"实用且好玩"的互动交流。中粮团队看准了这一传播趋势，聪明地将饮食、健康、娱乐社交等需求相结合，与消费者进行了有效的沟通。

　　中粮集团尤其善于推出一些与食品相关的正能量话题，然后发起互动传播。例如，它曾推出低碳餐桌节约系列的"晒空碗活动"，文案如下："用世界 7%

的耕地，养育全球 19% 的人口。这是我们的骄傲，也是我们的焦虑。珍惜来之不易的粮食，尊重农民的辛苦付出。每餐坚持吃完碗中的最后一粒米，已有 9 429 人晒出了空碗。今天，请加入'晒空碗'的队伍，你的小小行动，让生活更美好。在我们的心中，每天都是'世界粮食日'！"这种互动活动能够吸引目标受众的关注，提升他们的参与感，帮助他们感受品牌的理念。

中粮集团的其他品牌活动还有针对植树节的"我有种，你来猜"、针对母亲节的"感恩母亲节——分享和妈妈有关的美食记忆"、针对劳动节的"劳动创造美好生活——寻找影像中的劳动瞬间"等，不断创造话题和公众开展互动沟通。通过这些活动，中粮的品牌给人一种更为鲜活、亲民、接地气的印象，中粮集团也连续几年在数字营销精彩案例中榜上有名，从而成为央企品牌传播的典范。

总之，对于企业而言，要在品牌传播过程中建立一个品牌传播体系，规划好品牌需要传播的内容，梳理好可以进行传播的渠道，然后建立二者之间的关联，通过更有创意、更具创新的手段开展传播，这样传播才能变成一个有章法的组合拳，做到在对的场合对正确的对象说有用的话，企业的传播工作才能真正做到高效、直接、精准。

案例 1：某央企的品牌接触点策略

品牌接触点是指顾客有机会面对一个品牌信息的情境，是顾客接受品牌信息的来源。我们的生活中，每一次消费体验都会包含一个或者一系列品牌的接触点，而每一个品牌接触点都在传播着品牌信息，它们会或多或少地影响顾客的购买决策。

成功的品牌都善于通过品牌接触点影响顾客，而不是单纯地依靠广告或传播。品牌接触点可以把组织的行为品牌化，通过一系列体验环节影响目标客户，让品牌形象在顾客心智中有效扎根。在给某大型央企 A 企业提供品牌战略咨询服务的过程中，我曾经总结出了"四四一"模型，以将品牌资源聚焦深化，为企业构建品牌接触点。

这个"四四一"是指"掌握 4 个步骤、抓住 4 个关键，并形成 1 个品牌接触点卡"。

1. 品牌接触点管理的 4 个步骤

进行品牌接触点设计时，企业可以参照如下 4 个步骤开展工作。

（1）全面梳理品牌接触点

企业可以通过全面梳理品牌接触点（如售前、售中、售后的接触点）了解各个环节的关键点。售前接触点通常有广告、电话营销、销售拜访、推广活动等；售中接触点有服务支持、与客户沟通、产品或服务体验等；售后接触点有人际沟通、跟踪回访等。A 企业充分调动员工的力量对这些接触点进行梳理和盘点。

（2）确定关键品牌接触点

有了这些品牌接触点，A 企业按影响和价值权重进行排序筛选，确定了需要重点关注的品牌接触点。比如，A 企业内部有一批专家资源和科技带头人，其最重要的品牌接触点是培训讲座、专栏文章、采访和论坛演讲。因此，为了彰显其技术的核心价值，A 企业推崇名人战略，通过企业内部专家形象带动央企技术领先的品牌形象。

（3）制定关键接触点操作与行为规范

通过制定关键接触点的操作与行为规范，企业可以让所有关键接触点品牌化、规范化。我一直倡导全员品牌管理的概念，通过为企业制定品牌接触点管理卡，让企业每个经营环节、每个内部成员都拥有自己的品牌职责和要求，明确与品牌相关的行为规范，从而使企业的每一个部门、每一个行为、每一种声音都为品牌建设加分。

（4）以考核机制促进和推动品牌传播

企业还要实施与品牌相关工作的管理考核，并不断优化规范与机制。企业可以通过制定员工职责和相应的考核指标，促进和推动品牌的传播。不论是企业的高层还是普通员工，企业都给他们制定明确的职责，同时设计具体的考核指标，最终以绩效考核推动不同层级的员工通过不同的接触点传递品牌信息。

在具体推进品牌接触点管理工作的过程中，除了了解工作步骤，还要掌控 4 个关键。

2．品牌接触点管理的 4 个关键

这 4 个关键包括关键对象、关键人员、关键环节和关键事件。

（1）关键对象，如意见领袖、价值客户和权威人物等。企业需要梳理他们对企业的评价和建议，并有意识地进行见证式传播。

（2）关键人员，如商务人员、客服人员、项目经理等。他们与客户接触最直接、最频繁，是客户体验形成的重要来源。其管理重点在于规范言行、落实奖惩、常抓不懈。

（3）关键环节，这也是客户体验形成的重要来源。客户往往从关键环节判断和感知品牌，因此这些环节必须"品牌化"。

（4）关键事件，大多是直接影响客户体验的重要时刻。企业要按照品牌要求周密规划，形成基础流程和标准程序，以保障每次都能给客户留下深刻、独特的品牌印象与记忆。

通过这些关键，企业可以在对外联络中传播统一的品牌形象，进一步提升品牌支撑力，增强品牌价值输出，强化品牌印象。

3．1 个品牌接触点卡

有了 4 个关键，接下来的工作就是完成品牌的内化，即让更多员工本身变成品牌接触点的关键一环，通过自身的品牌行为影响客户。

A 企业为不同岗位的人员制作了一张品牌接触点卡，按照不同的销售阶段及不同阶段参与的人员、沟通的渠道，形成一个自身岗位的品牌接触点指南，从而实施更有针对性的沟通和传播。

总之，A 企业作为一个集团企业，集团品牌的特点决定了其品牌仅通过媒体广告来表达是不够的，更重要的是要结合企业特点形成一系列品牌接触点，通过员工内化后在品牌接触点持续传递品牌价值和理念，这样才能用静水深流、润物无声的方式建立低调、可信又亲和的品牌形象，真正从内而外构建健康、阳光、活力的央企品牌。

案例2：中粮集团如何用微信做品牌传播

随着智能手机的普及和移动社交的发展，在4G时代，网民与媒体的接触时间将被移动社交"绑架"。据央视市场研究机构（CTR）最新调查数据显示，20%的网民每天查看手机96次，平均每小时6次。微信从创立之初到现在，每月活跃用户已超过十亿，覆盖90%以上的智能手机，成为人们生活中不可或缺的日常使用工具，目前已经演变成一种在线的生活方式。

在这种情况下，越来越多的企业开始布局微信营销，期望通过微信进行有效营销。然而，企业到底该如何利用微信建设和传播品牌？我们看中粮集团是如何利用四大体系开展微信传播的。

1. 理念体系

企业做微信营销或传播，一定要想好自己的微信公众号要传递什么样的品牌理念和核心价值、表达什么样的诉求、凸显什么样的定位、彰显什么样的社会责任和公众形象。这些都是品牌理念体系的范畴。

如果你关注中粮集团的微信公众号，它的欢迎信息会告诉你："中粮集团是世界500强企业，是国内领先的农产品、食品领域多元化产品和服务供应商，致力于打造从田间到餐桌的全产业链粮油食品企业，建设全服务链的城市综合体。"这段话不仅展现了中粮集团的实力，同时表明了其所在的业务领域，强调了中粮的定位——全产业链粮油食品企业。

之后，中粮在公众号上强调："利用不断再生的自然资源为人类提供营养健康的食品、高品质的生活空间及生活服务，贡献于大众生活的富足和社会的繁荣稳定。"如此宣言，阐述的是中粮的品牌主张和倡导的品牌理念。

为了凸显中粮的社会责任，中粮在公众号自定义菜单"走进中粮"下专门设有一个二级菜单——社会责任。点击进入，可以看到中粮在社会责任方面的主张和具体工作。

如果仔细研究中粮的微信及其发布信息的其他平台，我们会发现中粮的传播工作做得井然有序。它在官网、百度百科、其他介绍集团信息的渠道传播几乎相同的内容。这就体现了整合营销传播的精髓——Speak With One Voice（用同一个声音说话）。

从中粮的例子中可以看出，品牌理念首先要将明确的定位、理念、主张、责任等传递出去。

2. 架构体系

企业的微信传播，一定要展现一个清晰的品牌架构。尤其对于多元化的集团企业，分公司、子公司多，产品或服务品牌多元化，如果没有经过系统规划，任由分公司、子公司或品牌各自开展微信品牌建设，不仅难以形成合力以产生相互助推的协同效应，更有可能出现矛盾、混淆公众的认知。

所以，集团企业要以集团品牌、业务品牌、产品或服务品牌构建自己的品牌架构，形成微信群矩阵。这样才能清晰地传递集团整体的品牌价值，同时彰显集团旗下个体独特的品牌理念，做到一张品牌伞下多个品牌百花齐放，达到影响更广泛受众的最终目的。

比如，中粮集团的公众号中，"走进中粮"的菜单下有一个品牌产品二级菜单，点击进入可以看到中茶、长城葡萄酒、悦活、香雪、五谷道场、屯河、蒙牛等众多品牌。每个品牌都可以点击进入，查看详细介绍。这些品牌又有独立的服务号或订阅号供目标客户进一步了解。这样，中粮集团的服务号就起到了一个统领作用，让公众了解其品牌家族中的成员企业或成员品牌。

3. 内容体系

有了前面这些理念，企业下一步就要紧紧围绕定位和价值进行微信公众号内容的创作和设计。为了让内容更有条理，企业进行内容传播时要做成系列或主题内容。

比如，中粮我买网的订阅号有"小买力荐""小买趣闻""小买微活动""我买团"等一系列主题内容，这样就会让关注的用户有所期待。电视剧或娱乐选秀节目之所以能够持续抓牢观众的眼球，就是因为它们是一个系列，让人有期待。所以，好的微信内容运营一定是经过精心策划和构想的，而非漫无目的地发一些无关痛痒的内容。

好的微信号应该遵循"如果一篇图文不能带去价值，不如不写"的理念。我自己运作微信公众平台"荣振环微书评"，就是以这种标准发图文的，所以慢慢产生了一定的影响力。我相信，如果企业敢于以这种标准来检验图文内容的质量，那么它的每篇内容就都能够成为帮助留住粉丝、增加粉丝、进一步渗透营销的关键。

在内容策划方面，中粮我买网善于捕捉热点，创造符合目标客户群喜好的内容。它曾经发布了一篇《星星 VS 乡爱 相同食材不同 Style》的图文，把两部当时最火的电视剧《来自星星的你》和《乡村爱情圆舞曲》与食材进行结合，提出了"追剧尝美食"的主张。我当时在朋友圈看到有人分享，觉得挺有趣，所以才关注了中粮我买网。关注后，我发现它非常善于捆绑时下热点进行内容输出，简而言之就是紧随热点、即时播报。

由此可以看出，微信公众号更像一个用户身边贴身的媒体观察者，紧紧围绕企业的业务、产品或服务，通过捆绑热点、聚焦眼球，形成有价值的内容，不断传递品牌理念。

4．传播体系

微信营销的传播体系中有两个核心关键点：一个是渠道，另一个是活动。

我认为品牌传播不能只利用微信一种渠道，而是微信和其他传播渠道相互借力、互动互通。微信传播方式很简单，所以当微信号有了精华内容后再进行全方位传播就可以了。此时，微信营销是内容营销，每一篇图文都是企业传播的载体，只要写得好，就会有人转发，而转发就会带来传播效果。所以，企业的每篇图文都要写上这个号的功能，以及提供的价值是什么，欢迎朋友转发给身边的朋友，让好的内容得到分享。

通过其他渠道传播则需要企业从不同渠道进行导流。好的微信内容也要通过这些渠道进行二次甚至多次传播，目的就是让自己的微信阵营日渐庞大。

活动方面，我建议企业要形成自己的标签活动。所谓标签活动，就是做出影响力，让人提到活动就会联想到你。比如，蒙牛曾发起"谁能问倒小客服——蒙牛微信开放日"活动，凸显了一种主张——"你的疑问，我的责任"。这种在特定时间的"拷问式"问答方式，为网友们提供了一个集中释放热情、提出并解决疑问的平台，进一步产生了可供传播的内容。这种问答不仅让企业与消费者的沟通更全面、更社会化，同时拉近了蒙牛与公众的距离，提高了品牌亲和力。

总之，通过前面 4 个体系进行微信的品牌传播工作，将会帮助企业把新媒体营销变成一个系统。中粮集团正是立足于这 4 个体系，脚踏实地、扎扎实实地做好了传播的内容，充分利用新媒体手段，把自己的内容有效地传递到了用户的手机中，并通过手机屏幕传递了价值主张和品牌理念，锻造了中粮数字化品牌的魅力，做强了不同子品牌的粉丝经济，提升了整个集团的品牌资产。

后记
品牌改变世界

做品牌其实不需要摸索。有句谚语说，**太阳底下没有新鲜事**。你今天遇到的难题，在世界上某一个角落一定有人曾经也遇到过，并且已经成功解决。你需要做的只是把那个人找出来，或者借鉴他解决问题的方法。

这个世界上有很多知名的品牌，它们具有成功的经验，中国企业要向它们学习，直接复制成功，从而减少自己摸索的时间和犯错的概率。

孙子讲"上兵伐谋"，就是告诉我们做事情要讲究方法。同样的实力，方法正确，则事半功倍；方法错误，则事倍功半。品牌建设也要掌握正确的方法。正如托马斯·爱迪生所说，"做所有事情总会有一个更好的办法，就看你能不能找到它。"本书囊括了品牌建设最有效的策略和方法，等待你去挖掘和运用。

至于为什么打造品牌，相信通读全书之后，你已经非常明了了。

未来将进入物质极其丰富的时代，进入信息与日俱增的环境，企业要么成为品牌，要么一无所成！如果你的产品不是品牌，没人知道它，即使大家看到它也没人会选它。

任何成功企业都有明确的品牌烙印，并以其品牌在消费者心智中形成定位认知作为成功标志，如奔驰=尊贵、宝马=驾驶、联邦快递=隔夜送达、沃尔玛=天天低价、安利=直销、宜家=自助家居、西南航空=经济舱飞行、可口可乐=欢乐、百事可乐=年青活力、麦当劳=汉堡快餐、肯德基=炸鸡快餐、吉列=剃须刀、金霸王=碱性电池、微软=PC软件、英特尔=电脑芯片等。

品牌的成功推动了企业的成功和与时俱进。

因为品牌是企业或品牌主体（包括城市、个人等）一切无形资产总和的信息浓缩，而这一"浓缩"又可以以特定的"符号"来识别。品牌是主体与客体、主体与社会、企业与消费者相互作用的产物。从市场角度看，企业生产产品，但品牌存在于社会环境及消费者的心里，品牌表面上属企业所有，而本质上是消费者拥有品牌。换言之，品牌是建立在人们心中、对某种商品或服务的持续偏好和基本信任。

当前，我国进入了经济增长方式转变的关键时期，进入了大众创业万众创新的新时代。过去粗放式、低附加值的生产经营方式已经不再符合未来发展的方向，中国各个行业亟待出现有品牌意识的企业家和行业领军人物，以迎合时代发展脚步，向世界展示中国的品牌。这才是中国未来需要的核心竞争力。

为了快速获取这种竞争力，我们要学会借力，借助他人的智慧。要知道，那些成功的世界品牌在走向成功之前也犯过一些错误、走过一些弯路，最后才总结出了成功的品牌体系、制定出了高效的品牌策略。那么，我们为什么不直接借鉴它们的品牌智慧呢？

停止摸索，让本书伴随你的品牌建设全程。

企业不能等做大以后再实施品牌战略，而要从一开始就以品牌战略把企业做大。

企业无论大小，品牌工作一定是一个当下就必须做的工作。

所以，从现在起，用品牌改变自己，让自己改变世界！

附录 A
品牌百书计划

为帮助更多品牌从业者及企业人士了解品牌，我推出了品牌百书计划：建议企业在自己的图书馆建立品牌图书角，搜集 100 本品牌类好书供员工阅读；还可以定期召开沟通会或分享会，让大家结合业务交流读书心得和品牌心得。只要员工能够定期翻阅这 100 本书，并彼此分享心得，再加上品牌实践，企业的品牌建设能力和水平一定会百尺竿头——更进一步。

如果没时间阅读，则可以关注荣老师的微信公众号"荣振环微书评"，你将定期收获这些书的精华书评。

把 100 本好书的品牌智慧放在手机里，没事时可以瞧一瞧，用碎片时间学习品牌百书，让智慧时时与你相伴。

荣老师推荐的品牌百书如下（排名不分先后）：

1．《定位》

2．《品牌的起源》

3．《品牌建设 10 步通达》

4．《管理品牌资产》

5．《战略品牌管理》

6．《瞬间的真实》

7．《影响力》

8．《紫牛》

9．《凯洛格品牌论》

10．《引爆点：如何制造流行》

11．《品牌洗脑》

12．《品牌至尊：利用整合营销创造终极价值》

13. 《打造网络品牌的 11 条法则》

14. 《创建强势品牌》

15. 《品牌领导》

16. 《两小时品牌素养》

17. 《怪诞行为学》

18. 《品类管理》

19. 《品牌相关性》

20. 《洞见》

21. 《自营销，如何传递品牌好声音》

22. 《需求》

23. 《感官品牌》

24. 《品牌组合战略》

25. 《高级品牌管理》

26. 《品牌 22 律》

27. 《要素品牌战略》

28. 《大师亚当斯》

29. 《简单的力量》

30. 《公关第一，广告第二》

31. 《新规则：用社会化媒体做营销和公关》

32. 《信任代理》

33. 《认知盈余》

34. 《湿营销》

35. 《超赞营销：社会化媒体擦亮品牌》

36. 《社会化营销：人人参与的营销力量》

37. 《失控》

38. 《众包》

39. 《乌合之众》

40. 《开放：社会化媒体如何影响领导方式》

41. 《一个广告人的自白》

42. 《文案创作完全手册》(第 3 版)

43. 《全球一流文案》

44. 《文案发烧》

45. 《蔚蓝诡计》

46. 《创意：广告学教父的巅峰之作，所有生产创意的人的枕边书》

47. 《文案训练手册》

48. 《广告人手记》

49. 《超级符号就是超级创意》

50. 《花小钱办大"市"，低成本营销术》

51. 《14 堂人生创意课》

52. 《14 堂人生创意课 II》

53. 《14 堂人生创意课 III》

54. 《10 堂量子创意课》

55. 《赖声川的创意学》

56. 《创意撩人》

57. 《创意的构想》

58. 《广告拜物教》

59. 《大量流出》

60. 《佐藤可士和的超整理术》

61. 《决胜移动终端：移动互联时代影响消费者决策的 6 大关键》

62. 《决战第三屏》

63. 《互联网思维独孤九剑》

64. 《商战：电商时代》

65. 《大数据时代》

66. 《社会化媒体时代的口碑营销》

67. 《点亮社群》

68. 《部落》

69. 《小就是大》

70. 《免费》

71. 《设计品牌》

72. 《至爱品牌》

73. 《文脉品牌》

74. 《顾客为什么"粉"你》

75. 《顾客为什么购买》

76. 《秘密》

77. 《让你的客户找到你》

78. 《与众不同》

79. 《视觉锤》

80. 《细节营销》

81. 《史蒂夫·乔布斯传》

82. 《Facebook 效应》

83. 《一网打尽》

84. 《将心注入》

85. 《三双鞋》

86. 《毛泽东传》

87. 《商界裸奔》

88. 《赢的激情》

89. 《关键时刻 MOT》

90. 《冲突》

91. 《品牌相关性》

92. 《小成本做大品牌》

93. 《B2B 品牌设计——来自德勤及其 195000 位品牌经理的经验》

94. 《伏牛传》

95. 《产品型社群》

96. 《颠覆式创新》

97. 《互联网世界观》

98. 《品牌思维：六个德国杰出品牌的案例分析》

99. 《爆品战略》

100. 《超级 IP》

这些品牌好书，是品牌爱好者、企业管理者、品牌工作者必须认真研读的。

这些书会帮你建立一个品牌知识体系，系统地提升你的品牌思维，让你懂得将自己品牌化，也让你知晓如何把你的产品卖得贵、卖得快、卖得多、卖得久。

下面我就百书计划中的前 10 本书做一个核心提要，便于读者抓住核心要点，方便阅读。

1. 《定位》

定位的目标是使某一品牌、公司或产品在消费者心目中获得一个据点、一个特定的区域位置或占有一席之地。定位就是通过规划在预期客户的头脑中做到独树一帜，使产品成为某个品类中的第一。记住：与其占领市场，不如占领思想。定位就是创造心理位置并强调第一或唯一。

2. 《品牌的起源》

作者艾里斯受到达尔文《物种起源》的启发，致力于探究品牌的起源。达尔文的天才之处在于，他认识到像猫和狗这样的物种可能有同一个祖先，但是它们为适应环境的变化而进行了"分支"或分化。随着时间的推移，物种之间的差异越来越明显，达尔文称其为"自然界偏好极端"。

除此之外，与作者另一本书《定位》不同，本书突出了一点，即分化胜过融合，品类驱动品牌。消费者是以品类来思考、以品牌来表达的，所以如果简化品牌工作，只需做两点：分化品类和聚焦品类。通过现有品类的分化，创造出新品类；通过聚焦成为新品类中位于第一的品牌。说白了，品牌具有价值在于一个原因，而且只有那么一个原因，那就是它主导了一个品类。

3. 《品牌建设 10 步通达》

品牌其实是一个从"一无所有"到"无中生有"再到"无所不有"的过程。如果搞不清楚它到底是什么，自然也就无法建设品牌。本书包含"品牌 10 堂必修课"和"品牌建设 10 步精要"两个部分。

"品牌 10 堂必修课"主要讲述了什么是品牌、如何理解品牌、品牌的本质、品牌地图等，同时配合相应的工具，让读者掌握实操的技巧。

书中提到，产品是我们想要卖什么，品牌是消费者想要买些什么。

品牌的概念是品牌在顾客的心中完成注册后形成的烙印。品牌的本质就是"产品的顾客化"，即"如何在消费者心中拥有一个名称"。本书提出"愿架定核口，故形制计策"的品牌规划思路，帮助读者实现按图索骥的品牌建设之旅。

"品牌建设 10 步精要"分别探讨了如何建立品牌愿景、如何设计品牌架构、如何做品牌定位、如何提炼品牌核心价值、如何创意品牌口号、如何形成美好的品牌故事、如何规划品牌形象、如何制定品牌的管理制度、如何制订品牌计划及如何制定品牌传播策略。有条不紊地做了这些事，才能真正实现品牌资产增值，塑造强势品牌。

4．《管理品牌资产》

戴维·阿克提出品牌资产是个战略性问题，认为它是竞争优势和长期利润的基础，必须由企业的高级管理层亲自决策。

品牌领导模式的目标不仅要管理品牌形象，更要建立品牌资产。

另外，强势品牌成功的要诀在于出色的执行。这意味着要从一堆毫无头绪的东西中找到能实现目标的好点子，而且随着时间的流逝，其影响能连续不断地积累下来。

5．《战略品牌管理》

随着竞争的加剧，不同企业之间也在相互模仿和彼此借鉴成功的做法，这使得市场的同质化趋势日益明显，从而使品牌成为企业引导顾客识别自己并使自己的产品与竞争对手区别开来的重要标志。

简单来说，大家相互抄袭成功的营销策略和手段，最后的差异化重任就落在品牌身上。

凯文·凯勒教授认为，品牌管理首先要形成一个开放的品牌管理视角与理念，这是品牌管理战略的基础。

我经常说，品牌属于顾客。这个和凯文·凯勒教授的观点是一致的。书中提到，品牌的力量存在于消费者心中，是消费者随着时间的推移而对该品牌的感受和认知。当顾客表现出更喜欢一个产品或更喜欢该产品的营销方式时，品牌就具有了积极的基于顾客的品牌资产。

书中提到建设品牌的四部曲：

（1）建立适当的品牌形象；

（2）创造适当的品牌含义；

（3）引起顾客对品牌的正面反应；

（4）创建与顾客之间适当的品牌联系。

6. 《瞬间的真实》

这是罗兰贝格顾问公司出版的书。该书理论性很强。书中提到要围绕客户价值观树立品牌，而不是围绕产品的属性。原因很简单。

（1）品牌是由购买它的人们的价值观念所决定的。

（2）以价值观为基础的品牌管理，将消费者细分作为品牌管理的中心，以事实和数据为导向，整合理性和感性，为品牌管理决策提供了一种共同的框架。

（3）价值观描述了人们认为生命中哪些事情是重要的，哪些事情比"需求"深刻得多，而且对人们具有真切的影响力。

（4）瞬间真实=观念和期望之间的适应。

最后，记住一句话：品牌建设与产品无关，与人有关。

7. 《影响力》

爱因斯坦说过，一切都应该尽可能地简单，但不要太简单。

影响力用生活中简单的例子展现了不简单的营销思维。我一直认为营销不是我们对理论诠释得有多么好，而是我们对人性的观察和把握。

举个例子，百科全书退货率很高，90%的销售人员 15 天内的退货率高达 70%，可一些销售人员却只有 25%，这些销售人员都有一个特别的动作，那就是在卖完之后总会问消费者对自己的介绍是否真的理解了、自己的介绍是否对孩子的教育有帮助。消费者往往回答真的非常满意。销售人员又会追问：您会在前两个月内每天给孩子讲两个条目吗？

记住：这几个问句可不是多余动作，它们是 15 天内退货率在 25% 以下的关键秘诀。因为销售人员得到了顾客的承诺，顾客也会用承诺约束自己的行为。也就是说，顾客买书的时候向销售人员做出了承诺——"这书不错，有价值"，而且每个月都会给孩子讲读，这无形中会激励他们养成良好的习惯。

我们知道，任何东西，被使用了就是有用，没被使用就是没用。借用承诺的力量，将承诺融入销售流程将使销售工作实现质的飞跃。

8.《紫牛》

具有生命力的产品或服务应该像黑白奶牛群中冒出的紫牛一样，让人眼前一亮——只有拥有与众不同的产品或创意，你才能在市场中处于领跑者的地位，你才能取得非同凡响的业绩。如果希望在市场中甩开那些默默无闻的"黄牛"，你就得不断改良自己的"紫牛"，并给你的"紫牛"提供充足的养分。这也是未来的营销人员应该走的路：创新产品，设计独一无二的营销技巧。

我曾经给一个企业提供过品牌咨询。该企业是一个多元化企业，下面有很多品牌。我给企业进行培训时提到《紫牛》和"紫牛"的概念。除了《紫牛》的作者高汀的解释，我还加了一点通俗易懂的解释："紫牛"就是你的产品类别中红得发紫、牛气哄哄的品牌。

我问了企业老板一个问题——你的品牌中，可以作为"紫牛"的是什么。老板说，没有。我说，这就是关键问题所在，你要梳理你的这些"老黄牛"品牌，投入足够的资源和精力，打造让人眼前一亮、能够起到明星带动作用的"紫牛"。

9.《凯洛格品牌论》

书中提到品牌定位四要素：①目标消费者。谁是你的目标客户，这必须明确。②参照系。这是对品牌消费目标的描述，目的是知道人们如何选择目标。③不同点。品牌参照系中，你的独特卖点是什么，差异化的特点是什么。④支持理由。你要有足够的证据作为买点的原因支持。

品牌要致力于成为消费者的心理标准。一旦成为心理标准，品牌就会拥有无限的竞争价值。

10.《引爆点：如何制造流行》

任何轰动的事件都有引爆点，无论是正面的还是负面的。当然，从品牌的角度，我们更希望正面的事件越多越好，并能够自动自发地传播；我们希望负面事件越少越好，一旦出来能够大事化小、小事化无，那么《引爆点：如何制造流行》是你一定要读的一本书。

　　想读更多品牌好书，读者可以关注微信公共平台"荣振环微书评"。微信号：rongzhenhuan。荣振环老师会在这个平台上经常推荐好书，让你"好读书、读好书、读书好"。"荣振环微书评"的口号是：好书活用，智慧伴侣。

附录 B
构建强势品牌的一二三模式

由于长期从事品牌咨询和培训的缘故，我接触了很多企业主，被问到最多的两个问题是品牌该如何建设及如何少花钱建设强势品牌。

为什么会有这两个问题？我认为主要有 3 个误区。① 品牌是奢侈品而非必需品，因为建设品牌需要大投入，没有资金投入是建不成品牌的。② 品牌是个系统工程，它对技术层面有较高要求，若缺乏足够的人才支持，品牌也是建不成的。③ 品牌打造需要时间和历史积累，绝非短期能够收到成效的。基于这 3 个误区，很多企业得出结论：我们还没有到品牌建设阶段，这事可以将来再说。殊不知，这个将来注定不会到来，因为没有品牌就没有将来。

针对这两个问题和 3 个误区，我结合长期品牌咨询实践，给企业提出一个"一二三模式"。"一"是指一个本质，即品牌的本质。企业必须了解品牌的本质，才能更好地建设品牌。"二"是指两大抓手，即品类和聚焦。这是中小企业建设品牌最关键的切入点。"三"是指 3 个体系，即品牌理念体系、品牌传播体系和品牌管理体系。这是品牌建设的根本保障。下面，我们详细探究这个"一二三模式"。

一个本质：品牌是烙印

要想开展品牌建设，企业必须理解什么是品牌及品牌的本质是什么。不理解品牌，何谈建设品牌？所以企业必须先了解品牌的定义。这就需要从品牌的起源进行挖掘。本书第二章已经明确指出，"品牌"一词来源于古挪威文字，意思是"烙印"或"烧灼"。它的原始含义是指在牲畜身上烙上标记，以起到识别和证明的作用，用以区分不同生产者的产品和服务。

既然用于识别和证明，品牌实际上存在于一个 6 英寸的神秘空间——人的大脑里。产品是我们想要卖什么，品牌是顾客想要买什么。

因此，关于品牌定义，核心只有一个关键词：烙印。品牌就是产品或服务在顾客心中的烙印，是在顾客脑海中建立的一个"形象标签"。从这个角度，我们可以看到，品牌的拥有者不是企业而是顾客。品牌就是产品或服务在顾客头脑中形成的印象总和，它属于认知和心智范畴。

两大抓手：品类和聚焦

既然品牌的所有者是顾客，而且品牌是心智和认知范畴层面的烙印，我们就必须找到品牌建设的关键切入点：顾客是如何了解品牌的或者如何把产品或服务上升到认知层面的。仔细研究，我们发现一个关键：顾客是以品类进行思考、以品牌进行表达的。假如你口渴了，你会思考是喝水还是喝饮料来解决你的需求。这里，水和饮料是品类。如果你选择水，接下来你会选择是喝农夫山泉、乐百氏、娃哈哈、依云还是其他，这些就是水这个品类中的品牌。

了解了这个认知过程，企业做品牌就必须从品类出发，形成与品牌的紧密关联和深度捆绑。

品类明确后，下一步就要聚焦。企业在市场上求生存、谋发展，一定会面对激烈的竞争。如果分散兵力和精力，形成多个焦点，企业最终将毫无长板，不利于实现对品牌本质的把握——在顾客头脑中形成烙印。所以，企业想要突破，就必须聚焦自身的特点，然后形成排他性或独特性的优势，否则只能淹没在同质化的竞争红海中。换言之，企业在品类中要通过聚焦凸显特色，形成品牌个性。最后是进行品牌资产的连接与共生成长，小米紧紧把握用户的需求，利用产品生态圈满足多元需求，实现品牌的增长。

三大体系：品牌理念体系、品牌传播体系和品牌管理体系

锁定了品类，并且已经进行了战略性聚焦，接下来的品牌建设就需要通过体系进行构建和管理，为品牌建设保驾护航。这里包括三大体系。

首先是品牌理念体系。品牌理念体系主要包括品牌愿景、品牌核心价值、品牌定位、品牌口号等。好的品牌一定有清晰的品牌理念体系。

其次是品牌传播体系。品牌传播体系包括两个内容，一个是传播内容，另一个是传播渠道。传播内容是可以进行传播的素材、理念、文案、活动、话题等。传播渠道分为线上渠道和线下渠道。线上渠道主要是网站、博客、微博、播客、微信、论坛等；线下渠道主要是杂志、报纸、户外媒体、展会、沙龙等。有了内容和渠道，还要注意内容与渠道的适配性，然后进行整体的编排，做好传播计划，

矢量一致地开展品牌推广。

最后是品牌管理体系。这里包括品牌组织、品牌管理制度和品牌执行。品牌组织是指谁来开展品牌工作；品牌管理制度是指在哪些环节设计规则，让品牌行为有整体一致的表现力；品牌执行是指通过目标、策略、计划和预算 4 个层面控制，让品牌任务有效达成。

小案例：小米手机如何打造强势品牌

我们以小米手机为例讲述如何打造强势品牌。小米公司 2010 年从零起步，2018 年，小米在港交所上市，市值 543 亿美元，从 2017 年起，每年营收过千亿元，这绝对是以火箭速度上升的品牌。小米手机成功避开了我开篇提到的 3 个误区。第一，小米手机短短 3 年成为知名品牌，打破了品牌难以在短期突破的怪圈；第二，小米手机在广告投入上极其有限，避开了品牌需要大规模投入的误区；第三，小米手机通过以工程师为主要团队、通过一群技术达人做成了中国上升速度最快的品牌，打破了品牌需要强大专业支持的藩篱。

小米手机是如何做到的？关键在于"一二三模式"。

1. 本质层——烙印

在小米手机没有出现之前，小米不过是一种谷物的代名词，正如 2007 年之前提到苹果时人们只知道它是一种水果。然而，当苹果公司推出 iPhone 之后，苹果逐渐成为手机的代名词。如今，小米手机已经成功地改变了人们对于小米的原有烙印，在人们对手机的认知中建立了强有力的地位。这也得益于小米对品牌本质的理解。建立品牌最关键的因素就是烙印。烙印首先要求好记。与苹果的异曲同工之处在于，"小米"这个名字起得非常好，基本上属于一看到、一听到就能记住的名字，所以很容易转化为烙印。

2. 战略层——品类聚焦

小米手机诞生那年，正是苹果风头正劲、三星奋起直追、诺基亚节节败退、其他品牌摩拳擦掌的时候，手机领域是不折不扣的红海市场，仅一线品牌就有数十个。那么，小米手机凭什么能够脱颖而出呢？关键原因是它以品类作为第一个切入点。当时，智能手机已经初步普及，成为人们熟知的手机品类。作为后进入品牌，小米开创了新品类，它重点强调了"互联网手机"这个概念。小米的 Logo 是一个"MI"，这是 Mobile Internet 的缩写，代表小米是一家移动互联网公司。

第二个切入点——聚焦。为了强化其"互联网手机"的定位和与众不同，小米进行了深度聚焦。首先，借鉴苹果的成功，小米同样聚焦单一产品，只做一款手机，而且是不计成本地做最好产品。小米基本上都采用苹果的供应商。譬如，它是第一个采用高通 4 核 1.5G 芯片的手机。只做单一手机，用雷军的话说，"互联网就是一种观念""少就是多，大道至简"。其实，从品牌定位的角度说，越聚焦、越简单，你的品牌就越容易进入顾客的心智，成为某一品类的代名词。其次，小米把营销和渠道都放在互联网上，开创了互联网手机惜售模式，通过模式的创新来改变传统手机的成本结构，达成最高的性价比。这样，小米成为互联网手机的代名词，小米科技也成为典型的移动互联网公司。

第三个切入点——生态圈。小米手机成功之后，它开始布局依托手机连接生活方式的"全系品牌"，形成围绕用户搭建的生态圈，现在的小米不仅卖手机，还卖移动电源、电视机、电饭煲、智能门锁、充电宝、音箱、空气净化器……这是典型的互联网构建品牌的做法，即基于用户的需求，依托龙头产品，连接用户的其他需求，完成需求生态圈的布局，最终构建全系品牌。手机能够借由移动互联与所有电器甚至智能家居、出行设备、可穿戴设备产生关联，"连接"是小米的品牌属性，所以，小米构建了一个独特的品牌延展和扩张的生长模式。

3. 战术层——三大体系

小米的品牌理念体系非常简单。"为发烧而生"是小米的产品理念，也是小米的品牌理念。小米公司对外宣称其首创了用互联网模式开发手机操作系统、60 万发烧友参与开发改进的模式，并强调自己是一家专注于高端智能手机自主研发的移动互联网公司。这进一步强化了其互联网手机的定位。此外，小米的 Logo 倒过来是一个"心"字，但少一个点。这意味着小米要让自己的用户省一点心，进一步强化了情感价值和诉求。"为发烧而生"这一理念既是品牌核心价值又是品牌口号，如此简单，以致小米手机与发烧友建立了紧密的关联认知。

小米的品牌传播体系以创意见长。在公司介绍中，小米如是表述："小米人都喜欢创新、快速的互联网文化。小米拒绝平庸，小米人任何时候都能让你感受到他们的创意。"在品牌传播中，我们确实看到了这种创意。从 MIUI 开始，小米就鼓励网友（尤其是发烧友）参与开发，它每周五都会在线上发布新版本供用户使用，开发团队根据用户反馈的意见不断改进，此后的"米聊"和小米手机皆如此，这就形成了以发烧友为原点而带动的口碑营销。线下，小米借鉴了车友会的模式，在各地举办小米粉丝的同城聚会，把他们的消费方式变成聚会娱乐方式，打造了一种新的发烧友生活方式。这样既增加了消费群体的黏性，又通过聚会过程中提供各种手机配件和相关礼物，使"米粉"在互动交流中变得很抱团。

小米的品牌管理体系是一种全员驱动的品牌管理。作为小米的创始人，雷军时刻不忘利用自己的影响力来推广小米，成为小米名副其实的代言人。除了雷军外，雷军的朋友们也成为小米的铁杆粉丝群。记得小米发布前夕，雷军作为天使投资人投资过的一帮创业公司的朋友，为了支持这位老哥，录制了一段视频，集体摔掉各自的手机，换成了小米。后来，雷军甚至利用其投资的凡客来出售小米。雷军及雷军的朋友们用实际行动为小米的品牌传播推波助澜。除此之外，小米形成了一种以用户反馈为驱动的参与研发机制，从用户那里得到的反馈会驱动小米整个组织快速改进，这样，小米的产品就演变成了一种顾客导向并不断进化升级的有机体。所以，小米就有了一个独特的策略——卖工程机，目的就是要让消费者参与其中，有任何意见都可以反馈，小米也会迅速给予回应，这进一步增强了顾客的参与感和拥有感，让整个品牌管理变成了一种顾客驱动的组织管理。

总之，透过小米品牌的快速崛起，我们可以反思中小企业的品牌建设。其关键是抓住本质、找到突破、建立体系。如果我们深刻理解了品牌本质是产品或服务在顾客头脑中的烙印，然后通过品类占位和聚焦突破争取品类地位，形成品牌特色，最后通过三个体系保障品牌建设，那么，短期树立强势品牌将不再是一个不可企及的梦想。而此时，只要拥有品牌之梦，并敢想敢拼，实现梦想也许就会近在咫尺。

参考文献

[1] 庞守林. 品牌管理[M]. 北京：清华大学出版社，2010.

[2] 艾·里斯，杰克·特劳特. 定位[M]. 王恩冕，于少尉，译. 北京：中国财政
经济出版社，2002.

[3] 艾·里斯. 品牌的起源[M]. 寿雯，译. 太原：山西人民出版社，2010.

[4] 凯文·莱恩·凯勒. 战略品牌管理[M]. 卢泰宏，吴水龙，译. 北京：中国人
民大学出版社，2009.

[5] 戴维·阿克. 创建强势品牌[M]. 李兆丰，译. 北京：机械工业出版社，2012.

[6] 艾·里斯，劳拉·里斯. 品牌 22 律[M]. 寿雯，译. 太原：山西人民出版社，
2011.

[7] 迈克尔·波特. 竞争战略[M]. 高登第，李明轩，译. 北京：中信出版社，2003.

[8] 莱斯利·德·彻纳东尼. 品牌制胜：从品牌展望到品牌评估[M]. 徐蓉蓉，译. 北
京：中信出版社，2002.

[9] 苏勇，陈小平. 品牌通鉴[M]. 上海：上海人民出版社，2003.

[10] 菲利普·科特勒，凯文·莱恩·凯勒. 营销管理[M]. 梅清豪，译. 上海：上
海人民出版社，2006.

[11] 杜纳·E. 科耐普. 品牌智慧——品牌培育宝典[M]. 赵中秋，罗臣，译. 北
京：企业管理出版社，2001.

[12] 杰克·特劳特. 大品牌大问题[M]. 吴竹芩，译. 海口：海南出版社，2004.

[13] 大前研一. 创意的构想[M]. 庄娜，译. 北京：中信出版社，2007.

[14] 瓦得马·弗沃德，菲利普·科特勒. 要素品牌战略[M]. 李戎，译. 上海：复
旦大学出版社，2010.

[15] 翁向东．本土品牌战略[M]．杭州：浙江人民出版社，2002．

[16] 李光斗．品牌拜物教[M]．上海：复旦大学出版社，2009．

[17] 艾丰，刘东华，王永．品牌革命[M]．长沙：湖南人民出版社，2010．

[18] 陈春花．我们可以向三星学习什么[J]．销售与市场，2005（11）．

[19] 迈克尔·波特．竞争战略[M]．陈小悦，译．华夏出版社，1997．

反侵权盗版声明

电子工业出版社依法对本作品享有专有出版权。任何未经权利人书面许可，复制、销售或通过信息网络传播本作品的行为；歪曲、篡改、剽窃本作品的行为，均违反《中华人民共和国著作权法》，其行为人应承担相应的民事责任和行政责任，构成犯罪的，将被依法追究刑事责任。

为了维护市场秩序，保护权利人的合法权益，我社将依法查处和打击侵权盗版的单位和个人。欢迎社会各界人士积极举报侵权盗版行为，本社将奖励举报有功人员，并保证举报人的信息不被泄露。

举报电话：（010）88254396；（010）88258888

传　　真：（010）88254397

E-mail：　dbqq@phei.com.cn

通信地址：北京市万寿路 173 信箱

　　　　　电子工业出版社总编办公室

邮　　编：100036